能力，並明白它是我們大腦活動與實現美滿人生的關鍵角色。

我們的旅程將從探討注意力的一些基本性質開始；柏格所展現出的高度警覺性僅是其中之一。認知科學（cognitive science）於此的研究範圍相當廣泛，包括專注力（concentration）、選擇性注意力（selective attention）、開放覺知（open awareness），以及大腦是如何指引注意力對內監督與管理心智活動。

如上所述，許多重要的能力是建立在我們心智生活的這些基本機制之上。其中一項是自我覺察（self-awareness），這種能力可以培養自我管理（self-management）；接著是同理心（empathy），也就是人際關係技巧的基礎。這些都是情緒智商（emotional intelligence，簡稱 EQ）的根本。如同我們後續將會探討到的，缺乏這類能力足以破壞一個人的一生或事業；若使這類能力變得強大，則能使一個人更有成就、更成功。

除此之外，系統科學（systems science）將引領我們走向層面更廣的專注力，也就是我們和周遭世界的關係。這些複雜的系統界定且限制了我們的世界，而專注力可以調整我們的腳步，讓我們更能適應。[2]當我們對這些重要的系統進行調整時，此種對外的專注力面臨著潛藏的挑戰：我們的大腦並不是為了這項任務而設計的，因此我們總是茫然失措。

但是，系統意識（systems awareness）有助於我們了解整個組織、經濟體的運作方式，也能了解滋養著地球上萬千生命的全球進程。

這一切可歸納為三大類：對內（inner）、對他人（other）與對外（outer）的專注力。若要擁有美好的生活，我們必須在各個面向都保持靈敏度。有一個關於注意力的好消息，來自神經科學的實驗室與學校的教室：人們發現了強化這條重要的「心智肌肉」的方法。注意力的運作方式很像肌肉——用得不好就會萎縮，使用得當就會成長。在本書中，我們將看到一些聰明的方法是如何進一步開發與鍛鍊注意力的「肌肉」，甚至修復欠缺專注力的大腦。

領導者若想成功，便需要這三種專注力，缺一不可。對內的專注力，可以讓我們在直覺、價值觀以及較佳的決策之間順利協調；對他人的專注力，可以使我們的人際關係和諧；對外的專注力，可以引領我們在更寬廣的世界中走往正確的方向。當領導者與其內心世界失調，將失去方向感；當領導者無視於他人，將變得蒙昧無知；當領導者對外部世界的運作漠不關心，將受到出其不意的打擊與挫敗。

此外，不只是領導人能從這三種專注力的平衡中獲益；我們所有人都處於這種艱鉅的環境中，面對著現代生活的緊張、競爭性的目標與誘惑。這三種專注力的每一種，都能幫助我們找到平衡，讓我們感到快樂，同時具備生產力。

注意力（attention）一詞來自拉丁文的「attendere」，原意是向外延伸，將我們與世界相連接，進而塑造與定義我們的經驗。認知神經學家麥可・波斯納（Michael Posner）與瑪麗・羅斯柏（Mary Rothbart）寫道，注意力所提供的機制是我們「覺知這個世界、自願規範我們的思想及感覺之基礎。」[3]

安妮・崔思曼（Anne Treisman）是此研究領域的大學學院院長，她指出，我們如何運用我們的注意力，決定了我們所見。[4]或如電影《星際大戰》所說的：「你所專注的重心，決定了你的現實。」

瀕危的人性時刻

一對母女正搭乘渡輪前往某個度假小島，一路上小女孩緊緊摟著母親，頭只搆得著母親的腰，而這位母親卻沒有什麼反應，甚至似乎根本沒注意到——因為她一直全神貫注於手中的 iPad。

沒過多久，同樣的情景再度上演。我與九位週末結伴出遊的姐妹會的女學生共乘一輛小巴士，她們在昏暗的巴士裡分別坐定，不到幾分鐘，每個人都拿出 iPhone 或平板電腦，微弱的螢幕餘光在車廂裡閃爍。在她們傳訊息、滑臉書之餘，偶爾也會蹦出幾句對話，但巴士裡多數時間都一片沉默。

那位母親的冷淡與九位姐妹會成員間的沉默，都體現出科技是如何吸引了我們的注意力，也擾亂了我們與他人的關係。二〇〇六年，一個新字「pizzled」進入了我們的字典；這個字是「困惑」（puzzled）與「生氣」（pissed）的組合。當隨行相伴的人忽然拿出手機、開始與別人談話，「pizzled」就是用來形容你此時的感受。過去，人們在這種時候會感到受傷、氣憤，現在反倒成為生活的常態。

帶我們走向未來的領導者——青少年——則是這種大變動的震央。二〇一〇年代初期，他們平均每月發送的文字訊息暴增至三千四百一十七則，比數年前足足增加一倍。同一時期內，他們講電話的時間大幅減少。[5]目前美國青少年平均每天送出超過一百則文字訊息，相當於他們清醒時平均每小時發送十則訊息。我還親眼見過一個年輕人一邊騎單車，一邊打字發訊息。

一位朋友描述：「最近我去拜訪紐澤西州的表親與他們的孩子，這些孩子擁有人類已知的所有電子玩意兒。從頭到尾我只能看見他們的頭頂。他們一直在看iPhone，看別人傳來的訊息、看臉書上有什麼新動態，不然就是沉迷在電玩遊戲中。他們渾然不知周遭發生了什麼事，也沒辦法與人進行比較長時間的互動。」

現在的孩子在一個全新的現實環境中成長，比起真人，他們更親近機器，這是人類歷史上前所未見的情況。這造成了不少問題，原因之一是，孩子大腦中的社會與情緒神經迴路，是透過一整天下來與他人的接觸及對話來學習。這些互動會塑造大腦神經迴路；與人們接觸的時間愈短——同時眼睛盯著數位螢幕的時間愈長——意味著他們愈欠缺學習。

所有數位化的活動，都是以減少與真人面對面的時間為代價，然而，與人互動是我們學習「非語言」（nonverbal）溝通的媒介。這幫生長於數位世界的新人類可能十分嫻熟鍵盤操作，但他們解讀面對面的行為時卻可能笨拙無比——尤其無法感覺到當他們中斷對話去看手機訊息時，對方將感到多麼沮喪。[6]

一位大學生觀察到，生活在一個充滿推文、更新動態、「發布我今天晚餐的照片」的虛擬世界裡，會產生孤獨與隔離感。他發現同學們喪失了對話能力，更別說是那種能豐富大學生活的、發人深省的討論。他還說，就因為要讓那些數位世界的朋友可以立刻知道你玩得有多開心，「不管是生日、演唱會、朋友出遊或派對，如果你沒有撥些時間自正在從事的活動中抽離，就無法從這些活動中得到樂趣。」

再說到注意力的本質，注意力是一條認知上的「肌肉」，讓我們能夠看完一則故事、堅持一項任務，以及學習與創造。正如本書後續將提到的，年輕人永無休止地盯著電子產品的那些時間，在某些層面上可能有助於他們獲得某些認知技能。但與此同時，是否也會導致他們欠缺核心的心理技能？因此，不免仍存在擔憂和疑問。

一位八年級的中學老師告訴我，她多年來都會指導班上學生閱讀伊迪絲・漢彌敦（Edith Hamilton）的《希臘羅馬神話》（*Mythology*）。以往她的學生都很喜愛這本書——直到五年前左右。她告訴我：「我開始看到孩子們不再那麼興奮，甚至連成績最好的學生都不愛讀這本書。他們說閱讀這本書太難了、句子太複雜，要花好長的時間才能讀完一頁。」

她懷疑，或許學生習慣了簡短零碎的簡訊文字，因此閱讀能力已經大打折扣。有位學生向她坦承，說他過去一年來花了兩千個小時在電玩遊戲上。她補充道：「當你要與《魔獸世界》（*World of Warcraft*）競爭時，教學生文法規則是很困難的。」

就極端的案例而言，在台灣、南韓與其他亞洲國家所出現的青年網路成癮——電玩遊戲、社群媒體、虛擬實境——已被視為全國性的健康危機，使年輕人陷於孤立。美國八歲至十八歲的電玩遊戲玩家中，有八％似乎符合精神病學對上癮的診斷標準。大腦研究顯示，當他們玩遊戲時，他們的神經獎勵系統（neural reward system）出現的變化，與酗酒者和藥物濫用者十分類似。[7]偶爾會聽說這樣的恐怖個案：成癮的遊戲玩家白天睡覺、晚上通宵玩遊戲，幾乎不吃飯也不洗澡。如果家人嘗試阻止，他們甚至會暴力相向。

和諧融洽的關係需要注意力的投注——相互對等的專注。我們每天都航行在充斥各種分心事物的汪洋大海中，因此，致力於擁有人與人之間的寶貴片刻，已成為我們前所未有的使命。

注意力的匱乏

接著，我們要談到成年人注意力下降的代價。墨西哥一位為大型電台工作的廣告業務抱怨：「幾年前你還能為廣告商製作五分鐘的展示影片，如今必須縮短至一分半鐘——如果屆時還無法抓住他們的注意力，每個人都會開始看手機訊息。」

一位教電影的大學教授告訴我，他正在閱讀他心目中的英雄——法國傳奇導演楚浮（François Truffaut）的自傳，但他發現：「我沒辦法一口氣讀完兩頁以上。我會有種衝動，想要上線去看是否收到新郵件。我認為自己正喪失持續專注在任何正經事的能力。」

由於無法抗拒檢查電子郵件或臉書的衝動，因而不能專注於與我們談話的人身上；大師級的社會互動觀察家暨社會學家厄文·高夫曼（Erving Goffman）稱這種情形為「飄離」（away）的姿態，彷彿在告訴他人，「我對於此處正在進行之事不感興趣」。

讓我們回溯至二〇〇五年的第三屆全數位（All Things Digital）會議，主辦單位將大廳的 Wi-Fi 斷線，因為觀眾忙著用筆記型電腦，沒有注意台上的活動。觀眾飄離了，陷入某位與會人士所形容的「持續性的局部關注」（continuous partial attention）——來自講者、周遭其他人，以及他們正在筆電上進行之事的過量訊息載入，所導致的心智模糊（mental blurriness）狀態。[8]為了對抗現今的這種局部關注，矽谷某些公司已經禁止在會議中使用筆電、手機與其他電子工具。

一位出版公司的主管承認，要是一陣子沒檢查手機，她會有「煩躁感。你會想念發現有一條新訊息的感覺。你知道與別人談話時不該看手機，但這會上癮。」因此她與丈夫約法三章：「我們下班回家後，手機必須擺進抽屜裡。如果手機就在眼前，我會坐立難安，我就是必須看一下。但現在我們試著更融入彼此的當下，我們會交談。」

無論對內或對外，我們的專注力會持續地對抗分心。問題在於，我們的分心使我們付出了什麼代價？一位金融業的主管告訴我：「當我在會議中注意到我的心思已不知跑到何方時，就會懷疑我在當下究竟錯失了哪些機會。」

我認識的某位醫生表示，已經不只一位病患告訴他，他們會用注意力缺失症（Attention Deficit Disorder，簡稱ＡＤＤ）或猝睡症的藥物「自我治療」，以跟上工作進度。有位律師告訴他：「如果不吃這個藥，我就無法閱讀合約。」過去，病人需要醫師診斷才能取得處方，但現在這些藥物已成為日常的提升表現用藥。有愈來愈多青少年偽裝注意力缺失的症狀，以獲得興奮劑的處方，用化學方法來取得注意力。

專門指導領袖如何自我管理精力的顧問東尼・史瓦茲（Tony Schwartz）告訴我：「我們的工作是讓人們更了解該如何使用專注力——目前他們的專注力**全都**很糟。專注力如今已成為我們客戶心中的頭號課題。」

接收過多資訊的壓力會導致人們敷衍了事，例如只看標題來過濾電子郵件、跳過大部分語音留言、草草瀏覽訊息與備忘錄。這裡的問題不只是我們養成的注意力習慣讓我們更沒效率，而是訊息量也已多到讓我們沒時間去思考其真正含義。

所有這類問題其實早已有人預見。時間回到一九七七年，諾貝爾經濟學獎得主司馬賀（Herbert Simon）在文章中談到即將來臨的資訊世界，他當時就已經提出警告，資訊消耗的是「接收資訊者的注意力，因此，資訊的富足會導致注意力的匱乏」。[9]

Part 1 剖析「注意力」

Chapter 2 基本知識

我還是青少年時，會一邊聽巴爾托克（Béla Bartók）的弦樂四重奏、一邊寫功課。雖然聽起來有點不太和諧，但我仍樂在其中。不知道為什麼，忽略那些不和諧的曲調可以幫助我專注，例如，專注在氫氧化銨的化學方程式上。

多年後，當我正在為《紐約時報》的截稿期限趕稿時，我想起了以前聽巴爾托克音樂的經驗。我那時是《紐約時報》科學新聞組的一員，當年這個單位的辦公室大約一個教室大小，裡頭塞滿了十幾位科學記者與半打編輯的辦公桌。

在那裡，永遠都有巴爾托克式的、不太和諧的嗡嗡聲，附近可能有三、四個人在聊天；你也可能會聽到講電話的交談聲，那是一位或很多位記者正在採訪；編輯們則會在房間另一頭大喊，什麼時候可以交稿！很少有安靜的時刻——可能從來沒有。

然而，包括我在內，我們科學組的記者會日復一日、忠實可靠地準時交稿給編輯。從來沒人會為了集中精神而懇求說「拜託請各位安靜」；我們就只是加倍地專注，對那些吼叫聲充耳不聞。

在喧囂環境裡的專注力，顯示了人們擁有選擇性注意力，這種神經能力能讓人只對準單一目標，同時忽略其他大量湧入的刺激，即使那些刺激都是潛在的專注對象。因此，現代心理學的先驅威廉·詹姆斯（William James）將注意力定義為「當好幾個目標或一連串想法同時存在時，頭腦會突然清楚鮮明地專注於其中一個目標或想法上」。[1]

會讓人分散注意力的事物主要分為兩大類：感覺和情緒。因為感覺而分散注意力，這很容易理解：當你閱讀這段文字的同時，你會忽略文字四周的空白處；或去體會一下你的舌尖抵住上顎的感覺——你的大腦平時會自動消除各種背景聲音、形狀與顏色、味道、氣味、觸覺等連續不斷的外界刺激，而舌尖的感覺只是其中之一。

比較麻煩的是第二類的各種誘餌：充滿情緒的訊號。在嘈雜的咖啡廳裡，集中精神回覆電子郵件對你來說也許是輕而易舉；但當你偷聽到有人提及你的名字（有力的情緒誘餌），則幾乎不可能忽略這個聲音——你的注意力會反射性地提高警覺，想要聽別人怎麼說你。電子郵件早被拋到腦後了。

我們面臨的最大挑戰是生活中的情緒動盪，即使是專注力最強的人也無法倖免，例如，親密關係破裂所帶來的打擊，會持續入侵你的思路。情緒闖入我們的思路，是有充分理由的：讓我們想清楚該如何處理令我們煩惱的事。無用的芻思與具正面效益的反省之間，其分界線在於，我們能否想出某些暫行的解決方案或深刻見解，可以讓我們揮別煩惱——若非如此，我們便是被困在一成不變的擔憂中打轉。

我們的專注力受到愈嚴重的干擾，表現就會愈糟糕。舉個例子，曾有測驗顯示，大學運動員的專注力被焦慮干擾的程度，與他們在下一季比賽的表現優劣呈現高度正相關。[2]

忽略所有其他事物並穩定專注於一個目標的能力，是由大腦的前額葉區域負責運作。在面對我們希望注意的事物時（那封待閱讀的電子郵件），這個區域的特定神經迴路會提高進來的訊號強度，同時減弱那些我們選擇忽略的訊號（鄰桌聊天的人們）。

注意力會要求我們忽略情緒性的分心目標，此外，選擇性注意力相關的神經線路包括抑制情緒的功能。這意味著，專注力最佳的人，相對較能免於情緒起伏的困擾，在遭遇危機時更能穩如泰山，即使面對生活中情緒的起落，仍能從容不迫。[3]

如果無法放下某個關注焦點、前進到下一個，可能導致大腦在慢性焦慮的反覆迴圈之中迷路。在臨床的極端情況下，可能是陷入充滿無助、絕望與自憐的憂鬱症，或是恐慌與災難化的焦慮症，又或是一再重複儀式性念頭或動作（例如在離開前要觸摸大門五十次）的強迫症。將我們的注意力從某樣事物移開並轉移至其他事物的能力，是幸福感的關鍵要素之一。

我們的選擇性注意力愈強，愈能全神貫注於我們正在做的事：跟著電影的感人段落或哭或笑、讀到引人入勝的詩句而如痴如醉。強大的專注力可以讓人們在瀏覽 YouTube 或做家庭作業時達到忘我的境界，對四周的喧囂絲毫不覺——甚至聽不到父母叫他們來吃晚飯的聲音。

在派對中，你可以辨認出哪些是專注的人們：他們沉浸於談話中，眼睛會鎖定與他們談話的人、一字一句都聽在耳裡——即使一旁的人正在大唱「野獸男孩」（Beastie Boys）的歌也不要緊。對照之下，那些不專注的人則總是處於不斷分心的狀態，他們的眼睛跟隨著任何吸引他們的事物，注意力四處飄移。

威斯康辛大學的神經科學家理查・戴維森（Richard Davidson）指出，專注力是人們幾種不可缺少的生存能力之一，而且每種專注力都是以不同的神經系統為基礎，能引領我們度過起伏不定的精神生活、人際關係，以及生命中出現的任何挑戰。[4]

戴維森發現，在敏銳的專注狀態中，前額葉皮質（prefrontal cortex）的關鍵神經迴路，會與注意力所專注的事物進入同步狀態，他稱之為「鎖相」（phase-locking）。[5]如果人們專注於聽到某種特定的聲調就按下按鈕，他們前額葉區域的電子訊號，就會準確地與標的聲音同步發射訊號。

你愈是專注，你的神經鎖相就愈強；但若無法集中注意力、思緒陷入混亂，同步性就會消失。[6]這種同步性的驟降，即為注意力缺失症的特徵。[7]

我們專注時的學習力最強。當我們專注於正在學習的事物時，大腦會按圖索驥，找到我們先前已知的資訊，然後製造新的神經連結。如果你和初學走路的孩子一起關注某樣事物，當你叫出那樣事物的名稱時，孩子就能學會這個名詞；但若孩子的注意力分散了，就無法學會。

當我們的心思飄移不定時，大腦就會啟動一群神經迴路，喋喋不休地處理一些與我們想要學習的內容無關的事情。一旦注意力無法集中，我們就無法清晰記住正在學習的東西。

分心

做小測驗的時間到了：

一、聲音與腦波同步的專門術語是什麼？

二、會分散注意力的事物分為哪兩大類？

三、可以藉由注意力的哪個部分來預測大學運動員的表現？

如果你不假思索就能回答上述問題，代表你先前在閱讀時有持續集中注意力——這些答案就在前幾頁（在本頁的附注*中也可以找到）。如果你想不起來答案，那麼你先前閱讀時可能多多少少分心了，但你不是唯一的一個。

人們瀏覽文章時，通常會有百分之二十至百分之四十的時間心不在焉。不出所料，當

* 解答：一、鎖相。二、感覺和情緒。三、運動員的專注力與克服分心的能力。

學生愈心不在焉，代價就是理解得愈差。[8]

就算我們沒有心不在焉，如果文字內容出現胡言亂語，例如「我們必須為馬戲團賺一點錢」寫成「我們必須為錢賺一點馬戲團」，約有百分之三十的讀者會繼續往下閱讀一段（平均十七個英文字）之後才會發現。

當我們在閱讀一本書、部落格或任何敘述性的文字時，我們的頭腦會建立一個心中的模型，這個模型可以讓我們看懂閱讀的內容，同時這個模型會與我們腦中其他已知的相同主題模型相互連結。這個不斷擴張的理解網絡，就是學習事物的關鍵核心。當我們建立這個網絡時愈是分心，開始閱讀後就會愈常偏離內容，也就會留下愈多的「空洞」。

閱讀一本書時，我們的大腦會建構一個由路徑交織而成的網絡，納入關於這本書的想法與過往經驗。你可以把這種深度理解力與「干擾、分心」拿來相互對照，典型的例子便是深具誘惑力的網際網路：來自文字、影片、圖像與各式各樣網路訊息的轟炸，讓人無法更全面地深入理解。也就是無法做到尼可拉斯・卡爾（Nicholas Carr）所稱的「深度閱讀」（deep reading）：需要持續集中與沉浸於一個主題，而非像小孩子的跳房子遊戲，從一處跳到另一處，只捉住一些彼此無法連接的片段文字。[9]

隨著教育移往以網路為基礎的形式，危險也逐漸逼近，我們認為網路的大量多媒體干擾將妨礙學習。回到一九五〇年代，哲學家馬丁・海德格（Martin Heidegger）曾經警告，「科技革命的浪潮」可能會「非常令人著迷、受蠱惑、目眩神迷，同時會哄騙人們，使人們認為計算性思維（calculated thinking）可能有朝一日成為……唯一的思考方式。」[10]其結果的代價是喪失了「冥想性思維」（meditative thinking），他視此種思考模式為人性的本質。

我明白海德格的警告，他指的是思考的核心能力、亦即將注意力維持於進行中敘事的能力，將受到侵蝕。深度思考需要的是持續專注的頭腦。我們愈分心，我們的思考愈膚淺；同樣地，我們的思考愈短，這些思考就可能愈微不足道。假如海德格還活著，要求他寫一則「推文」，必會使他大驚失色。

注意力已經縮水了嗎？

在瑞士一個擁擠的會議廳中，來自上海的搖擺樂隊正在演奏沙發音樂，數以百計的人們來回穿梭其中。在一片人聲鼎沸之中，克雷・薛基（Clay Shirky）文風不動地站在一張小小的圓形吧台桌前，全心投入他的筆記型電腦，飛快地打字。

我在幾年前見過薛基一面，他是隸屬於紐約大學的社會媒體專家，但我們很少有機會碰面。有好幾分鐘的時間，我就站在離他不到一公尺遠的地方，在他的右手邊看著他——就在他餘光可掃到的範圍，如果他能騰出任何注意力的話。但是，直到我叫出薛基的名字前，他都沒有注意到我。他吃了一驚，抬起頭來，我們開始聊天。

注意力是一種容量有限的能力；薛基全神貫注在做的事已經將容量填滿，直到他將注意力轉移到我身上為止。

自一九五〇年代以來，「7±2」的資訊組塊（chunk）一直被視為注意力的上限，喬治・米勒（George Miller）在他那篇心理學界最具影響力的論文之一，提出這個他所謂的「神奇數字」。[11]

雖然最近有些認知科學家主張，4個組塊才是上限，[12]這曾在某個程度內引起大眾的關注（但也很短暫）。據稱，隨著新出現的迷因（meme）的蔓延，這種心理能力的容量已經從7位元資訊萎縮至4位元資訊。一個科學新聞網站宣稱：「心靈的上限被找到了：

4位元的資訊。」[13]

有些人認定，我們心中能持有資料數量的縮減，要究責於二十一世紀日常生活的各種分心，導致了這種重要心智能力的萎縮。但是，他們誤解了這份資料。

約翰霍普金斯大學的認知科學家賈斯汀・霍伯達（Justin Halberda）說：「工作記憶（working memory）並沒有縮水，電視並沒有使我們的工作記憶變小。」他表示：並非在五〇年代的我們都有一個7±2位元為上限的資訊、而現在只有4個。

「大腦嘗試將其有限的資源發揮到最大，」霍伯達解釋，「因此我們使用記憶策略來協助。」例如，將不同的元素4、1、5組合成一個組塊，像是區域號碼415。「當我們執行一個記憶任務時，結果可能是7±2位元。但這還要拆分為固定的上限4位元，以及由記憶策略添加的3或4個以上位元。因此，4或7位元都是正確的，端視你如何測量。」

同時執行多項任務時，許多人以為可以「分割」（splitting）注意力，但認知科學告訴我們，這也是杜撰出來的。並非有一個可伸縮的氣球可以同時運用在不同任務中；實際上，我們有的是一條狹窄、固定的管道。與其用分割形容，其實是迅速地切換。持續地切換，則會使專注力脫離完全集中的運作狀態而被削弱。

卡內基梅隆大學的研究小組指出：「電腦系統中最寶貴的資源不再是處理器、記憶體、磁碟或網路，而是人類的注意力。」[14]針對這個人類的瓶頸，他們建議的解決方案是盡可能減少分心：Aura 專案建議除去系統中惱人的小毛病，讓我們不會浪費時間在處理干擾上。

這種讓電腦系統「零干擾」的目標是很值得讚美的，但這項解決方案可能無法使我們達成想要的目標：我們需要的不是科技解決方案，而是一種認知的解決方案。分心的來源不在於我們使用的科技，而是排山倒海而來的分心事物對我們專注能力的正面進攻。

這就帶我們回到薛基身上，特別要提到他對社群媒體的研究成果。[15]由於任何人都不能同時對所有事物專注，但將我們聚集起來，就能創造一種供注意力使用的集合性頻寬（collective bandwidth），讓每個人都能各取所需。最好的見證就是維基百科。

薛基在他的《鄉民都來了》（*Here Comes Everybody*）一書中宣稱，注意力可被視為分散於許多人之間的一種能力，如同記憶或任何認知性的專業能力。「現在流行什麼」這個句子，就反映出我們是如何分配集體性注意力。雖然有些人主張各種有科技輔助的學習與記憶讓我們變笨，但科技也創造了一種思想互補，並擴大了個人專注的力量。

當我們的社會關係數目上升，我們的社會資本與注意力的範圍也會增加，我們可藉此獲得重要的資訊，像是「這裡都是怎麼做事的」這類潛規則（無論是在公司裡或新搬入的社區）。一個點頭之交也能為你在這個世界增加一個耳目，而這是在複雜的社會與資訊生態體系中，我們所需的運作指南之重要來源。大多數人都有少數幾個強聯繫（strong ties）——可信任的親密朋友——但我們也有數百個所謂的弱聯繫（weak ties）（例如臉書「好友」）。弱聯繫可作為我們注意力的倍增器，並成為良好的購物資訊、工作機會、約會對象等資訊的消息來源，故擁有極高的價值。[16]

當我們協調彼此所見與所知，我們共同的努力將使我們的認知財產以倍數增加。雖然在任何特定時刻，我們工作記憶的配額仍然很小，但我們透過狹窄寬度拉出的全部資料，會變得十分龐大。這種集體的智慧（每一個體在一個分散的團體中做出的貢獻之總和）可確保我們最大程度的專注，因為這是許許多多雙眼睛共同注意力的總合。

位於麻省理工學院的一間集體智慧研究中心認為，這種新興能力受到網際網路上共享注意力的支持。最經典的案例就是：數以百萬計的網站聚焦於狹窄的利基上，一鍵網路搜尋即可篩選並指引我們的焦點，使我們能有效率地獲得所有那些認知工作的成果。[17]

麻省理工學院研究團隊的基本問題是：「我們要如何連結人類與電腦，使我們大家加起來能夠超越任何個人或團體的智慧？」

或者，也能用日本人的說法：「我們所有的人，比我們當中的任何一人更聰明。」

你熱愛你的工作嗎？

一個大哉問：當你早上起床時，是不是快樂地去上班、上學，快樂地去做任何你該做的事？

哈佛大學的加德納（Howard Gardner）、史丹佛大學的達蒙（William Damon）與克雷蒙特大學的契克森米哈伊（Mihaly Csikszentmihalyi）共同進行研究，瞄準了他們所謂的「好工作」，亦即人們擅長的事、喜歡的事以及道德觀（他們認為重要的事）的強大結合。[18]這更像是能吸引人們高度投入的一種理想：人們熱愛他們的工作。完全投入於工作中讓人心情良好，而從中獲得的愉悅，就是達到「心流」（flow）狀態的情緒標誌。

心流在日常生活中是相對罕見的。[19]關於人們心情的隨機抽樣顯示：大部分時間，人們都覺得壓力很大或厭煩無聊，心流的時段只會偶爾出現；只有約百分之二十的人在一天中至少進入過一次心流狀態。大約百分之十五的人在平凡日子裡從未進入心流狀態。

將工作與我們喜歡做的事相結合，是在人生中獲得更多心流的關鍵之一。在任何領域中表現傑出的人——無論如何都是幸運的一群人——就是這種結合的贏家。

除了變換職業跑道，還有幾個途徑可以產生心流，其中一個是從事挑戰我們極限的工作，也就是遇到我們的工作能力「剛好足以應付」要求的狀況。另一個則是接觸我們熱愛的事情，因為動機會驅動我們進入心流。但不論哪個途徑都是殊途同歸，走向全然的專注；這兩者都會提高你的注意力。無論你如何抵達該境界，都是由一股強烈的專注來啟動心流。

這種能將工作做好的最佳大腦狀態，其特徵為顯著的神經和諧（neural harmony）——大腦各個不同區域，豐富、適時的相互連接。[20]在此種理想狀態下，需要執行當前任務的大腦神經迴路非常活躍，而那些無關的神經迴路則靜止不動，這樣大腦就能精確地調節與應對當下的需求。當大腦處於這種最佳狀態時，不論我們正在做什麼事，都能表現出個人的最佳能力。

然而，針對工作場所的調查報告卻發現，為數眾多的人處於完全不同的大腦狀態：他們做白日夢、浪費時間在瀏覽網路或YouTube，而且只做必要的最低工作量。他們的注意力渙散。此種置身事外與漠不關心的情況十分氾濫，尤其是那些重複性高、要求較低的工作崗位。若要使滿不在乎的員工更接近心流的狀態，必須提升他們的原動力與工作熱情，喚起他們的使命感，再加上一點壓力。

另一方面，還有一大群人困於神經生物學家所謂的「燃燒殆盡」（frazzle）狀態，持續過重的壓力使他們的神經系統充滿皮質醇（cortisol）與腎上腺素。他們的注意力集中於他們的憂慮，而非工作本身。這種情緒的消耗，可能導致他們最後精疲力竭。

完全的專注會為我們開啟進入心流的大門，但當我們選擇專注於一件事並忽略其他事，便會引發一種通常不易察覺的持續張力，即大腦的頂層區域與底層區域之間的劇烈競爭。

Chapter 3

注意力的頂層與底層

十九世紀的法國數學家龐加萊（Henri Poincaré）寫道：「我將我的注意力轉去研究一些算術問題，顯然不太成功。失敗讓我感到厭惡，所以去海邊消磨幾天。」[1]於是，一天早晨，當龐加萊走在海邊的懸崖上時，一個深具洞察力的見解突然向他襲來：「三元二次不定方程式的算術轉換，與非歐幾里得（non-Euclidian）幾何的轉換方法是相同的。」

相關證明的細節在此並不重要（幸好如此，我自己也無法了解這些數學）。耐人尋味的是，這個啟發是「如何」來到龐加萊的腦中：如此「簡潔、突然且不假思索的確信」，讓他吃了一驚。

那些關於創造力的故事總是充滿這一類的敘述。十八世紀的數學家高斯（Carl

Gauss）花了整整四年都沒有辦法證明一個定理，然後有一天，答案以「靈光一閃」的方式向他襲來。然而，他卻找不到能將這個「靈光一閃」和多年辛勤工作聯繫起來的思路。

這個謎團的背後究竟是什麼？我們的大腦有兩個半獨立的（很大程度上是分開的）心理系統，其中之一具有龐大的運算能力，總是發出平穩的嗡嗡聲，不間斷地運轉著，以解決我們的問題，也會（令人驚訝地）在忽然之間找到複雜問題的解決方案。它在我們有意識的知覺範圍以外運作，因此我們絲毫未覺。彷彿憑空飛來一般，這個系統會用各種不同形式向我們展現其龐大的努力成果，從引導一個句子的語法，乃至於構建複雜無比的數學證明。

通常是在非預期之事發生的時候，這種「下意識」（back-of-the-mind）的注意力才會來到專注的中心。就像你一邊用手機通話、一邊開車（開車的部分是下意識的），突如其來的喇叭聲，會讓你意識到燈號已經變成綠燈。

這個系統所使用的大部分神經線路，位於我們大腦較底層的皮質下（subcortical）迴路中，但藉由通知大腦最頂層的新皮質（neocortex），它的努力成果得以由下而上、進入知覺。經由一番深沉的思索，龐加萊與高斯就是透過大腦的較底層取得他們的突破。「由下而上」（bottom-up）已成為認知科學中，大腦較底層神經機制運作的術語。[2]

以此類推，「由上而下」（top-down）則是指主要發生在新皮質的心理活動，可以監控與設定皮質下的運作目標。就好像有兩個頭腦同時在工作。

「由下而上」的頭腦是：

- 大腦運作的速度更快，以毫秒為單位運作
- 非自願且自動化的：永遠處於啟動狀態
- 直覺的，透過網絡合作的方式運作
- 衝動的，被情緒驅動
- 我們習慣性日常活動的執行者、我們的行為指引
- 負責管理我們面對世界的心智模型

對照之下，「由上而下」的頭腦是：

- 速度較慢

- 自願的
- 費力的
- 負責自我控制，（有時候）可越權控制通常不經思索的日常活動，並減輕情緒驅動的衝動
- 能夠學習新模式、制定新計畫，在一定程度上掌控我們自動化的各種行為

自願性的注意力、意志力和刻意的選擇是由上而下；反射性的注意力、衝動、機械式習慣是由下而上（被時髦的服飾或俏皮的廣告抓住注意力，也屬這類）。當我們選擇欣賞美麗的日落、潛心閱讀，或專心與人交談，則是一種由上而下的轉變。由外界刺激驅動的注意力攫取、由自我意志來指揮的專注，我們的心之眼就在兩者間來回，像一支永不止歇的舞蹈。

由下而上的系統能夠進行多工處理，同時掃描大量的輸入資料，包括周遭環境中尚未受到我們關注的特質；它會先分析我們的知覺區域中有什麼，再讓我們知道所篩選出的那些對我們有意義的事物。由上而下的系統，則會花更多時間去琢磨要呈現的內容是什麼，

一次針對一樣事物進行更加深思熟慮的分析。

透過一種心智上的視錯覺，我們總以為自己所覺察到的，就是頭腦運作的全部。但實際上，絕大多數的心智運作發生在大腦的幕後，也就是處於由下而上系統持續運行的低鳴聲中。

由上而下的系統認為，是由它選擇專注在何種事物上、想些什麼、做些什麼，但其實大部分（也有人認為是全部）都是由下而上的系統主宰。心理學家丹尼爾·康納曼（Daniel Kahneman）曾調侃道，如果這是一部電影，由上而下的頭腦就是個「自以為是大英雄的小配角。」[3]

具有反射性、快速行動特質的由下而上神經迴路，偏好的是短線思考、衝動、迅速的決策，這在演化過程中可追溯到數百萬年前。在大腦前方與頂部的由上而下神經迴路是後來才加入的，其完全成熟只能追溯至數十萬年前。

由上而下的系統為我們帶來的才能，包括自我覺察、反思、深思熟慮和規劃。由上而下的刻意專注，提供了一個槓桿，以管理我們的大腦。當我們將注意力從一件任務、計畫、感覺之類轉向另一項事物時，相關的神經迴路便會點亮。當你的念頭飄向跳舞時的快樂記憶，關於喜悅和律動的神經元就會活躍起來。當你回想心愛之人的喪禮，便會啟動悲傷的神經迴路。當你在腦中排練一記漂亮的高爾夫擊球，協調這個動作的軸突（axons）與樹突（dendrites）就會更強力地連接在一起。

人類的大腦在演化中算是夠好、但仍不完美的設計。[4]大腦中較古老的由下而上系統，在大部分的人類史前時代的基本求生上顯然運作良好——但它們的設計在今天造成了一些麻煩。在我們的生活中，這個較古老的系統大多時候居於掌控地位，通常對我們有益處，但有時會對我們不利：花費無度、沉迷上癮、肆無忌憚地飆車，都是這個系統失控的跡象。

早期演化的生存需求，為我們的大腦安裝了由下而上的程式集，包括生兒育女、什麼令人愉悅、什麼令人厭惡、逃離威脅、跑向食物等等，諸如此類。快轉到現今這個迥然不同的世界裡，我們經常需要由上而下的系統來領航人生，但由下而上的心血來潮與衝動，仍像潛藏的底流般時時湧動著。

有個出乎意料的原因，使兩者間的平衡持續向「由下而上」傾斜：大腦要節約能量。例如，學習如何使用最新升級科技，這種認知上的努力需要主動的注意力（active attention），更需要耗費精力。不過，當我們執行愈多次某個新學到的程序，這個程序就愈加變成機械式的習慣，由下而上系統的神經迴路就會接手；具體來說，是由基底核（basal ganglia）中的神經網絡接手。基底核的體積約如高爾夫球大小，坐落於大腦底部，就在脊髓的上方。我們練習一個例行程序的次數愈多，基底核愈會從大腦的其他部分接手。

大腦的底部／頂部系統，會在彼此間分配心理任務，力求以最小的努力得到最佳的成果。當熟悉度使一個例行程序變得較簡單之後，就會從頂部交棒給底部。當我們對一件事需要付出的注意力愈來愈少，直到最後不必付出任何注意力，變得能夠自動運作，此過程就是我們對這種神經轉移的體驗。

當專業技能終於取得回報，可以不費吹灰之力地達到高水準的專注需求，就能目睹這種自動運作的巔峰狀態，像是一局大師級的西洋棋對奕、一場全美汽車大賽（NASCAR）的競賽，或一幅油畫的繪製。但若我們練習不足，這些便需要經過殫精竭慮的專注；反之，若我們已將必要的技巧熟練到所需的水準，便無須耗費多餘的認知心力，也會有餘裕去注意那些使人躋身頂尖之流的額外事物。

許多世界級冠軍證實，在最頂尖的水準，你的對手和你同樣貢獻了數以千計的練習時數，任何競爭都成為一種心理對決：你的心理狀態決定你有多專注，也因此決定你能有多棒的表現。你愈是放輕鬆、愈信任由下而上的動作，就愈能釋放你的心智、靈活變通。

舉例來說，一些美式足球的明星四分衛擁有運動分析家所稱的「看見全場的卓越能力」：他們能夠解讀另一隊的防守陣型，感覺到他們移動的意圖；一旦開打，他們會根據那些移動立即調整，爭取價值連城的一秒或兩秒鐘，找出一個無人防守的接球手傳球。這種「看見」需要不計其數的練習，由此一來，原本需要非常專注的動作——躲開那位瞄準自己的衝傳手（rusher）——才能變成自動化的動作。

從心理的觀點來看，在數個重達二百五十磅的身軀從四面八方向你猛衝的壓力下，要發現一位適當的接球手可絕不簡單：這名四分衛須記住幾個潛在接球手的傳球路線，同時還要理解與因應敵隊全部十一位球員的移動——這種挑戰最好由訓練有素的由下而上神經迴路負責處理（如果他必須有意識地想清楚每個動作該怎麼做，一定會手足無措）。

搞砸的祕訣

洛洛・瓊斯（Lolo Jones）即將贏得女子一百公尺跨欄賽，接著就是邁向二〇〇八年北京奧運第一枚金牌的路上。帶頭領先的她，正以輕鬆的節奏跳過前方的跨欄——直到事情開始變得不對勁。

起初只是隱隱不對：她感覺迎面而來的跨欄來得太快了。當時瓊斯冒出這樣的念頭：「要確定技巧做到位……要確定雙腿都快速踏出。」

由於這些想法，導致她努力過頭，雙腿稍稍收得太緊——接著，她就撞上了十個跨欄中的第九個。最後，瓊斯僅僅得到第七名，她含淚癱軟在跑道上。[5]

當瓊斯在二〇一二年倫敦奧運捲土重來時（最終她獲得一百公尺跨欄賽的第四名），她仍對當年失敗的那一刻歷歷在目。如果你去問神經學家，他們大概會一致地診斷出問題所在：當她開始想到技巧的細節，而不是將這份工作交給負責運動的神經迴路——那些將動作練習到臻於完美的神經迴路；瓊斯原本是仰賴由下而上的系統，轉而受到由上而下系統的干擾。

關於大腦的研究發現，冠軍運動員在比賽中開始思考運動技術時，就是肯定會搞砸的祕訣。假如頂尖足球員在帶球通過一排三角錐時，還要注意自己是用哪隻腳來控球的話，會犯下更多錯誤。[6]如果棒球員面對來球揮棒時，還得去注意自己的球棒究竟是往上還是往下移動，也會發生一樣的事。

千錘百鍊的運動員們，在經過數以千計的練習時數之後，他們的運動皮質（motor cortex）已將那些動作深深刻在迴路中；這時愈不去管它，運動皮質的運作表現愈好。當前額葉皮質啟動，我們開始思考自己表現得如何、該做什麼時（更糟的是思考「不要」做什麼），大腦會將一些控制權交給那些知道如何思考與擔憂、卻不知該如何實際行動的迴路。不論百米賽、足球、棒球，這是放諸四海皆準的犯錯祕訣。

這就是為什麼明尼蘇達雙城棒球隊的巔峰表現指導員瑞克．艾伯曼（Rick Aberman）會告訴我：「當教練檢討比賽時只專注於下次『不要』做的事，這就是讓球員在心理壓力下失敗的原因。」

不只是運動方面如此。說到其他會因為過度分析和自我批評而妨礙順利進行的活動，其中一個例子就是做愛。一篇題為〈在壓力下試圖放鬆的諷刺性效果〉，則指出了另一個案例。[7]

放鬆與做愛的最佳方式是順其自然地發生，千萬別試著強迫進行。副交感神經系統會在這些活動發生時起作用，其運作通常獨立於大腦的執行管理。大腦只負責「思考」這些事。

人們會去提起一些已決心不再提及的敏感議題，美國小說家愛倫坡（Edgar Allan Poe）將這種不幸的心理傾向稱為「悖理的惡魔」（the imp of the perverse）。哈佛大學心理學家丹尼爾・韋格納（Daniel Wegner）在一篇恰如其分地命名為〈如何在各種情況下思考、說出、做出最糟糕的事〉的論文中，解釋了引發此種心魔的認知機制。[8]

韋格納發現，失誤程度會隨著我們分心、壓力或其他心理負擔的增多而加劇。在這些情況下，負責監控我們可能犯下的錯誤（例如提醒我們不要提及某議題）的認知控制（cognitive control）系統，反而會在無意中提高犯下該錯誤的可能性（例如提及某議題）。

韋格納要求參與實驗的志願者試著「不要」想起某個特定的單字，而當他們在單字聯想任務中必須快速回應時，往往就會說出那個被禁止的單字。

超載的注意力會降低心理控制的能力。當我們的壓力到達巔峰時，會無法想起熟悉之人的名字，更別說是他們的生日、我們的周年紀念日與其他社交的重要資料。[9]

另一個例子是肥胖症。研究人員發現，過去三十年美國的肥胖症盛行，也剛好是電腦和高科技產品在人們的生活中呈現爆炸性成長的時期——因而懷疑這種相關性並非意外。沉浸在數位產品等令人分心事物的生活，創造出一種幾乎是恆久性的認知超載（cognitive overload），而這種超載會耗盡我們的自我控制。

減肥的決心都算了吧。一旦迷失在數位世界裡，我們就是會不自覺地伸手去拿洋芋片。

由下而上產生的偏差

一項針對心理學家的調查，問他們是否擁有某種自己無法理解的「毛病」。[10]一個人說，二十年來，他持續研究陰暗的天氣如何使一個人的整體生活都黯淡下來，除非你能覺察到陰暗的天氣影響了你的心情。然而，雖然他了解其中所有道理，陰暗的天氣仍讓他心情不好。

另一位則是持續寫文章闡述某些研究是如何被嚴重誤導。即使從未獲得相關研究者的關注，他還是停不下這股衝動。他對自己的行為感到困惑。

第三位說，雖然他研究過「男性的性過度知覺偏誤」（male sexual overperception bias）——將女性的友善誤解為「性趣」——但他自己仍陷於這種偏誤之中。

在我們度過每一天的同時，由下而上的神經迴路求知若渴地、安靜地、持續不斷地學習。這種隱性的學習永遠無須進入我們的覺知，儘管如此，它卻是我們人生的方向舵，無論好壞都不離不棄。

自動化的系統在大多時候都運作良好：我們知道發生了什麼事、要做什麼，在想其他事情的時候，仍能同時應付日常的各種外來需求。但這個系統也有弱點：我們的情感與行事動機，會在我們的注意力中造成偏差與偏誤，而我們通常不會注意到，且我們對自己的這種疏忽毫無自覺。

以社交焦慮症為例，一般而言，有焦慮症的人異常執著於任何稍有威脅性的事物；那些有社交焦慮的人，會強迫性地找出一絲絲被排斥的信號，例如某人臉上瞬間即逝的厭惡表情——反映了他們自認是社交失敗者的習慣性假設。大多數這類情緒互動都在覺察範圍之外進行，導致人們開始迴避那些可能導致焦慮的場合。

有一種巧妙的方法可用於治療這種由下而上的偏差行為，此方法幽微到令人渾然不覺他們的注意力模式正在重新接線（就像他們當初患上此症時，也渾然不知接線正在進行）。「認知偏誤矯正法」（cognitive bias modification，簡稱CBM）是一種無形的療法，過程是讓患有嚴重社交焦慮症的人觀看一批群眾的照片，同時，每當燈光出現閃光模式，就要按下一個按鈕，愈快愈好。[11]

在帶有威脅性的照片（像是一些眉頭深鎖的臉孔）出現時，閃光絕不會出現。這種干預始終在他們的覺察範圍以外進行，然而，經過幾次療程後，由下而上的神經迴路，便從這種模式中學會將注意力引導至不具威脅性的線索。雖然接受CBM的人完全不知道自身的注意力模式正在微妙地重塑當中，但他們的社交焦慮會逐漸減少。[12]

以上屬於此種神經迴路的良性運用之一。接著要說到廣告了。廣告是在擁擠的市場中擷取注意力的老派手法，至今依然有效——告訴人們有哪些嶄新的、更優質的、驚人的東西。但是，一個看似微不足道、致力於行銷方面的大腦研究的產業，已發展出以操縱人們潛意識為基礎的技巧。例如，其中一項研究發現，如果你向人們展示奢侈品或只是讓他們想到奢侈品，他們在下決定時就會變得更以自我為中心。[13]

當我們購物時，是什麼讓我們決定伸手拿商品？以此為中心的研究，是潛意識選擇研究的最活躍領域之一。市場行銷人員想知道如何動員我們由下而上的大腦。

舉例來說，市場行銷的研究發現，當人們在螢幕上看到一杯飲料，並伴隨著快樂的臉孔迅速閃過，其速度快到無法被意識到——但由下而上的系統卻注意到了——此時，他們喝下的飲料量，就會比看到快速閃過的憤怒臉孔時還要多。

回顧這類研究得出的結論是，人們「幾乎無法察覺」這些微妙的行銷力量，儘管它們塑造了我們購物的方式。[14]由下而上的覺察方式，使我們變成受潛意識左右的笨蛋。

如今人們的生活似乎由衝動所主宰，而且已到達令人擔憂的程度；透過由下而上的機制，洪水般的廣告掌控了我們，帶動我們今日對巨量商品的消費欲望，卻不管明天要怎麼繳帳單。對許多人而言，被衝動所支配，不僅造成過度開支、過度借款，更導致過度飲食以及其他上癮的習慣，從狂吃Twizzlers糖果，乃至於花上無數個小時緊盯這個或另一個數位螢幕。

神經的劫持事件

走進別人的辦公室，你注意到的第一件事會是什麼？這可以看出目前是什麼在驅動你由下而上的專注。如果你有堅定的財務目標，可能會立刻看到電腦螢幕上有個收益圖表。假如你有蜘蛛恐懼症（arachnophobia），就會密切注意窗角那滿是灰塵的蜘蛛網。

這些都是注意力的潛意識選擇。作為大腦的情緒哨兵，當杏仁核（amygdala）神經迴路發現一些它認為重要的事物時，注意力就會被攫取，例如超大的蟲子、憤怒的表情或可愛的幼童，這些事物會觸發大腦本能的興趣。[15]這種設置於大腦中間地帶的由下而上系統，其神經反應較由上而下的前額葉區域迅速許多；它會向上發送訊號，啟動較頂層的皮質通路，喚醒（相對）緩慢的執行中心開始集中注意力。

我們大腦的注意力機制經過了數十萬年以上的演化，才能在危機四伏的叢林中生存；在叢林中，各種威脅以特定的視覺範圍與速度（約略相當於蛇的衝刺與老虎的跳躍）接近我們的祖先。我們祖先的杏仁核快得足以躲過蛇吻與虎口，他們的神經設計如今傳遞到我們身上。

人類的大腦似乎很在意蛇和蜘蛛這兩種動物，並且帶著警惕。即使當牠們的影像用我們無法清楚意識到的速度飛快閃過，仍是一樣。由下而上的神經迴路發現牠們的速度，快過其他一般物體，發現的同時會發出警報（在蛇或蜘蛛的專家眼前閃動牠們的圖像，仍會引發注意力——但沒有警告信號）。[16]

大腦不可能忽略帶有情緒的臉孔，尤其是憤怒的臉孔。[17]憤怒的臉孔擁有超級的顯著性：目光掃過人群，憤怒的臉孔會從中跳出來。底層大腦發現卡通中有V形眉毛（例如《南方四賤客》〔*South Park*〕中的孩子們）的速度，比發現一張快樂的臉孔更迅速。

我們被設定為會反射性地注意「超常的外界刺激」，不論是關於安全、營養或性——就像一隻貓無法不去追逐綁在線上的假老鼠一樣。在現今的世界中，根據這種設定傾向來製作的廣告，也會由下而上地攫取我們反射性的注意力。只要將性或聲譽與一種產品掛勾，就會啟動相同的神經迴路，使我們為購物做好準備，而我們甚至沒有意識到買單的真正原因。

我們的某些特定癖好，讓我們更難以招架這些刺激。這就是為什麼酒鬼會對伏特加廣告目不轉睛，以及為什麼身在度假勝地的好色之徒會被性感的人所吸引。

這是一種由下而上的、預先選取的注意力；這種來自神經迴路下方的注意力是自動化的，是不由自主的選擇。當我們的思緒在漫遊、當我們分心，或當我們被過多資訊淹沒——或者三者兼具時，我們最容易任由情緒帶動這種注意力。

接著是情緒狂奔。昨天我正坐在電腦前寫這個章節，突然之間，我的腰痛嚴重發作。也許不是突然之間：這種痛從早上就開始一點一滴累積。但當我只是坐在桌前，它卻突然撕裂我的身體，從我的下背直達我大腦的痛苦中心。

當我試著站立時，痛苦是如此劇烈，因此我又蜷縮回椅子上。更糟的是，我的心理開始追著可能發生的最糟糕情況賽跑：「我一輩子都會這樣行動不便，還得定期注射類固醇……。」一連串停不下來的思緒，使我恐慌的腦袋想起，曾有一家經營不善的製藥廠發生真菌汙染，導致二十七位病人感染腦膜炎而死。

這件事發生的當下，我才剛刪除一段相關的文字，打算把它移到差不多目前這個位置，但隨著我的注意力陷於痛苦和憂慮，我完全忘了這段文字——所以現在它已經消失在黑洞裡。

這些情緒的劫持事件（emotional hijacks）是由杏仁核所發動，這是大腦針對威脅的雷達，它會不斷掃描我們周遭的危險。當這些神經迴路發現一項威脅（或以為是威脅，畢竟它們經常誤認），一條向上延伸到前額葉區域的神經迴路高速公路，會發出接二連三的信號，讓大腦的較低層驅動較高層。其結果是我們的注意力窄化，只注意讓我們苦惱的事物；我們的記憶重新調度，以便能更容易回想起任何與眼前威脅有關的事物；我們的身體進入全面備戰的狀態，壓力荷爾蒙讓我們的四肢準備好進行戰鬥或逃跑。我們執著於讓自己不安的事物，其餘都忘得一乾二淨。

情緒愈強，執著的力量愈大。劫持事件可說是注意力的三秒膠。但問題是，我們的注意力會被抓住多久？這就不一定了，事實證明，這取決於左側前額葉區域使激動的杏仁核冷靜下來的力量有多強（我們有兩個杏仁核，分別位於兩個大腦半球）。

那條從杏仁核通到前額葉區域的神經元高速公路有著岔路，分別通往左右前額。當我們被劫持的時候，杏仁核迴路逮著並控制了右側，但左側可以向下發送信號，以平息這場風波。

說到底，情緒韌性（emotional resilience）就是指我們能夠多快從惡劣情緒中恢復。韌性更強的人，也就是復原較快的人，其左側前額葉區域的活躍程度，比韌性較差的人高出三十倍。[18]好消息是，我們將在本書第五部看到，我們能夠增加左側前額葉神經迴路的強度。

自動化的生活

我和朋友在一家繁忙的餐廳裡全神貫注地談話，我們的午餐已經快吃完了。他沉浸在他的敘事中，述說他最近碰上的一個緊張時刻。他太過專注於告訴我那件事，因此還沒吃完他的餐點，而我的盤子早已被收掉一陣子了。

此時，餐廳的服務生來到桌邊，並問他：「還滿意您的餐點嗎？」他幾乎完全沒去注意服務生，只嘟囔著：「不，還沒有。」接著，毫不間斷地繼續講他的故事。

當然，這位朋友的答案並沒有回答服務生的問題，他回答的是服務生在此時「通常」會問的：「您的餐點用完了嗎？」

這個小錯誤可說是點出了由下而上、自動化地過生活的黑暗面。當某個時刻真實地來到我們面前，我們卻錯過了，只根據我們認定會發生的固定樣板去反應。於是我們錯失了那個幽默的時刻：

服務生：「還滿意您的餐點嗎？」

顧客：「不，還沒有。」

從前的辦公室經常有很多人大排長龍等著使用影印機，哈佛大學心理學家埃倫・蘭格（Ellen Langer）派人走到隊伍的最前方，簡單地說：「我有一些東西要影印。」當然，隊伍中的每一個人都是來影印的，但隊伍最前方的人通常會讓蘭格派去的人先影印。蘭格表示，這就是心不在焉（mindlessness），也就是注意力自動化的絕佳例子。對照之下，主動的注意力則可能使排在前頭的人，質疑他們是不是真的有這麼緊急。

主動參與的注意力，象徵由上而下的活動，這是避免人們像殭屍般無腦度日的解毒劑。我們可以與電視廣告爭辯，對發生在周遭的事保持警覺，質問或加以改善那些自動化的例行公事。這種專注的、有目標的注意力，可以抑制心不在焉的心理習慣。[19]

因此，雖然情緒會驅動我們的注意力，但我們也可以積極主動地由上而下管理情緒。接著，前額葉區域就會接管杏仁核的大權，降低其影響力。當由上而下控制注意力的神經迴路，接管了大腦要注意或忽略哪些事物的選擇權時，我們的注意力就不會輕易被一張憤怒的臉孔、或甚至是可愛的寶寶所奪走。

Chapter 4 心思飄移的價值

讓我們暫且退一步，重新思考關於思考這件事。當我寫到這裡，前面的內容中都隱含著一種偏誤：專注的、以目標為導向的注意力，比開放、自發性的覺察更有價值。然而，這種認為「注意力就是要用來解決問題或達成目標」的假設太過輕率；心智有一種自由流動、四處飄蕩的傾向，而上述假設就低估了這種傾向所帶來的豐碩成果。

每種類型的專注力都有其用途。我們的思緒中約有一半是白日夢，這個事實顯示出，能夠懷抱想像力的頭腦可能擁有某種優勢。[1] 我們也許該修正自己對「漫遊的思緒」（wandering mind）的看法，這不見得是我們的心思從重要的事物**飄離**，反而可能是**飄向**有價值的事物。[2]

關於思緒漫遊的大腦研究，面臨的是一種獨特的矛盾狀況：由上而下的意圖，並不能產生效果卓著的由下而上例行程序。要指示一個人產生隨性的念頭是不可能的——也就是說，無法使一個人的思緒去漫遊。[3]如果你想捕捉那些在腦海中四處漫遊的念頭，只能等它們突然出現時趕緊抓住。一個較佳的研究策略是：當人們的大腦接受掃描時，在隨機的時刻詢問他們當下的想法。如此便能得出混雜的心思內容，其中包括大量的漫遊。

人的內心總急於從費力的專注中飄離，因此，認知科學家認為漫遊的思緒是大腦的「預設模式」——只要大腦沒有在執行心理的任務，心思就會變成漫遊的狀態。一系列的腦成像研究發現，執行這種預設網路（default network）的神經迴路，集中在前額葉皮質內側或中間區域。

近來，更進一步的大腦掃描顯示一項令人意外的結果：在思緒漫遊的時候，大腦似乎有**兩個**區域變得很活躍，而不僅僅是長期以來被認為與心思飄移相關的大腦中間帶狀區域。[4]另一個區域——前額葉皮質的執行系統——一直被視為讓我們保持專注於任務的關鍵。然而，新的掃描顯示，當心思四處遊蕩時，這兩個區域都會啟動。

這不禁讓人有點疑惑。畢竟，思緒漫遊的本質是將專注力從手邊的事移走，因而會妨礙我們的工作表現，特別是在一些認知性的事務上。研究人員初步認為，思緒漫遊雖然會傷害工作表現，但可能是為了其他事情而借用此執行系統。

這讓我們回歸到心思所飄向的事物：在大多數情況下，目前我們個人最關心與尚未解決的事，也就是我們必須想出解決方案的東西（這點在下一章會有更多討論）。雖然思緒漫遊可能會傷害我們當前所專注的任務，但它們占用一些時間，是為了解決攸關我們自身的重要問題。

此外，心思飄移會讓我們的創造力源源不絕。當我們的思緒漫遊時，我們會在任何仰賴靈光一閃的事情上有較好的表現，從玩一個需要想像力的單字遊戲，乃至於發明新事物與原創性地思考。事實上，那些擅長需要認知控制與大量工作記憶之心智工作的人——像是解決複雜的數學問題——如果很難從完全集中的專注中脫離，他們創造性的洞察恐怕會陷入困境。[5]

思緒漫遊的其他正面功能，還有描繪未來的願景、自我省察、穿梭在複雜的社交世界、構思創意、默想我們正在學習的事物、組織我們的記憶，或單純只是思索人生——同時給我們負責深度專注的神經迴路一個神清氣爽的小憩。[6]

經過片刻的思考，我決定為思緒漫遊再加上兩個好處：提醒我必須做的事，以免在我重整思緒時忘得一乾二淨；另一個好處，則是讓我樂在其中。我確信，如果讓心思飄移一會兒，你也可以提出其他益處。

偶然力的建造

波斯神話故事《錫蘭三王子歷險記》（*Three Princes of Serendip*），其主要情節是三位王子「憑藉著機遇和睿智，探索他們並未刻意追尋的事物」。[7]狂野不羈的創造力大多是以這種方式運作。

「如果你不放開自己，新點子就不會出現。」賽富時（Salesforce）的執行長馬克・貝尼奧夫（Marc Benioff）告訴我：「當我還是甲骨文（Oracle）的副總裁時，我跑到夏威夷一整個月，就為了放鬆。當我這麼做之後，全新的想法、觀點與方向就開啟了我的事業。」

在夏威夷那個充滿開放氣息的地方，貝尼奧夫領悟到雲端計算的潛在用途，於是他離開甲骨文公司，在租來的公寓裡開創了賽富時公司。賽富時當時是業界的先驅，如今這一行已成為價值數十億美元的產業。

相較之下，一名對自己的假設過度自信的科學家，所冒的風險是忽略不符自身預期的事物——將之視為雜音或錯誤，而非通往新發現的大門——因此錯失可能帶來更豐碩成果的理論。此外，在腦力激盪中老愛唱反調的人，往往會擊落新的想法，把創新洞見扼殺在搖籃裡。

開放覺知為創造性的突破與意料之外的洞見，提供了一種心理平台。在開放覺知裡，沒有負責唱反調的人、沒有冷嘲熱諷的犬儒主義、沒有批判，只有對任何飄進腦海之事物的全然接納。

一旦我們偶然發現一個極富創造力的洞見，就必須切換到極度專注於如何應用此洞見的狀態，才能好好把握它。偶然力（serendipity）帶有開放的可能性，接下來就是往實際應用的目標前進。

人生中的創造力挑戰，很少來自於規劃好的謎題。相反地，我們通常會認知到，首要之務為尋找具創造性的解決方案。正如巴斯德（Louis Pasteur）所說的：機會是留給準備好的人。白日夢能孕育創造性的發現。

有個關於創造力階段的經典模型，大致可轉化為三種專注的模式：**定向**，我們向外搜尋，將自身沉浸於各種外界輸入的訊息中；**選擇性注意力**，用於特定的創造性挑戰；**開放覺知**，我們自由聯想，讓解決方案得以浮現——接著往解決方案邁進。

在人們產生創造性的洞見之前，與思緒漫遊相關的大腦系統早已出現活躍的現象——更有趣的是，在注意力缺失症患者身上更是異常活躍。患有注意力缺失症的成人，與沒有此病症的人相比，亦呈現更高的原創思考能力及更多實際的創造性成就。[8] 創業家理察・布蘭森（Richard Branson）是維珍航空與其他企業的創始人，他就自陳是患有注意力缺失症而十分成功的典型代表。

美國疾病管制與預防中心表示，將近一成的兒童患有伴隨著過動症狀的注意力缺失症。成年後，過動症狀會衰減，剩下注意力缺失症；約百分之四的成人有此問題。[9] 當他們挑戰一項創造性的任務，例如為積木尋找新奇的使用方式，注意力缺失症患者的表現會優於其他人，儘管他們漫不經心——也許正是因為漫不經心。

我們或許都能在此學到一點什麼。在一項實驗中，志願者接受「全新用途」任務的挑戰，那些思緒漫遊的人——與注意力完全集中的人相比——多想出了百分之四十的原創性答案。同時，一些擁有小說寫作、發明專利、藝術展覽等創作成就的人們，在接受過濾無關的資訊以專注於某任務的測驗時，他們思緒漫遊的情況遠比一般人頻繁——顯示開放覺知可能對他們的創作有正面幫助。[10]

在我們創作過程中較平和的時刻——靈光出現之前——大腦通常在放鬆、開放專注的狀態下歇息，其特徵為腦中的 α 波。這顯示一種做白日夢的幻想狀態。由於大腦會在廣泛的神經迴路中儲存各種不同訊息，自由漫步的意識便提高了偶然的結合與新穎組合發生的機會。

饒舌歌手潛心於即興饒舌（freestyling），也就是當場即興創作歌詞；此時，他們進行思緒漫遊的神經迴路（與大腦其他區域）顯現高度的活躍狀態，使相距遙遠的神經網路得以產生新穎的連結。[11]在這樣寬廣的精神生態環境中，我們更可能擁有新奇的聯想，更可能擁有那種代表著創意性洞見的「啊哈」（aha）的頓悟感覺，或一句好的押韻。

在這個複雜的世界裡，幾乎每個人都能使用相同的資訊，因此，新的價值來自於具原創性的融合、聚集概念的新方法，以及能開啟未開發潛力的睿智問題。具創造性的洞見，能夠以有用、新鮮的方式結合各種要素。

想像你咬了一口鮮脆的蘋果。果皮表面的顏色、你咬下時發出的清脆聲、味道、香味、口感。花點時間體驗這顆虛擬的蘋果。

當你所想像的片刻在心中活躍起來，你的大腦幾乎肯定會產生γ波。γ波對認知神經科學家而言十分熟悉，它會在咬下虛擬蘋果這類心智運作中例行性地出現；在創造性洞見即將產生前也會出現。

若因此把γ波視為某些創造力的祕密，就太過頭了。但是，在創造性的洞見出現時，γ波的**位置**則很有意義：一個和夢、隱喻、藝術邏輯、神話與詩歌相關的區域。這些都是以無意識的語言運作，在那裡沒有什麼是不可能的。佛洛依德的自由聯想法——即毫不壓抑地說出任何進入你腦中的事——為這種開放覺知的模式開啟了一道門。

我們的大腦中有數不清的想法、記憶、潛在的聯想等著被完成，但當我們過度專注（hyperfocused）或被太多分心事物抓住，導致無法察覺洞見時，若要在正確的脈絡下連結到對的概念與對的記憶（以及所有被注意力點名的事物），可能性就會急遽降低。

接著，還有儲存在別人大腦裡的東西。天文學家彭齊亞斯（Arno Penzias）與威爾遜（Robert Wilson）花了一整年的時間，以新設備探索宇宙；和過去他們曾用來觀測遼闊天空的任何設備相比，新設備可強大太多了。他們被大量全新的資料所震驚，同時試著忽略他們假定是機器故障所產生的無意義靜電干擾，以簡化工作。

有一天，他們碰到一位核子物理學家，因而得出一項洞見（而且最後得了諾貝爾獎）。這項洞見使他們了解過去所認為的「雜訊」，實際上是來自宇宙大爆炸持續迴盪所導致的微弱訊號。

創造力的「繭」

愛因斯坦曾說：「直覺是人類莊嚴的天賦，理性只是忠誠的僕役；我們卻造就了一個歌頌僕役、遺忘天賦的社會。」[12]

對我們之中的許多人而言，能在一天當中獲得一段不受打擾的私人時間、躺在椅子上沉思一番，簡直是種奢求。然而這樣的片刻，有時卻是我們日常中最有價值的時段，特別是談到創造力時。

不過，這種自由的聯想若要成為具備實用價值的創新，還需要適當的環境與氣氛——

我們需要用來維持開放覺知的自由時間。

來自電子郵件、訊息、應繳的帳單等無止境的猛烈攻擊，讓我們的大腦進入與開放專注對立的狀態；然而，在開放專注之中，偶然的新發現才能夠生生不息。在日常的分心事物、待辦事項與行程計畫所導致的心理混亂之下，創新走進了死胡同；但是，在開放的時間裡，創新蓬勃發展。這就是為什麼發明史上各種具備過人洞察力的故事，多半都來自散步、洗澡、一段長途跋涉之旅，或是度假期間。開放的時間讓創意精神茂盛茁壯；密密麻麻的行程表則會將其扼殺。

以估算密碼學領域的奠基者彼得・史懷哲（Peter Schweitzer）為例，經過加密的密碼對未受訓練的人來說簡直毫無意義，但卻保護了像是政府紀錄和你的信用卡資訊等各種機密。[13]史懷哲的專長是：以友善的測試來破解密碼，讓你知道像是流氓駭客之類的對手能夠強行進入你的系統並竊取你的祕密。

這個困難重重的挑戰，需要為一個極度複雜的問題想出一系列新穎的潛在解決方案，然後以有條不紊的數個步驟逐一測試。

負責這項艱難任務的史懷哲的實驗室，並非那種有著隔音牆、沒有窗戶的辦公室。他在深思如何破解密碼時，通常會進行長長的散步，或是簡單地閉上眼睛、晒晒太陽。「看起來像是在睡午覺，但他正在腦中進行高深的數學運算，」一位同事這麼說，「他會躺著做日光浴，同時大腦以無限高速運轉著。」

這種由時間與空間產生的「繭」之重要性，從下述實驗中可見一斑。哈佛商學院曾研究某創意專案團隊裡二百三十八位成員的內心運作。這些成員的任務都是具創新性質的挑戰，從解決複雜的資訊科技問題，到發明廚房用的小器具。[14]此類工作的進展，需要的是一連串小而穩定的創造性洞見。

與驚人的突破、壯闊的勝利無關，關鍵其實是在邁向大目標的具體步驟上取得小勝利（小型的創新、解決令人困擾的問題）。當人們有了清楚的目標，且享有決定要如何達成目標的自由時，就是創造性洞見浮現的最佳時機。同時，最重要的是保有可以真正自由思考的、不被打擾的時間，這樣的寶貴時間就是創造力的「繭」。

Chapter 5 找尋平衡

「一次又一次自願地將飄離的注意力帶回的本領，是判斷力、堅毅性格與意志力的根源。」美國心理學之父威廉・詹姆斯在觀察後評論道。

然而，正如前面章節所見，如果你去問人們：「你是否正在想一些與你現在所做之事無關的事？」則有一半機率他們會心不在焉。[1]

根據人們當下從事的活動，這種機率會隨之大幅變動。隨機調查數千人的結果顯示，專注於當下的比例最高的活動是做愛（即使是在這不湊巧的時機，用手機 app 回答此問卷的人也一樣）。和第一名有一定差距的第二名是運動，再來是與人交談，再來是玩樂。對照之下，思緒漫遊最頻繁的是工作時（老闆們，注意了）、使用家用電腦和通勤。

一般來說，思緒漫遊時，人們的心情通常會向不快樂傾斜；即使想法本身看似是中性的，也會被負面情緒所籠罩。在一部分或大半時間裡，思緒漫遊本身似乎就是導致不快樂的原因。

當我們沒有在想某件特定的事情時，我們的心思飄到哪兒去了？絕大多數時候，全都和「我」（me）有關。詹姆斯認為，內心的「我」透過講述自己的故事——將人生中的隨機片段組合成一套連貫的敘述——編織出個人的自我感知。這個「全部關於我」的故事情節，在我們瞬息萬變的經驗背後，編造出一種恆久的感覺。

這個內心的「我」反映了預設區域——永無休止之心靈的發電機——的活動，迷失在蜿蜒曲折的想法中，與現狀幾乎無關，一切只與「我」有關。當我們從專注的活動轉向讓心思休息時，這種心理的習慣就會接管。

除了有關創造力的部分，思緒漫遊傾向以「我」和自己關心的事物為中心——**我今天必須做的所有事**、**我對那人說錯的話**、**我當初應該怎麼說才對**。雖然心思有時也會飄移至愉快的想法或幻想，但更多時候則會被芻思與憂心吸引過去。

當我們的自我對話與芻思製造了一種低度焦慮的背景，內側前額葉皮質會讓我們火力全開地質問自己。但當我們完全集中注意力，鄰近的側前額葉皮質（lateral prefrontal cortex）就會抑制內側區域；我們的選擇性注意力**不再選擇**這些執著於情緒的神經迴路（對情緒的執著是最強力的分心源頭）。對外界發生的事做出反應，或任何形式的主動專注，都會關閉內心的「我」；反之，被動的專注則會將我們帶回芻思的舒適泥沼中。[2]

最容易使我們分心的事物，並不是身邊其他人的喋喋不休，而是我們自己腦中的喋喋不休。要完全集中注意力，就得讓這種內心的聲音靜止下來。試著從一百開始連續地減去七，如果你持續專注於這個心算任務，心中喋喋不休的聲音就會安靜下來。

律師與葡萄乾

身為一名訴訟律師，他的事業動力來自眼見客戶遭遇不公不義而引發的滿腔怒火。由憤怒所引發的動力，讓他在追查案件時變得冷漠無情。他的辯論充滿火力，經常研究案情與準備開庭直到深夜。他一遍又一遍地審視客戶的困境與制定法律策略時，常常使得他怒火中燒而無法成眠。

後來，他在度假期間遇到一位傳授冥想的女士，並向她請教。她的課程居然從拿給他一些葡萄乾開始，然後引領他透過幾個步驟，全神貫注地慢慢吃一粒葡萄乾，在過程中的每一刻，細細品嚐那豐富的滋味：拿起一粒葡萄乾放進嘴裡咀嚼時的感覺、咬下去時蹦出來的味道、吃東西時發出的聲音。他讓自己沉浸在豐盛的感官裡。

接著，這位女士指導他將同樣全神貫注的專注，帶到呼吸的自然流動上，將所有流經心裡的想法通通放下。在她的引導下，他持續在自己的呼吸中冥想了十五分鐘。

他做完之後，心裡的聲音安靜下來了。「那就像打開一個開關，進入了像是禪的狀態，」他說。他太喜歡這種感受，於是把它變成每天的習慣：「我在冥想完之後，真的感到平靜——我非常喜歡這樣。」

當我們全神貫注於自身的感官，大腦會讓其預設的喋喋不休安靜下來。這位律師所嘗試的冥想形式稱為「正念」（mindfulness，又譯爲「覺察」）；處於正念期間的大腦掃描顯示，正念可以讓以「我」為中心、喋喋不休的神經迴路安靜下來。[3]

這件事本身可能就是一種極大的解脫。「某種程度上，專心代表中止這種思緒漫遊的狀態，然後完全專注於一種活動。我們是有可能關閉預設的神經迴路的，」神經科學家理查・戴維森說道。「當你全神貫注於一件有挑戰性的任務時，就不能反覆自我芻思。」「這就是人們喜歡登山這類危險運動的原因之一，在那種情況下，你必須絕對地專注，」戴維森補充道。強而有力的專注會帶來寧靜感，隨之而來的是喜悅。「但等到你下山後，以自我為中心的神經網路，仍會讓你的憂慮與掛念一股腦兒全部襲上心頭。」

在赫胥黎（Aldous L. Huxley）的烏托邦小說《島》（*Island*）中，訓練有素的鸚鵡會任意地飛過人們頭上，吱吱喳喳說道：「此時此地，各位，此時此地！」這項提醒幫助了這個如田園詩般小島的居民，從白日夢中回神，重新專注於當下正在發生的事。

鸚鵡似乎是信差的適當人選：動物只活在當下。[4]貓兒跳到人的膝上等著被撫摸，狗兒在門邊企盼你的歸來，一匹馬在你接近牠時昂頭解讀你的意向：這些動物全都專注於當下。

擁有思考與眼前刺激的事物無關的能力——關於過去已發生的事，與未來所有**可能**發生的事——讓人類的大腦與幾乎所有其他動物不同。雖然許多精神性的傳統，就跟赫胥黎的鸚鵡一樣，認為思緒漫遊是悲痛的來源，但演化心理學家認為這是一種偉大的認知躍進。這兩種觀點都各有正確之處。

在赫胥黎的眼中，永恆的現在包含讓我們心滿意足所需的一切。然而，人類的思考能力超越了永恆的現在，這是所有人類成就的先決條件；那些成就需要規劃、想像或邏輯技巧，方能達成。而這些幾乎也就包括了人類所獨有的一切成就。

若要深思熟慮**非當下**的事物——認知科學家稱為「獨立情境的思考」（situation-independent thought）——則我們必須將心智與當下感知到的內容分離。目前為止，我們尚未發現有其他物種能像人類的心靈一樣，能如此急劇、頻繁地從外部的專注轉為內部的專注，哪怕只是稍微接近的也沒有。

我們的思緒漫遊得愈遠，就愈無法惦記當下發生的事。以理解我們正在閱讀的東西為例，在受試者閱讀整本珍．奧斯汀（Jane Austen）的《理性與感性》時，觀測他們凝視書本的目光；不穩定的眼球移動，代表有許多人讀得心不在焉。[5]

飄移的眼球顯示，理解和以視覺接觸文字之間的連結中斷了，因為心思遊走到其他地方去了（如果讓受試者選擇他們想看的書——例如《決斷兩秒間》〔*Blink*〕或《格雷的五十道陰影》〔*Fifty Shades of Grey*〕，取決於他們的口味——則心思飄移的情況也許就會少很多）。

在人們接受大腦掃描時，透過觀測其目光中的波動或「隨機經驗抽樣」（也就是說，只問某人發生了什麼事）等方法，神經科學家觀察到最主要的神經動態：當思緒漫遊時，我們的感覺系統會關閉；相反地，當我們專注於當下時，關於思緒漫遊的神經迴路則會黯淡下來。

在神經的層次，思緒漫遊與感知的覺察（perceptual awareness）傾向於互相抑制——當內心專注於我們的思路，會關閉感官的知覺；全神貫注於夕陽西斜的美景時，則讓心思靜止。[6]這種關閉可以是完完全全的關閉，就像我們澈底沉浸於自己手邊事情的時候。

我們的神經設定，通常容許我們與外在世界連結時有少量飄移，或在我們飄移時維持適度的連結，像是在開車時做白日夢。當然，這種部分的心思關閉有其風險：一項研究針對一千名在車禍中受傷的駕駛人進行調查，發現約有半數人表示在車禍發生之前，他們的心思飄移了；心裡的念頭愈強烈、干擾愈劇烈，就愈可能釀成車禍。[7]

那些不要求持續專注某項任務的情況——特別是無聊的任務或例行公事——讓思緒能夠自由地漫遊。當心思四處飄移、預設神經網路更強烈地運作後，我們用以專注於某項任務的神經迴路會安靜下來——這是另一種神經分離，和感官與白日夢之間的狀況類似。做白日夢、專注某項任務、感官知覺這三者，會相互競爭神經所需的能量，也難怪當我們做白日夢時，如果去做任何需要集中注意力的事，就會犯下更多錯誤。

漫遊的思緒

一個冥想的基本指引：「任何時候當你發現思緒漫遊了，就將你的心思帶回專注的點。」此處的重點在於「任何時候當你發現」。我們幾乎永遠不會發現自己的心思是在何時已經自行進入其他軌道。這種偏離了冥想之專注的隨意徘徊，在我們發現之前（如果我們能發現的話），可能會持續幾秒鐘、幾分鐘，甚至是整個冥想期間。

這個看似簡單的挑戰是如此困難，因為我們捕捉漫遊思緒時所使用的大腦迴路，也正是一開始讓心思飄移的神經網路。[8]它們在做什麼呢？很明顯地，正在應付那些將漫遊的思緒帶入細密思路中的隨機片段，像是**我要怎麼付清帳單？**這些想法由飄移的神經迴路（drifting circuitry）與執行的神經迴路（executive circuits）之組織能力合作而產生。[9]

抓住正在漫遊中的思緒是很難的；我們沉浸在思緒中時，往往根本就沒發現心思已經飄移。注意到心思已經飄移，標示出一種大腦活動的轉變；這種後設覺察（meta-awareness）愈強，思緒漫遊就愈弱。[10]大腦的影像揭露，當我們發現心思飄移的那一刻，後設覺察的行動會減少執行神經迴路與內側神經迴路的活動，但並不會完全抑制其活動。[11]

現代生活重視的是坐在教室或辦公室裡，一次專注做一件事——不過，在人類歷史初期，這種注意力模式可不會總是讓人受益。部分神經科學家主張，要在荒野生存，仰賴的可能是在關鍵時刻迅速轉移注意力並快速行動，而不是猶豫地思考該怎麼做。現今被診斷為注意力缺失症的症狀，可能就反映出這種曾經具有演化上優勢的、自然產生的專注力類型——也因此繼續在我們的基因庫裡傳播。

當面對需要專注的心理任務，像是艱深的數學問題時，如前所述，注意力缺失症的患者顯示出更多的思緒漫遊，大腦內側神經迴路的活躍程度也會增加。[12]不過，在情況良好時，注意力缺失症的患者一樣能擁有熱切投入的專注力，並全神貫注於手邊的活動。此種情況通常較容易出現在藝術工作室、籃球場、證券交易所內——就是不會出現在教室裡。

平衡

二〇一二年十二月十二日，根據不知哪來的謠言所稱，馬雅人預言世界末日的那一天，我和內人正好帶著孫女去到紐約現代藝術博物館。身為一個搖籃裡的藝術家，她熱切地想見識這個紐約的著名博物館。

我們進入現代藝術博物館的第一個畫廊，迎面而來的是兩個工業用尺寸的真空吸塵器，純白無瑕的三輪圓筒貼上整潔的條紋，它們上下堆疊在一起，裝在樹脂玻璃的立方體內，下方的霓虹燈使它們閃爍著。但我們的孫女對這沒興趣；她急著想看幾層樓上梵谷的《星夜》。

就在前一天晚上，現代藝術博物館館長召開一項以「專注與分心」為主題的晚會。注意力的焦點是博物館展示的關鍵：藝術品的框架宣告了我們該觀賞的地方。那些玻璃立方體與霓虹燈，標示出我們的注意力要放在**這裡**，朝向閃亮的真空吸塵器；而不是放在**那裡**，也就是展場裡任何其他地方。

當我們要離去時，重點來了。在博物館巨大的大廳裡，靠近出口的牆壁邊，我注意到一些椅子隨意地堆放在一起，準備在舉辦活動時使用。就在那附近，潛伏在陰影中的，是我幾乎看不出來的另一部真空吸塵器。完全沒有人注意到它。

但是，我們的注意力不需被周遭的框架所局限；我們能選擇觀察黑影下的真空吸塵器，一如欣賞置於聚光燈下的真空吸塵器。注意力的平衡反映出一種心理模式：我們單純地注意任何進入我們覺察中的事物，不會被任何特定事物抓住或趕走。所有事物都川流而過。

這種開放性可見於日常生活中，例如，當你排隊結帳時，前一位顧客拖拖拉拉半天，但你沒有把焦點放在厭煩，或想著這會害你遲到，而是單純地享受店裡播放的音樂。

情緒的反應會讓我們翻轉至不同的注意力模式，其中之一是讓我們的世界限縮於使我們生氣的事物上。無法維持開放覺知的人，通常會被煩人的細微末節捲進去，像是在機場時，前方那個乘客沒完沒了地在安檢門前處理他的手提行李，導致你之後都已經走到登機門口了，還在生悶氣。然而，開放覺知中沒有任何情緒的劫持事件——就只有當下那一刻的豐富感受。

有一個關於這種開放性注意力的大腦測試，評估人們在一連串無規則的英文字母中穿插數字後的追蹤能力，如：S、K、O、E、4、R、T、2、H、P……

結果是，許多人把注意力鎖定在第一個數字4，而錯過了第二個數字2；這些人的注意力會暫失（attention blinks）。但是，擁有強大的開放專注力的人，便會注意到第二個數字。

能將注意力安穩維持在這種開放模式的人，更善於觀察周遭的各種情況。即使是在一片喧囂的機場，他們還是能對周遭發生的事保持覺察，而非迷失在一個又一個的細節裡。在大腦的測驗中，在開放覺知獲得最高分的那些人，能在片刻間讓大量細節掠過腦海，超過大多數人所能做到的。他們的注意力不會暫失。[13]

這種豐沛的注意力也適用於內心生活——在開放模式中，我們接收的感覺、知覺、想法、記憶，會比按表操課或在密集會議間趕場時多上許多。

「這種能讓你處在全景覺知（panoramic awareness）中、保持注意力開放的能力，」神經科學家戴維森表示，「讓你遇事能泰然處之，不被由下而上的感覺俘虜；那會使你的內心在判斷和反應上無法自主，無論是負面或正面的。」

這同時也會減少思緒漫遊。他補充道，真正的目標是，在你想要的時候對思緒漫遊擁有更好的掌握能力，而不是被牽著鼻子走。

注意力的恢復

雜誌編輯威廉．伏爾克（William Falk）感嘆道，與家人在一處熱帶度假村共度假期時，他發現女兒正等他一起去海灘，他卻在認真盯著工作看。

「不久前，」伏爾克反省道，「一邊度假一邊工作，對我而言簡直是無法想像的事；我還記得我曾在愉快無比的整整兩週之間，與老闆、下屬甚至朋友沒有任何聯絡。但那是在我帶著智慧型手機、iPad和筆電一起旅行之前，現在我已習慣生活在源源不絕的資訊和連結中。」[14]

爆炸性的連續新聞、電子郵件、電話、推特、部落格、聊天對話、關於某項意見的意見、關於這項意見的反響——想想看這些新出現的、我們每天都要面對的資訊超載，以及我們為此付出的認知努力。

那種神經上的刺激，增加了我們必須完成任務的壓力。選擇了一項清晰的專注目標，就需要抑制許許多多其他的目標。我們的心思必須費勁擺脫所有其他事物，從一堆雜七雜八的事情中挑出重要的。這些需要認知上的努力。

當我們的認知耗竭時，就像是使用過度的肌肉，緊繃的專注將導致我們的心智過度疲勞。心理過度疲勞的徵兆，如工作效率下降、容易分心與發怒，顯示出持續專注所需的心智努力，已經耗盡負責供應神經能量的葡萄糖。

注意力疲勞和身體疲勞有相同的解藥——休息。但是，什麼可以讓心智肌肉休息？

我們可以嘗試從由上而下控制的費力活動，轉變成較被動的由下而上活動，在一個能讓人安靜的環境裡放鬆休息。密西根大學的史提芬・凱普蘭（Stephen Kaplan）主張，最能讓人休息的環境是大自然，他建議採用他所謂的「注意力恢復理論」（attention restoration theory）。[15]

當我們從費力的專注（也就是心智必須壓抑分心的狀態）中解放開來，允許注意力被任何自行出現的事物帶走的時候，此種恢復便會出現。不過，只有特定種類的由下而上的專注行為，才能恢復集中注意力所需的能量；上網、打電動或回覆電子郵件都不行。

定期「拔掉插頭」能讓我們有好的表現；寧靜的時光會恢復我們的注意力與沉著冷靜。

但從事務中解脫只是第一步，下一步也很重要。凱普蘭指出，到市區街道上散步仍然需要注意力——我們必須在人群裡找出方向、閃躲汽車，還要忽略喇叭聲與街上的各種噪音。

相較之下，在公園或樹林中步行就不需要太多注意力。我們在大自然中待上一段時間，藉此讓自己恢復——即使只是在公園裡散步幾分鐘，或欣賞任何美妙的景色，例如觀賞夕陽西沉時逐漸淡去的紅色雲彩、一隻蝴蝶的振翅。這會「溫和地」（凱普蘭的研究小組如此形容）觸發由下而上的注意力，讓由上而下的神經迴路重新補充能量、恢復注意力與記憶力，同時改善認知能力。[16]

比起在市中心閒逛，在滿是植物的公園散個步之後，當你回到必須集中精神的任務時，將更能專注。[17]就算只是坐在自然風景的壁畫旁——特別是繪有水景的壁畫——效果也比街角的咖啡店更好。[18]

不過，你是否也發現了？這些放鬆時光確實能關閉高度專注狀態，但也開啟了預設神經迴路中忙碌依舊的思緒漫遊狀態。因此，我們還可以採取另一個步驟來關閉忙碌的心思：完全專注於令人放鬆的事物。

關鍵在於沉浸式體驗（immersive experience）。在此種體驗中，注意力可能是全面的，但大部分是被動的。當我們溫和地喚醒感官系統，便能平息那些費力的專注。任何我們樂於沉浸其中的事情，都可以達到此種效果。還記得前面談過的嗎？在有關人們心情的調查中，在任何人的一天之中最讓人專注、也最讓人愉快的活動就是做愛。

即使在寧靜的時刻，我們與自己內心的對話仍然滔滔不絕；而完全且積極的專注，會關閉我們內心的聲音。幾乎每一種將心思專注於某個中性目標（像是自己的呼吸或禱告文）的冥想練習，其主要效果均在於此。

傳統上有關「靜修」（retreat）之理想環境的設置，包括恢復認知能力所需的一切要素。為冥想所設計的修道院，一般都是在閒適寧靜的大自然裡。

我們並不需要如此極端。對於在度假村裡工作的伏爾克而言，治療方法很簡單：停止工作，和女兒一道在海浪裡玩耍。「在拍打的海浪中，我和女兒一起翻滾笑鬧，我全神貫注於那一刻，徹底活在當下。」

Part 2 / 自我覺察

Chapter 6 內心的方向舵

我就讀的中學位於加州中央谷地，沿著九十九號高速公路的下一個城鎮有另一間中學，橄欖球、籃球、辯論，只要你能想到的，那所中學一向是我們最大的勁敵。幾年下來，我與那所學校的某位學生成為了朋友。

他在中學期間對念書沒有太大興趣——事實上，他差點因為爛成績被退學。他在鎮郊的一個牧場長大，大多數時間都是獨自一人，閱讀科幻小說或者搞那些他最愛的古董改裝大馬力車。在畢業前一週，當他要左轉回到家門前的車道時，一輛車子從後方飛馳而來，將他的小跑車撞得七零八落，他差點死於這場車禍。

康復後，他進入當地的社區大學，在這裡，他發現了一個深深吸引他的注意力、能供他發揮創意才能的使命——拍電影。轉學到電影學院後，他為學校作業拍了部電影，吸引了一位好萊塢導演的目光，決定雇用他擔任助理。這位導演要我的朋友在工作之餘拍一部小成本的電影，而那部電影又使我的朋友獲得一家製片廠的支持，讓他為自己寫的劇本擔任導演與製作人——這部電影在發行前差點被製片廠砍掉，但最後票房卻遠遠超過任何人的預期。

然而，製片廠老闆在發行這部電影前任意的刪改剪接，也為我的朋友帶來了痛苦的教訓，因為他將作品的創意掌控奉為至高無上的原則。當他準備製作另一部自撰劇本的電影時，一家好萊塢大型製片廠向他提出了一項業界標準的協議：製片廠會提供資金，並保留發行前刪改的權利。他拒絕了——他認為藝術的完整性更為重要。

相反地，我的朋友以自己出資的方式「買下」創作的掌控權，將第一部電影賺的每一分錢都投下去。在他快拍完時，資金已經耗光。他向銀行尋求貸款，卻不斷被拒絕；他跑了第十家銀行才獲得貸款，總算在最後一分鐘拯救了這個項目。

這部電影就是《星際大戰》。

喬治・盧卡斯（George Lucas）堅決主張創意方面的掌控權，在財務困難的狀況下，更顯出他的骨氣；同時如全世界所知道的，這也成為一個獲利驚人的商業決策。但金錢並不是他做這個決策的動機；因為當年所謂的附帶權利，只有販賣電影海報與T恤等，都是微不足道的收入。當時，每一位了解電影工業的人，都警告盧卡斯不要自己出資拍片。

像這樣的決定，需要一個人對自身價值觀具有無比信心。是什麼能讓人擁有如此強大的內心羅盤，就像是一顆北極星指引著人生的方向，使他們遵從心底深處的價值與目標而前行？

自我覺察——尤其在解讀我們內心的悄悄話密碼時的準確性——是關鍵所在。我們微妙的生理反應，會反映出和手邊決策相關的所有過往經驗。

從生活經驗衍生的決策原則，存放在大腦皮質下的神經網絡，這個區域收集、儲存、應用著我們生活裡每個事件的運作法則，並創造了我們內心的方向舵。[1]大腦在皮質下區域保存我們內心最深處的目標感與意義感——這個區域與皮質下的語言區連結不良，與本能和直覺的連結卻很強。我們首先發自內心地感覺什麼是對的、什麼不對，接著把這些感受系統化，藉此明白自身的價值觀。

而自我覺察等於是一種最基本的專注，這種關注會協調我們內心細微的私語，這些私語則協助引導我們的人生。同時我們也將看到，這個內心的雷達是管理我們要做什麼事

——以及我們「不」做什麼事——的關鍵。此一內部控制機制，是我們一生之榮枯的區別所在。

她是快樂，而且她知道

對動物進行自我覺察的科學實驗，理論上很簡單：在牠們的臉上放上一個標記，讓牠們照鏡子，觀察牠們的行為是否顯示出知道那張掛有標記的臉就是自己臉孔的反射映像。不過，對大象進行自我覺察的實驗，實際上並沒有那麼簡單。首先，必須打造一面大象撞不壞的鏡子，例如建造一個八英尺見方的壓克力鏡面，黏在由鋼架支撐的夾板上，接著用螺栓固定在大象房間的水泥牆上。

研究人員在布朗克斯動物園（Bronx Zoo）便採用了上述的方法。一隻名為「快樂」（Happy）的三十四歲亞洲象，與另外兩個大塊頭朋友——瑪克辛與派蒂——住在一起。研究人員先給三頭大象幾天時間習慣鏡子，然後把白色的「X」記號輪流放在其中一頭大象的頭上，再觀察牠們是否了解自己頭上有個記號——一種自我認知（self-recognition）

的跡象。

大象測試有個更複雜的問題。大象通常會藉著洗泥巴澡，以及用象鼻將塵土灑遍全身的方式來「清潔」自己。這會將相當數量的碎屑留在皮膚上，因此增加了一個可能性，就是人類認為顯著的記號，其實可能是微不足道的——對一頭大象來說，只是更多的碎石泥巴而已。的確如此，瑪克辛與派蒂完全沒注意到頭上的X。

然而，輪到「快樂」在頭上頂著白色X的那一天，她走向鏡子，端詳自己十秒鐘，接著走遠——有點像人類在出門前會在鏡子前面看一眼的情景。接著，她用象鼻敏感的鼻尖，重複撫摸X記號的四周，這就意味著自我覺察。

在動物王國裡，只有少數幾種動物曾通過這項測驗，包括幾種不同的猩猩與黑猩猩，還有海豚（水中版本的測驗）。這些物種，如大象，是大腦中擁有一批特殊神經細胞的少數幾種動物，這些神經細胞是神經細胞科學家認定的自我覺察必備條件；這些名為康斯坦丁·馮·艾克諾默（Constantin von Economo，簡稱 VENs）的神經細胞，以發現它們的科學家來命名。這些紡錘狀神經細胞的大小，是其他大部分細胞的兩倍，同時與其他細胞連接的分支比較少，但分支的長度卻比一般細胞長得多。[2]

VENs神經細胞的尺寸與紡錘形狀，使它們比其他神經細胞更具獨特優勢：它們發送的信號可以傳送得更快、更遠。同時，它們的主要所在地正是執行腦（executive brain）與情緒中心（emotional centers）相連的區域，使其功能就像是個人雷達。當我們在鏡中看見自己的映像時，這些區域就會發亮。神經細胞科學家認為，這些細胞屬於自我感知相關的腦神經迴路的一部分，這些迴路會為我們帶來各個層級的自我感知，如「這是我」、「我現在有何感受」，以及我們的身分認同。

大腦的軀體地圖

在被診斷出罹患肝癌，並於幾年後因此去世之前，蘋果創辦人賈伯斯（Steve Jobs）為史丹佛大學的畢業生帶來一席發自肺腑的演說。他的忠告是：「別讓他人的意見淹沒了你內在的聲音。最重要的是，要有追隨自己內心與直覺的勇氣。你的內心與直覺就是有辦法先知道你真正想成為什麼樣的人。」[3]

但是，你要如何聽見「內在的聲音」？你的內心與直覺已經察覺了什麼？你必須仰賴身體的信號。

你可能看過根據體感皮質（somatosensory cortex）繪製而成的奇特人體圖像，體感皮質會追蹤我們各個區域皮膚的感應。這個小生物有小小的頭、巨大的嘴唇和舌頭、細小的手臂與巨大的手指——反映了身體各部分神經的相對敏感性。

我們體內類似監測器的器官叫做腦島（insula），藏在大腦額葉的後方。腦島透過連結到我們的腸、心、肝、肺、生殖器的神經迴路，建構我們身體內部的地圖——每個器官都有其特定位置。這使得腦島成為器官功能的控制中心，能夠將放慢跳動的信號發送到心臟，或是將深吸一口氣的信號送到肺部。

將注意力轉向身體內的任何部位，可以放大腦島對我們所檢視之特定區域的敏感性。把注意力朝向你的心跳，腦島會啟動那個神經迴路中更多的神經細胞。事實上，人們能否感覺到自己的心跳，已成為用以衡量其自我覺察的標準方式。這種感覺愈強，代表他們的腦島愈大。[4]

腦島不只協調我們的器官；我們的每一種感知都要仰賴腦島。[5]那些對自己的情緒缺乏認知（同時也很明顯地無法認知他人有何感覺，我們稍後會解釋）的人，他們的腦島活動較遲鈍，相比之下，能高度調和內在情緒生活的人，其腦島活動則十分活躍。協調失能的極端例子是述情障礙（alexithymia），這樣的人完全不明白自己的感受，也完全無法想像其他人會有什麼感覺。[6]

我們的「直覺」（gut feelings）是來自腦島與其他由下而上神經迴路的訊息，透過指引我們的注意力朝向較佳選擇，以大大簡化我們生活中的各種決定。我們愈能領會這些訊息，我們的直覺就愈強。

當你要出門遠行時，有時你會感到一股力量拉住你，總覺得好像忘了什麼東西。一位馬拉松跑者告訴我，在她出發去參加一場四百英里的長跑比賽時，她就感到這股拉力——然而她置之不理。但當她持續在公路上奔跑時，這種感覺也不斷出現，接著她就知道是什麼事在拉她了：她忘了穿鞋！

在其中一處休息站，有家快打烊的購物中心救了她，不過那雙新鞋並非她平常習慣穿的品牌。她告訴我：「我從來沒有這麼痛過！」

「軀體標記」（somatic markers）是神經學家安東尼奧．達馬吉歐（Antonio Damasio）使用的術語，用以說明我們的身體知覺會告訴我們，某種選擇感覺是對或錯。[7]這種由下而上的神經迴路，會透過我們的直覺發送電報，將結論通知我們，通常遠比由上而下的神經迴路得出理性分析結論的速度要快上許多。

作為此種神經迴路的主要部分，腹內側前額葉（ventromedial prefrontal）區域在我們面臨人生中最複雜的決定，像是要與誰結婚或該不該買房子時，會引領我們的決策。這類決策不能透過冷冰冰的理性分析；模擬選擇A或B時，分別會有什麼感覺，才能讓我們做出較好的決策。這個大腦區域的功能運作，就好比內心的方向舵。

自我覺察有兩個主要分支：「客我」（me）建立有關我們過去與未來的故事；「主我」（I）則將我們帶進即刻的當下。「客我」，如前文所討論的，將我們橫跨時間的經驗相連在一起；「主我」則只存在於眼前一瞬間的初體驗中，二者形成了鮮明的對比。

「主我」是我們對自己最親密的感受，反映的是來自我們感官的零碎印象之總合——特別是對我們身體狀態的印象。「主我」是建構自我們的大腦系統，而大腦系統會透過腦島來繪製身體地圖。[8]

此等體內的信號是我們內在的方向舵，在許多不同的層次上協助我們，從我們一生恪守的價值觀，到記得帶上我們的跑鞋。

太陽劇團（Cirque de Soliel）的資深表演者告訴我，他們令人精疲力盡的例行練習，是因為太陽劇團成員爭取的是所謂「完美的演出」，物理運動的法則加上生物力學的規則，結合時機、角度、速度，讓你「在更多時候表現得更完美——但你不會時時刻刻都完美無瑕」。

然而，表演者如何得知自己在何時已接近完美？「就是一種感覺。在你的腦袋知道前，你的關節已經先知道了。」

Chapter 7 從他人眼中看見自己

「我們有一項『不容許混蛋』的規則，但我們的首席技術長就是個混蛋。」加州科技培育中心的一位主管告訴我。「他的工作做得很好，但他是個超大號的霸凌者，他會冷凍他不喜歡的人，只偏心他喜歡的人。」

「他的自我覺察是零，」她補充道，「他就是不會意識到自己在霸凌別人。如果你跟他明說，他只會同樣混蛋地回應，他會卸責、生氣，或認為你才是問題所在。」

該公司的執行長後來告訴我：「我們後來又與他共事了三個月左右，最後只好讓他走人。他沒辦法改變——他是個霸凌者，但毫無自覺。」

很常見的情況是，我們因為自身不太理想的行為舉止而「敗北」，卻對所作所為渾然不覺。如果沒人告訴我們，我們會依然故我。

「三六〇度全方位評估」（360-degree）是一種可靠的自我覺察測驗，你需要評比自己的一系列特定行為或特質，同時也邀請大約十個人對你進行相同項目的評比，再比較雙方評比的結果。你之所以選擇這些人，是因為他們了解你，你也重視他們的判斷；而且這些評比是匿名的，他們可以自在地坦白。「你怎麼看待自己」以及「別人如何評價你」之間的差距，是你在自我覺察方面所能獲得的最佳評估之一。

在自我覺察和權力之間，有著十分有趣的關係：在較低階的員工身上，本人的評估與他人對他們的評估之間的差距很小。但一個人在組織中的地位愈高，兩者間的差距就愈大。[1]由此看來，隨著在組織中的職位階梯往上攀升，自我覺察會降低。

有一種理論認為，這種差距的擴大，是因為當人們在組織中的權力愈大，就愈少有人願意或有勇氣點出他們的毛病。還有一些人則是不願承認，或打從一開始就沒發現自己的缺點。

不論原因為何，那些完全處於狀況外的領導人，總是認為自己比被他領導的那些人能幹很多。缺乏自我覺察會讓你變得愚蠢。想想電視劇《我們的辦公室》（*The Office*）就知道了。

「三六〇度全方位評估」運用的是透過他人的眼睛來看見自己的力量，這種方式提供了另一個通往自我覺察的途徑。蘇格蘭詩人伯恩斯（Robert Burns）用以下詩句給予讚美：

上帝賜給我們的禮物
就是從他人眼中
看見自己

英國詩人奧登（W. H. Auden）則從反諷角度提供了看法。他觀察到，我們藉由選擇性地遺忘他人不討喜的話，並回想讚美之詞，在心中創造一個正面的自我形象，好讓「我可以愛自己」（I may love myself）。他接續寫道，我們也同樣試圖創造一個形象放進「他人心裡，好讓他們愛我」（in the minds of others in order that they may love me）。

哲學家桑塔亞那（George Santayana）將這件事帶回原點，他認為別人怎麼看我們都沒關係——除非我們知道了，就會深深影響我們對自己的看法。社會哲學家稱這種「鏡像效應」（mirroring effect）為「鏡中自我」，也就是我們想像別人如何看待自己。

從這個觀點看來，我們對自我的感覺在社交互動中漸露端倪——他人是我們的鏡子，將我們反射回我們身上。這個概念可總結為：「我是我想像中的你認為的我。」

透過別人的眼睛與耳朵

人生中，少有機會能知道別人實際上是如何看待我們的。這或許正是為什麼比爾．喬治（Bill George）在哈佛商學院開授的「真實領導力發展」（Authentic Leadership Development）會名列最受歡迎的課程，每次開課的人數都爆滿（史丹佛大學商學院的類似課程也是如此）。

正如喬治告訴我的：「直到我們聽見自己將生命故事講述給一位我們信任的人聽之前，我們都不知道自己是誰。」為了促進自我覺察的提升，喬治創立了「真北小組」（True North Groups），「真北」指的是尋找一個人的內心羅盤與核心價值。他的課程讓學生有機會參與這樣的小組。

真北小組的信條是：自我認識始於自我揭露。

這些小組（任何成員都可以成立小組）的開放與親密程度，甚至超過十二步驟聚會（Twelve-Step meeting）＊或心理治療小組。喬治指出，因為這些小組提供了「一個安全的地方，成員可以討論他們不願在別處討論的個人問題——通常甚至不願意和最親密的家庭成員討論。」[2]

不只要從他人眼中看見我們自己，還要從他人的耳朵聽見我們自己；但我們往往沒有做到。

《外科》（*Surgery*）雜誌報導了一項評估外科醫生語氣的研究，根據的資料是他們與病患對話時錄下的十秒鐘片段。[3]其中有半數醫生曾因為他們的語氣而被控告不當醫療，另外一半的醫生則否。那些被控告的醫生，其語氣被評為盛氣凌人與漠不關心的情況遠高於另外半數。

比起大多數其他科的醫師，外科醫生需要向病患解釋更多技術細節，以及揭露外科手術最嚴重的各種風險。這是十分困難的對話，可能會讓病患進入高度憂慮和高度警覺的情緒狀態。

當患者聆聽外科醫生解釋技術細節與可怕的潛在風險時，大腦的雷達會進入高度戒備狀態，搜尋各種信號與暗示，以研判這一切是否真的很安全。根據外科醫生的語氣是否帶有同理心與關心的傾向（或兩者都沒有），可以預測若有醫療糾紛時、醫生是否會被控告，而患者如此強烈的敏感度正是原因之一。

我們頭骨的聲學效果，會讓我們聽到的自身聲音與他人聽到的大不相同。而我們的語氣對我們所說的話更有重大影響：研究發現，當人們在溫暖、帶著支持的語氣中接收負面的表現回饋時，他們會有正面的感覺——儘管是負面回饋。反之，當他們在冷淡且疏遠的語氣中獲取正面的表現評估時，即使是好消息，他們最後仍會有不好的感覺。[4]

《外科》雜誌的文章也提出一個補救措施：讓外科醫生聽聽看自己與病患說話時的錄音，讓他們知道自己的聲音聽起來怎麼樣，也能從中學習如何讓聲音傳達出同理心和關心——從別人的耳朵聽見我們自己。

＊ 譯注：十二步驟聚會是治療酗酒、上癮、強迫症和其他行爲習慣問題的團體課程。

團體迷思：分享盲點

以次級房貸衍生商品為基礎的投資工具導致經濟崩潰之後，一位曾創造這種衍生工具的金融專家接受訪問。他解說道，他在工作中經常會經手大量的次級房屋抵押貸款，而他會將之區分為三個部分：最差之中最好的、沒有上一種那麼好的、最差之中最糟的。接著，將每一部分再分成三個部分，並根據每一部分創造投資的衍生工具。

他曾經被問道：「誰會想買這些？」

他回答：「白痴。」

當然，許多表面上非常聰明的人確實投資了這些衍生商品，他們忽略這些商品不值那麼多錢的跡象，並放大任何支持這項決定的說詞。當這種忽略負面證據的傾向擴散成一種眾人共享的自我欺騙，就成了團體迷思。（透過忽略關鍵性負面資料）保護一個受人們珍視之意見的需求，使得眾人擁有共同的盲點，最後導致了錯誤的決策。

美國前總統小布希（George W. Bush）的核心決策圈和他們入侵伊拉克的決定，是基於想像中的「大規模殺傷性武器」，這就是一個典型的例子。一手促成抵押貸款衍生商品崩潰的那群金融玩家也一樣。這兩個災難性的團體迷思案例，都是沒有問對問題、忽略負面資料的對外隔絕團體，陷入自我肯定的漩渦當中。

對事物的認知，是分布於一個團體或人際網絡中：有些人是某領域的專家，其他人的專門知識有與其互補的優勢。當資訊非常自由地進入團體並在其中流通時，就會促成最好的決策。而團體迷思始於一種共同分享的自我欺騙，一種沒有明說的假定：**我們知道所有我們必須知道的東西**。

一家由非常富裕的人士所管理的投資公司，送給諾貝爾經濟學獎得主丹尼爾．康納曼珍貴的寶藏：該公司二十五位投資顧問八年間的投資成果。分析這些資料之後，康納曼發現，任何一位投資顧問逐年的投資成果之間都沒有關聯性——換句話說，沒有一位顧問管理客戶資金的成果持續優於其他顧問。他們的管理績效跟純靠運氣是一樣的。

然而，每一位顧問都表現得彷彿他們擁有一種特殊的技能，而且每年取得最高績效的顧問都會獲得大筆獎金。手中握有研究結果的康納曼與該公司的高層共進晚餐，並告訴他們，他們的行為是「把運氣當作技能來獎勵」。

這理當是一則令人震驚的消息，但這些主管冷靜地繼續用餐。康納曼說：「我毫不懷疑，這件事早已迅速被掩蓋起來，整間公司一如往常繼續過下去。」[5]

> 早已深深嵌入這個行業的「技能的假象」受到了侵犯。康納曼補充道：「這些事實挑戰了如此基本的假設，威脅到人們的生計與自尊，因此不會輕易地被接受。」

一九六〇年代，民權運動正在美國南部如火如荼地進行，當時我在位於加州的故鄉，曾加入抗議一間當地超市的行列，那間超市當年不雇用非裔美國人。然而，直到幾年後，當我聽說了加州大學柏克萊分校的奈及利亞籍人類學家約翰．奧各布（John Ogbu）的作品——他到我家附近的城鎮研究他所謂的種姓制度（caste system）——我才意識到當時**確實**有這種狀況。[6]我就讀的中學全是白人，零星點綴一些亞裔和西班牙裔；另一所學校大多數是黑人，還有一些是西班牙裔；第三所學校則是各色人種混雜。我只是從來沒認真思考這件事。

在超市的場景中，我可以迅速看出**他們的**歧視——但我對自己也身在其中的、更大的歧視模式卻視而不見；那是一種固有的整體社會階層，包括人們住哪裡、讀哪間學校（在那個年代）。社會的不平等會淡入背景中，成為我們習以為常、而非直接面對的東西；我們需要努力，才能將它放回集體的關注焦點。

這類自我欺騙似乎是一種放諸四海皆有的注意力扭曲，例如，當駕駛人在方向盤後評估自己的駕駛技術時，約有四分之三的人認為自己的技術高於平均水準。奇怪的是，比起無事故紀錄的駕駛人，那些曾經釀成車禍的人**更傾向於**自認駕駛技術比其他人好。

更奇怪的是，一般來說，大多數人都評估自己比其他人更不會高估自己的能力。這些膨脹的自我評估，反映出一種「優於平均水準」效應，甚至可見於幾乎任何正面的特質——從能力、創造力，乃至於友善和誠實。

我在一趟波士頓飛往倫敦的航班上，閱讀了康納曼令人著迷的《快思慢想》（*Thinking, Fast and Slow*）一書。當飛機著陸後，我與走道對面那位一直盯著書籍封面的乘客聊天。他告訴我，他也計劃閱讀這本書——碰巧提到他的工作是為富人管理個人資產。

在我們沿著漫長的跑道滑行，抵達希思羅機場的閘門之前，我將書中的重點大致告訴他，包括那家金融公司的故事，並補充這似乎暗示著他的行業是在獎勵看似技能的運氣。

「我猜，」他聳了聳肩回答，「我現在不需要讀這本書了。」

康納曼向投資經理人報告他的研究成果時，他們的反應也是如此冷淡。正如他所言，對於這種令人惶恐不安的資料，「大腦是沒辦法消化的」。

這個團體已經將這些東西埋葬在冷漠與壓制之中，若要重新釋放它們，需要的是後設認知——在這個例子中，就是覺察到我們對這件事缺乏覺察。唯有體認到我們忽略了什麼，以及體認到自己對這份忽略的視而不見，才能打開清晰的視野。

明智的風險，是基於求知若渴的廣泛蒐集資料，再用直覺加以檢驗；愚蠢的決策，則是在過於狹隘的範圍內尋找資料。從你信任與尊敬的人們那裡得到的坦率回饋，可以創造自我覺察的來源根據，也能防範偏差的資訊或可疑的假設。破解團體迷思的另一個方法：走出你的舒適圈去擴展人際關係；建立一群不說廢話並讓你保持誠實的知己，像打預防針一樣預防你陷在小圈圈裡與外隔絕。

明智的多元化應超越性別與種族的平衡，廣泛涵蓋各種年齡層、客戶或顧客，以及任何可能提供新觀點的人士。

「在營運初期，我們的伺服器壞掉了，」一家雲端計算公司的主管說，「我們的競爭對手在監視我們，記者的電話很快就如洪水般湧入，詢問發生了什麼事。但我們沒接電話，因為不知道該說什麼。」

「然後，有位曾擔任過新聞記者的員工，提出一個頗有創造力的解決方案，稱為『信任雲端』。我們完全公開伺服器發生的事——問題出在哪、我們正在如何嘗試維修；基本上就是公開每一件事。」

對於該公司大多數主管而言，這是個天外飛來的想法；他們來自將高度保密視為慣例的高科技公司，覺得遇到問題應該祕而不宣，而這種毫不懷疑的假設就是集體思維的潛在因子。

「一旦我們坦率應對，」該位主管說，「問題就消失了。我們保證客戶可以知道發生了什麼事，記者也不再打電話來了。」

正如美國最高法院大法官法蘭克福特（Felix Frankfurter）曾說過的：「陽光，是最好的消毒劑。」

Chapter 8 自我控制的良方

我的兒子們只有兩歲左右的時候，當他們發脾氣，我有時會用分心讓他們冷靜下來：「看那隻小鳥！」或服務做到底，興奮地大叫一聲：「那是什麼？」同時，我的目光或手指就將他們的注意力帶到別的地方。

注意力能調節情緒。這個小技巧是運用選擇性注意力來安撫受到刺激的杏仁核。還在學步的小孩，只要持續將專注力放在一些他有興趣的東西上，他的脾氣就會平靜下來；但在他喪失對那個東西的興趣的那一秒，如果杏仁核中的神經網路仍然保持發脾氣的狀態，他的情緒就會捲土重來。[1]當然，這個訣竅的好用之處在於，讓小孩維持有興趣的時間，長到足以讓杏仁核完全平靜下來。

當孩子學會運用這種注意力的小花招，就獲得了他們的第一項情緒自我調節（self-regulation）技巧——這是對他們的命運而言至關重要的技巧：如何管理難以駕馭的杏仁核。這個技巧是三歲時便開始發展的執行注意力（executive attention）；三歲的幼兒開始能展現主動控制（effortful control）的能力——專注於意志、忽略分心與抑制衝動。

父母可能會注意到這個里程碑——當幼兒有意地向某種誘惑說「不」，像是能讓他多吃幾口盤中的食物之後才吃點心。這同樣也要仰賴執行注意力，這種注意力會發展為意志力與自律，比如處理心煩的感受、忽略突然的衝動，使我們能專注在一個目標上。

到了八歲以後，大多數兒童都能在相當程度上掌握執行注意力。這種心智工具管理著其他認知技巧的大腦網路運作，例如學習閱讀、算數學，以及一般的學術研究（我們會在第五部深入探討）。

我們的心智會將自我覺察有效地分配運用，使我們做的每件事都能走在正軌上。後設認知——思考關於「思考」的問題——讓我們知道心智運作如何進行，同時根據需求來調整它們；後設情緒（meta-emotion）也以相同方式來調節感覺與衝動的流動。在心智的設計中，自我覺察是用來調節自己的情緒及感知他人的感覺。神經學家認為自我控制源於執行功能所需的大腦區域，這些區域管理著對我們一生極為重要的自我覺察與自我調節等心理技巧。[2]

執行注意力掌握了邁向自我管理的鑰匙。這種力量會引導我們專注於一件事並忽略其他事，讓我們在冰箱看到整桶乳酪布朗尼口味冰淇淋時，想到自己的腰圍。這個小小的選擇包含意志力的核心——自我調節的要素。

從解剖學的觀點來看，大腦是身體最晚成熟的器官，到二十多歲前都會持續成長與自我塑造，而注意力的網路，就像一個與大腦同步發育的器官。

擁有多名子女的父母都知道，每個孩子打從出生就不一樣：有的比較機警或比較冷靜，有的比其他人更好動。這種性情上的差異，反映的是每個人大腦網路的成熟度與遺傳因子。[3]

我們的注意力才能，有多少是來自基因？視情況而定。事實證明，不同的注意力系統擁有不同程度的遺傳力，[4]其中遺傳力最強的就是執行控制（executive control）。

即使如此，此一重要技巧的建立，有很大程度取決於我們在生活中學習的知識。表觀遺傳學（epigenetics）是專門研究環境如何影響我們基因的科學，它告訴我們，繼承一套基因本身，並沒有決定性的影響力。基因擁有數量不明的生物化學開關；如果這些開關永遠不被打開，我們可能永遠沒有這些機能。開關的「開啟」有許多種形式，包括我們吃的東西、跳舞時體內的化學反應，以及我們學習的事物，都可能有所影響。

意志力即命運

數十年來的研究結果顯示，意志力在決定人生的歷程方面有著非凡的重要性。其中第一項研究，是一九六〇年代進行的一個小型計畫，針對一批貧困家庭的孩子，在一項學齡前方案中給予特殊的關注，協助他們培養自我控制及其他生活技能。[5]該計畫原先希望提高他們的智商（IQ），但此一目標宣告失敗。不過，多年以後，將這些學齡前的孩子與其他處境類似、但未參與計畫的孩子相比較，發現這些孩子在後來的人生歷程中發生青少年懷孕、中途輟學及犯罪的比率較低，甚至工作中請假的天數也比較少。[6]這項發現後來促成了「及早教育計畫」（Head Start preschool programs），目前已遍及美國各地。

接著是「棉花糖實驗」，這個傳奇性的研究是由史丹佛大學的心理學家沃爾特・米歇爾（Walter Mischel）於一九七〇年代進行。米歇爾邀請一批四歲大的孩子，一個接一個輪流進入史丹佛校區賓恩幼稚園的「遊戲室」。他在房間裡擺了一大盤的棉花糖與其他點心，並告訴這些孩子可以挑一個他們愛吃的。

接著是最難的部分。實驗者告訴孩子：「如果你想吃，你可以現在就吃一個。但如果你先不吃，等到我去辦點事回來，到時候你就能吃兩個。」

房間裡清除了所有會讓人分心的東西：沒有玩具、書籍，甚至連一張圖畫都沒有。對年僅四歲的孩子來說，在這種極端情況下的自我控制簡直是一大壯舉。約有三分之一的孩子馬上抓了棉花糖就吃，另外約三分之一的孩子等上沒完沒了的十五分鐘，成功獲得兩顆棉花糖（剩下的三分之一則落在兩者間）。最值得注意的是：那些抗拒甜食誘惑的孩子們，在執行控制的評分上獲得較高的分數——特別是注意力的重新配置。

米歇爾指出，我們能專注的關鍵在於意志力。他讓孩子們對抗誘惑的這數百個小時，揭示了其中關鍵性的技巧，是他所謂的「注意力的戰略配置」（strategic allocation of attention）。能夠等足十五分鐘的孩子，是透過各種策略使自己分散注意力，包括假想遊戲、唱歌、將眼睛矇住等。如果小孩只盯著棉花糖看，是撐不到最後的（更精確地說，撐不到最後的是棉花糖）。

當我們用自我限制（self-restraint）對抗立即的滿足時，至少涉及三種不同的注意力，涵蓋執行的各個層面。第一是自願將你的專注從渴望的目標——能強力地抓住我們的注意力——脫離的能力。第二，對抗分心，讓我們專注於其他事物，不被誘惑我們的東西吸引過去。第三種使我們能將專注力維持在未來的目標上，像是兩顆棉花糖。所有這一切加總起來，就是意志力。

在棉花糖實驗這種人為情況下，展現自我控制的孩子們值得嘉許。但在現實生活中抵抗誘惑又會是什麼情況？紐西蘭達尼丁（Dunedin）的孩子們會告訴你。

達尼丁擁有剛好超過十萬的人口，該國最大的大學也坐落於此。天時地利人和之下，達尼丁誕生了可能是科學史上針對人生成功之要素的最重要研究。

在一項野心勃勃的專案計畫中，有一千零三十七位幼童從孩提時期起受到密集研究（每位孩子出生時間差不超過十二個月），數十年後，再由幾個國家組成的研究團隊追蹤現況。這個團隊由多門學科的研究人員組成，每個小組對自我覺察、自我控制的關鍵標記都有自己的觀點。[7]

這些孩子在求學期間經歷了一系列令人印象深刻的測驗，舉例來說，一方面評估他們對挫折的容忍度與焦躁不安之情況，另一方面也評估專注力與毅力。[8]

研究暫歇了二十年後，總共只有百分之四的孩子沒有成功追蹤到（在紐西蘭這種穩定國家，追蹤人口遠比在美國之類人口高度流動的國家來得容易）。此時，孩子都已成為年輕的成人，他們被評估的項目有：

- **健康**：用身體檢查和實驗室測試其心血管、新陳代謝、精神狀態、呼吸，甚至牙齒健康和發炎症狀。
- **財富**：是否有儲蓄；是否單親撫養孩子；是否有房子、信用問題、投資或退休基金。
- **犯罪**：搜尋澳洲和紐西蘭所有法院的紀錄，確認他們是否曾因犯罪被定罪。

研究發現，達尼丁的孩子們在童年時期的自我控制愈好，到三十多歲的表現就愈好。他們的身體比較健康，個人財務比較成功，同時也是守法的公民。童年時期的衝動管理愈差的人，賺的錢比較少，健康比較差，有犯罪紀錄的機會也比較高。

令人大為震驚的是：統計分析發現，兒童自我控制的水準，可以有力地預測他們成年後的財務成功與健康（以及犯罪紀錄），其準確度就跟社會階級、出身家族的財富、智商等與生俱來的條件相同。意志力之於成功的人生，是一種完全獨立的力量——事實上，單就個人財務的成功而言，童年時期的自我控制，比起智商或出身家庭的社會階級，已被證明具有**更強**的預測力。

求學時期的成功也是相同的情況。在一項對象為美國八年級學生的實驗中，他們可選擇立刻拿到一美元或在本週內拿到二美元；這項簡單的自我控制測驗，證明自我控制與平均成績的相關性，甚至高於智商與平均成績的相關性。高度的自我控制不但可以預測更好的成績，同時也能預測良好的情緒調節、較好的人際關係技巧、安全感與適應能力。[9]

結論：就算孩子們擁有在經濟上享有特權的童年，但如果他們無法學會在追尋目標時延遲滿足，這些早期的優勢可能會在人生的過程中被洗刷殆盡。例如在美國，父母的財富屬於前百分之二十的孩子中，最後每五個中只有兩個能留在同樣的特權階級；約六％孩子的所得降至美國所得最低的百分之二十。[10]就長期而言，勤勉認真的自律性

（conscientiousness）似乎也是一個強而有力的促進因子，就如同名校、大學入學考試的家教、昂貴而具教育性的夏令營等的重要性。別低估練習吉他或每天餵食天竺鼠、清理籠子的價值。

另一個結論：我們應竭盡所能提高兒童的認知控制能力，這有助於他們的一生。即使是貪吃的餅乾怪獸（Cookie Monster），也能藉由學習而表現得更好。

餅乾怪獸學習只吃一小口

有一天，我順路拜訪芝麻街工作室（Sesame Workshop），參加一項以認知與大腦科學家為核心的會議。這個工作室位於電視節目《芝麻街》（*Sesame Street*）的總部，旁邊就是柏特（Bert）、厄尼（Ernie）、大鳥（Big Bird）、餅乾怪獸以及所有角色，這個節目已經在全球一百二十多個國家播送。

《芝麻街》的本質是以娛樂來包裝學習的科學（science of learning）。「《芝麻街》每一小段節目的核心都是一個課程目標，」芝麻街工作室瓊甘茲庫尼中心（Joan Ganz

Cooney Center）的執行總監邁克爾・萊文（Michael Levine）說，「我們展示的所有內容都經過事先測試，是以教育價值為目標。」

節目先由一大群學術專家審查內容，再由真正的專家——學齡前兒童——確保目標觀眾能夠了解其中訊息。而具有特定焦點（例如一個數學概念）的節目還會再做一次測試，以觀察學齡前兒童透過該節目實際學會的東西，會對他們產生哪些教育上的影響。

這一天，偕同科學家的會議是以認知要素（cognitive essentials）為主題。萊文說：「我們需要頂尖研究人員與頂尖編劇攜手編製這個節目。我們必須正確無誤：聽從科學家的看法，然後將知識玩耍一番——創造一些樂趣。」

學習衝動控制（impulse control）的祕密武器，是有關「餅乾鑑賞家俱樂部」（Cookie Connoisseur Club）的一段節目。芝麻街上胡伯商店的店主艾倫烤了一些餅乾，準備讓俱樂部成員試吃，但沒打算讓餅乾怪獸加入。當餅乾怪獸意外地來到現場，當然，他想吃掉所有的餅乾。

艾倫向餅乾怪獸解釋，如果想成為俱樂部的成員，就要控制狼吞虎嚥地吃掉所有餅乾的衝動。相反地，要學會細細品嚐。首先拿起餅乾，看看有沒有不完美的地方，然後聞聞味道，最後輕輕咬一小口。但天生衝動的餅乾怪獸，只會狼吞虎嚥地吞下整塊餅乾。

為了在這一段放入正確的自我調節策略，芝麻街教育和研究部門資深副總裁羅絲瑪莉・楚格立歐（Rosemarie Truglio）說，他們請教的對象不是別人，正是棉花糖實驗的策劃人米歇爾。

米歇爾提出教餅乾怪獸認知控制的策略，像是「把餅乾想成是別的東西」，然後提醒自己「餅乾是那個東西」。餅乾怪獸認為餅乾是圓的，看起來像溜溜球，然後認真地不斷自言自語說餅乾是溜溜球，但結果他還是狼吞虎嚥地吃下去。

為了幫助餅乾怪獸只咬一小口（意志力的重大勝利），米歇爾建議另一種不同的衝動延遲策略。艾倫告訴餅乾怪獸：「我知道這對你來說很難，但更重要的是：你要現在吃掉這塊餅乾，還是加入俱樂部，讓你能得到各式各樣的餅乾？」這招奏效了。

太容易被餅乾這種小東西分心的大腦，將很難有持續力去理解分子和分母，更別說是微積分了。一部分的《芝麻街》課程強調了此種執行控制的要素，以創造一個心理平台，成為未來應對STEM學科（科學、科技、工程學、數學）的先決條件。

「低年級的老師告訴我們，我需要先讓孩子們準備好坐下來、專注、管理自己的情

緒，聆聽指示、合作與交朋友，」楚格立歐解釋，「然後才能教他們字母與數字。」

萊文告訴我，「培養數學和初期讀寫技巧的能力」需要自我控制，而這奠基於學齡前幾年執行功能的改變。抑制控制（inhibitory control）與執行功能，和早期的數學與閱讀能力有高度相關性。「教導這些自我調節的技巧，」他補充道，「實際上可以幫助一些發展較慢的孩子們，將其大腦的部分神經迴路重新連接起來。」

選擇的力量

喜歡上面這幅藝術品嗎？世界各地的人都

說這樣的風景畫是他們的最愛：在高處俯瞰流水、草地、動物，整幅猶如田園詩般的景象。或許這種舉世皆然的偏好，可回溯至久遠的人類史前時代，人們在大草原漫步，為了安全與取暖而擠進山坡的洞穴。

如果你在這裡還能繼續看我寫的內容，而不是回頭看那和平的景致（雖然你心裡可能想一窺究竟），你就等於在自己的大腦中創造了一場在專注與分心之間的搏鬥。任何時候當我們嘗試集中注意力於一件事、忽略另一件事的誘惑時，就會出現這種緊張情勢。這意味著一場神經之爭正在上演，一場由上而下與由下而上的神經迴路之間的喚起程度（arousal level）拉鋸戰。

順便說一句，記住，別去看那幅藝術作品——就留在這裡，讓我告訴你，你的大腦發生了什麼事。這種內心的衝突，複製了一種內心的掙扎狀態，就像孩子想放下數學作業、去看看手機上死黨發來的訊息。[11]

測試高中生的數學天賦，你會發現這樣的分布：有些孩子相當糟糕，大多數表現不是太好，只有百分之十左右顯示有極大的潛力。將這百分之十的孩子挑出來，讓他們去上一年很艱深的數學課並追蹤成果；大多數學生會得到頂尖的成績，但有部分高潛力的孩子會與預測的相反，有著很差的表現。

現在給每位數學課學生一個每天隨機發出響聲的小裝置，要求學生在發出響聲的那一刻將他們的心情記錄下來。如果他們碰巧在做數學，表現好的學生回報正面情緒的次數會遠高於焦慮情緒。但表現不好的學生恰恰相反：做數學時處於焦慮情緒的人數，比愉悅情緒的人數多出約五倍。[12]

這個比率掌握了為什麼許多學習潛力高的學生最後會陷入困境的祕密。認知科學告訴我們，注意力是一種有限度的能力：工作記憶創造了一種瓶頸，讓我們的心智在任何時刻只能承載一定數量的事物（正如我們在第一章見到的）。一旦我們的焦慮闖進我們有限的注意力，這些不相干的想法就會縮小留給其餘事物（例如做數學）的空間。

我們需要自我覺察來注意到自己感到焦慮的能力，也要隨之採取行動，以更新我們的專注空間。此種後設認知，能讓我們將心智維持於適合當下任務的最佳狀態，不論是要解幾何方程式、跟著食譜烹飪、設計高級時裝。無論我們擁有哪一方面的才華，自我覺察將協助我們以巔峰狀態展現出來。

在注意力的許多細微變化類型中，有兩種對自我覺察的影響最大。選擇性注意力讓我們專注於單一目標、忽略其他所有事物；開放性注意力（open attention）讓我們取得周遭世界與內心世界的廣泛資訊，獲得原本會錯失的微妙信號。

這兩種注意力中任一種的極端——不論是過度專注於外在，或對周遭過度開放——如理查．戴維森所說，「使自我覺察成為不可能。」[13]執行功能包括「對注意力本身的注意力」，或者用較一般的說法是，覺察到我們的心理狀態；這讓我們得以監控自己的專注，並使之維持在正軌上。

執行功能（有時稱為認知控制）是可以教的（如我們剛才所見，同時將在第五部詳細探討）。教導學齡前兒童管控的技巧，讓他們為求學期間做好準備，這比擁有高智商或提前學會閱讀更重要。[14]如同《芝麻街》團隊所了解的，老師希望讓學生有良好的執行功能，表現出自律、注意力的控制，以及抗拒誘惑的能力。除了智商以外，此種執行功能也可以（甚至更加有效地）預見孩子在求學期間會有良好的數學和閱讀成績。[15]

當然這不只適用於孩子們。這種將我們的專注力引導至一件事物並忽略其他事物的力量，乃是意志力的核心。

一袋白骨

在五世紀的印度，佛教僧侶被鼓勵觀想「三十二身分」。這是人類生物學的角落裡一張令人反感的名單：糞、膽汁、痰、膿、血、脂肪、鼻涕等。像這樣專注於令人反感的一面，是為了超脫自己的身體，以及協助僧侶抗拒色慾——換句話說，就是為了增強意志力。

時光飛越一千六百年，與那些苦行僧的努力相對照的是極端的反例。一名在洛杉磯救援青少年性工作者的社工告訴我：「一些孩子衝動的程度簡直令人難以置信。他們住在街上，但如果得到一千美元，他們會全部拿去買最昂貴的 iPhone，而不是找一個能遮風避雨的住所。」

他的救援計畫是幫助感染HIV病毒的年輕人得到政府基金，帶他們離開街頭、給他們免費醫療、提供公寓和食物津貼，甚至健身房的會員資格。「我真的看到這些孩子的某些朋友，」他告訴我，「為了得到這些好處，就跑到外頭讓自己變成HIV陽性。」

「具有高度認知控制」與「極度缺乏認知控制」之間的相同對比，也出現在多年前史丹佛大學用棉花糖測試四歲兒童能否延遲滿足的實驗結果中。四十年後，追蹤調查那五十七位當年還是學齡前兒童的參與者，發現四歲時能抗拒棉花糖誘惑的「高度延遲者」，現在仍能延遲滿足，但那些「低度延遲者」也仍難以抑制衝動。

在他們抗拒誘惑的同時，他們的大腦接受掃描。高度延遲者會啟動他們前額葉皮質的神經迴路中，控制思想與行動的關鍵區域——包括向衝動說「不」的右額下回（right inferior frontal gyrus）。但低度延遲者啟動的是他們的腹側紋狀體（ventral striatum），這是大腦獎勵系統中的一種神經迴路；當我們向生命中的誘惑與帶有罪惡的快感（例如毒品或令人垂涎欲滴的甜點）屈服時，腹側紋狀體就會生龍活虎地活了過來。[16]

在紐西蘭達尼丁的研究中，青少年階段對認知控制而言尤其重要。那些自我控制力較低的青少年，最有可能染上菸癮、意外懷孕、退學——為人們關上機會之門的種種陷阱，使他們落入特定的生活型態，加速走向所得較低的工作、較差的健康情況；在某些情況下，甚至落入犯罪生涯。

那麼，這是否意味著，患有過動症或注意力缺失症的孩子注定會出問題？完全不是如此。整體來看，那些患有注意力不足過動症的孩子，有著由壞到好的漸入佳境趨勢。即使是這群孩子，擁有相對更強的自我控制能力，也預示著更好的人生出路，儘管他們在學校時有注意力的問題。

這些事不只發生在四歲兒童和青少年身上。我們許多人的生活有著典型的慢性認知超載特徵，而這似乎降低了我們自我控制的門檻。對我們注意力的需求愈大，我們抗拒誘惑的能力似乎就愈差。已開發國家中的肥胖症像傳染病一樣流行，研究人員指出，部分原因來自我們分心時更容易受到外界影響，更容易不假思索地伸手去拿甜膩、高脂肪的食品。根據腦成像的研究報告發現，那些減重最成功且持續保持身材的人，正是面對高熱量美食時最能展現認知控制的人。[17]

佛洛依德的著名格言，「本我（id）在哪裡，自我（ego）就在那裡」，便直言這種內心的緊張關係。本我——讓我們伸手去拿巧克力、買太昂貴的奢侈品，或點進那個吸引人、但完全是浪費時間的網站的各種衝動——持續不斷地與我們的自我（心智的管理者）爭執不休。自我讓我們能減掉體重、節省金錢、有效率地分配時間。

在心靈的競技場上，意志力（「自我」的一個面向）代表大腦頂層和底層系統之間的摔角比賽。儘管我們被衝動、激情、習慣、渴望等情緒所拖住，但意志力讓我們專注在目標上。這種認知控制是「冷靜」的心理系統，使我們在面對快速、衝動、自動的「火熱」情緒反應時，仍能努力追求我們的目標。

這兩個系統表現出注意力的關鍵性差異。獎勵系統神經迴路執著於火熱的認知、情緒高漲的想法，像是棉花糖的誘人之處（**它美味、甜美、Q彈**）。情緒愈猛烈，衝動就愈強——我們較清醒的前額葉，也愈可能會被我們的欲望所劫持。

對照之下，前額葉的執行系統透過抑制伸手去抓的衝動，同時重新評估誘惑本身（**它也會讓人發胖**）。你（或四歲的你）能透過思考來啟動這個系統，例如想想棉花糖的形狀、顏色、製作方法。這種注意力的轉換，會降低伸手去抓的動能。

正如米歇爾為餅乾怪獸出的建議，他在史丹佛大學進行實驗時，以一種簡單的心理把戲幫助了一些小孩：他教他們把糖果想成只是一幅照片，周圍有框框圍住。突然間，腦海中那一大塊步步進逼、令人無法抗拒的棉花糖，變成了孩子們可以假裝那不是真正的東西，而是他們可以選擇專注與否的東西。改變孩子與棉花糖之間的關係，有點像是一種心理柔道，讓原本無法撐個一分鐘不去伸手抓糖的孩子，巧妙地抗拒誘惑長達十五分鐘。

這種對衝動的認知控制，可以預示美滿的人生。米歇爾這麼形容：「如果你能處理火熱的情緒，那你就能不看電視，轉而去準備大學入學考試。同時你也能為退休存下更多錢。這個實驗可不只是關於棉花糖而已。」[18]

刻意分心、認知再評估（cognitive reappraisal）以及其他後設認知的策略，於一九七〇年代進入了現代心理學的指導手冊；但類似的心理策略，早在西元五世紀的僧侶們思考那些令人反感的身體部分時，就已經被採用了。

有一個流傳至今的故事是這樣的。幾名僧侶正在步行，有個美麗誘人的女子從旁邊跑了過去。[19]那天早上，她與丈夫大吵一架，現在正逃回娘家。

幾分鐘後，正在追逐她的丈夫出現了。他問僧侶們：「尊者，您有沒有剛好看到一位女子經過？」

僧侶回答道：「男子或女子，我無法確定。但一袋白骨剛剛經過。」

Part 3

解讀他人

Chapter 9 知道太多的女人

卡崔娜的父親脾氣十分火爆。當她還是個孩子的時候，因為隨時擔心父親會爆發而一直處於恐懼之中。因此，她學到了過度警覺、緊繃地感應微小的暗示。父親的聲調升高、壓低眉毛、怒目相向——這些都是即將暴怒的訊號。

隨著年齡增長，卡崔娜的情緒雷達成長得更加敏感，例如在讀研究所的時候，光靠著觀察肢體語言，她就知道有位同學已經祕密地與一位教授同床過了。

她看到他們的身體以一種微妙的舞蹈方式同步。「他們會同時移動身體，步調完全一致，」卡崔娜告訴我，「當她扭動時，他也扭動。看到他們身體親密地協調一致，就像情人一樣，我就有了這個念頭，**哦，令人毛骨悚然……**」

「情人們並不知道自己正那樣做，但兩人卻在原始的層次上對彼此的反應變得極為靈敏。」她補充道。

僅僅幾個月之後，那位女同學就向卡崔娜傾訴了這件祕密韻事。卡崔娜說：「他們的韻事已經結束了，但他們的身體仍然亦步亦趨。」

每當她與某人在一起，卡崔娜說：「我可以接收到十幾條別人感受不到的資訊——像是抬起一邊的眉毛、手的移動。這是有破壞性的——我知道太多了，這真的讓我快瘋了。我看到的實在太多了。」

卡崔娜感覺到的，以及她有時不小心洩露出來的，不但讓別人不快，也讓她自己心神不寧。「有次會議我遲到了，所有人都等著。他們嘴上非常友善——但他們的身體告訴我並非如此。我能從他們的姿勢以及不與我目光接觸的情形，明白現場每個人都很生氣。我覺得一股難過湧上來，喉嚨也一陣哽咽。那場會議進行得不是很順利。」

「我總是看到一些我不該看的東西——這是個問題。」她補充說，「我知道了那些我無意刺探的隱私。但我有很長一段時間都沒意會到，其實不必把我知道的每件事和別人分享。」

卡崔娜從她的團隊那裡獲得她給人強烈壓迫感的回饋後，便開始與一位高階主管教練合作。「教練告訴我，我有一種洩漏情緒信號的問題——當我得知某種我原本不該注意到的東西時，我的反應使人們認為我總是在生氣。因此，現在我對這一點也必須小心。」

像卡崔娜這樣的人屬於社交敏感型，他們可以敏銳地察覺最細微的情緒暗示，擁有幾乎是不可思議的本領，可以解讀某些其他人都會錯過的幽微線索。虹膜稍微擴張、眉毛輕輕抬起，或身體的移動，就足以讓他們知道你的感受。

這意味著麻煩；如果跟卡崔娜一樣無法善加處理那些資料的話。

但同樣的才能也可以讓我們在社交上變得精明，察覺何時不該提及敏感話題、某人現在需要獨處，或者他們何時需要安慰的話語。

一雙對細微信號訓練有素的眼睛，可以提供許多人生競技場上的優勢。以壁球和網球之類的運動為例，頂級的球員透過注意對手打球時微妙的姿勢變化，就能得知球將落在何處。許多了不起的棒球打者，例如漢克．阿倫（Hank Aaron）會一遍又一遍地觀看下一場比賽要迎戰的投手影片，藉此找出透露下一球會是什麼的信號。

為了科學研究，卡內基梅隆大學人類與電腦互動研究所（Human-Computer Interaction Institute）的所長賈絲廷．卡斯爾（Justine Cassell）應用一種類似的訓練有素的同理心。「在我家，觀察人們是我們從小玩的遊戲。」卡斯爾告訴我。成為研究生後，童年的嗜好被進一步發揚光大，她觀看的影片內容，是人們比手畫腳描述剛剛看過的卡通，然後她再花數百個小時研究那些人手部的動作。將影片轉為每秒三十張的截圖後，她會標注手部動作的改變、轉向的流動、在空間中的位置，以及移動的軌跡。為了核對準確度，她會從她的筆記回推，看自己是否精確地重現手部的動作。

卡斯爾近期也做了類似的研究，針對臉部肌肉的微小運動、眼睛注視、挑眉和點頭，全都是一秒接一秒的記錄與核對。她已經做了數百個小時——至今仍在卡內基梅隆大學的實驗室與她的研究生一同進行。

「在你說話的過程中，要說出最強調的部分之前，總是會出現某些動作，」卡斯爾告訴我，「為什麼有些政客看起來缺乏誠意？原因之一是有人教他們使用特定動作，但卻沒有人教他們正確的使用時機。所以當他們做出這些動作時，總是讓人覺得有點假。」

做出姿勢和表情的時機會解釋其中的含意；倘若你的時機不對，一份正面的聲明也可能有負面效應。卡斯爾舉了以下例子：「假如你說『她是這份工作的最佳人選』，加上揚眉、點頭，而且是在說『最佳人選』的時候做這些動作來強調，那麼你發出的是一個非常正面的情緒訊號。但如果你在說完『不二人選』後短暫沉默，接著才點頭、揚眉，那情緒含意就變成嘲諷了——你真正的意思是，她其實沒有那麼棒。」

像這樣從非語言管道解讀後設訊息（meta-messages）的情況，會立即、無意識、自動地發生在我們身上。「當某人正在告訴我們一些事情時，我們『無法不』解讀其意義，」卡斯爾說，不論是透過單純的言語或動作，或兩者同時。我們在另一人身上所注意到的一切，都會在無意識的層次上產生若干意義，我們由下而上的神經迴路會持續不斷地解讀其中含意。

在一項研究中，聽者會把他們只從眼睛看見的動作，記成他們「聽見」的資訊。例如，某人聽到的是「他從管道的底部出來」，但他看見講者單手握拳並上下彈跳，就會說他聽見的是「接著走下樓梯」。[1]

卡斯爾的研究讓通常只能驚鴻一瞥的細微動作變得可見。我們自動的神經迴路接收了這些訊息，但由上而下的意識卻幾乎全部錯過。

這些隱藏的訊息有著重大影響。舉例來說，婚姻生活的研究者早已知道，如果伴侶其中一方在起衝突期間，反覆地在臉部表情中出現轉瞬即逝的厭惡或輕蔑，那麼兩人持續在一起的機率是微乎其微的。[2]在心理治療中，如果治療師和當事人動作同步，治療的結果可能會比較理想。[3]

當卡斯爾還是麻省理工學院媒體實驗室的教授時，她將這種針對人們如何表達自己的極精確分析，開發成一種系統，可以在非語言行為藝術方面給予專業動畫師指引。在這個「行為表情動畫工具」（Behavior Expression Animation Toolkit，簡稱ＢＥＡＴ）系統中，動畫師可以輸入一段對話，然後得到一個自行生成動畫的卡通人物，有著正確的動作，包括頭部和眼睛的移動、四肢的姿態。接著，動畫師再對其進行藝術上的調整。[4]

將虛擬演員的談吐、聲調、姿態做到恰到好處的「感覺」，似乎需要由上而下的系統領會由下而上的程序。卡斯爾最近正在打造類似的動畫片，她說，動畫裡的孩子會「扮演小學生們的虛擬同學，使用社交技巧建立融洽的關係，然後運用這種關係來幫助學習」。

當我們在某個研討會的休息時間碰面喝咖啡時，卡斯爾解釋，數百個小時的分析非語言訊息經驗，是如何調高了她的敏感度。「現在，和任何人在一起的時候，我都會自動追蹤這些訊號。」她告訴我——我承認，這讓我有點難為情（當我意識到她可能也注意到這點的時候，更是如此）。

Chapter 10 同理心三位一體

情緒信號的超敏感解讀能力，代表認知同理心（cognitive empathy）達到巔峰，此種同理心是專注於他人感受的三種主要能力之一。[1]認知同理心讓我們從他人的觀點理解其心理狀態，同時在我們思考他人的情況時，藉此評估管理我們自己的情緒。這些可以是由上而下的心智運作。[2]

對照之下，情緒同理心（emotional empathy）是讓我們以心有同感的方式加入他人；不論他人經歷的是喜悅或哀傷，我們的身體也隨之共鳴。這樣的協調往往是透過自動的、由下而上的大腦神經迴路。

雖然認知或情緒的同理心，意味著我們體認另一個人的想法並與之共鳴，但未必會導致我們同情或關心另一個人的福祉。第三種的同理關懷（empathic concern）則更進一步：

引領我們去關心他們。如果需要的話，會促使我們實際幫助他們。這種富有同情心的態度，建立於大腦深處由下而上的、帶著關懷和深厚連結的原始系統。不過這些感覺會與較具思考性的、負責評估我們有多重視他人福祉的由上而下神經迴路混合在一起。

我們關於同理心的神經迴路，是為了面對面的時刻而設計。如今，網路上的共同工作模式對同理心提出了特殊挑戰，例如，會議中令人熟悉的場景是，當每個人都達成無需明言的共識時，一個人大聲說出所有人都已經知道但未明說的事：「好，大家都同意這一點。」眾人點點頭。

然而，由於缺乏面對面會議中一連串足以讓某人宣布眾人共識的非語言訊息，若要在以文字為基礎的線上討論達成共識，就只能閉著眼睛衝了。我們只在人們有話要說的時候，才能讀到對方的文字，並以此作為判斷依據。此外，還有字裡行間的解讀問題：在網路上，我們仰賴的是認知同理心，用這種另類的「讀心術」去推論別人在想什麼。

認知同理心讓我們有能力了解他人的觀點與思考方式。透過別人的眼光來看事情、按照他們的方式思考，可以幫助你選擇適當的措辭，以符合他們的理解模式。

此種能力，如認知科學家所形容的，需要「額外的計算機制」：我們必須去思考「感覺」。賈絲廷．卡斯爾的研究人員就在他們的工作中例行性地使用認知同理心。

人類追根究柢的天性，使我們傾向於向每個人學習，同時協助我們認知同理心的成長，也擴大我們對他人世界的了解。有一位成功的主管可說是這種態度的典範，他的說法是：「我就是永遠都想知道每件事，想去了解我周遭的每一個人——為什麼他們會這樣想？為什麼他們要做那些事？什麼對他們奏效了？什麼失敗了？」[3]

這種換位思考在人生中的最早根源，可追溯至嬰兒學習情感生活之基本架構的路徑，例如他們自己的狀態與別人的狀態有什麼不同，以及別人對他們表達的感覺有何反應。這種對於最基本情感的了解，象徵孩子在人生中首次能夠採取另一人的看法、抱持多種不同的觀點，以及與他人分享意義。

到了二、三歲時，幼兒已經能用言語表達感受，也能指稱一張臉孔是「快樂」還是「悲傷」。再過約一年左右，孩子會意識到，一個小孩如何看待某些事件，將決定其他孩子會有什麼反應。到了青春期，另外一個層面——精確地解讀他人感受的能力變得更強，為他們未來更順暢的社交互動鋪好路。

位於德國萊比錫的人類認知與大腦科學的麥克司普拉克學院（Max Planck Institute）

社會神經科學部主任坦妮亞・辛格（Tania Singer），研究了述情障礙患者的同理心與自我覺察。述情障礙指的是難以了解自己的感受並用言語表達出來。「你必須先了解自己的感受，才能了解他人的感受，」辛格說。

讓我們得以思考自身想法與感覺的執行神經迴路，也使我們能將同樣的推論應用在別人身上。了解別人有自己的感覺、欲望、動機的「心智理論」（theory of mind），讓我們得以思考別人可能在想什麼、想要什麼。此種認知同理心與執行注意力共用神經迴路；這種能力初見於二至五歲間，然後持續發展至整個青少年期。

同理心失控

新墨西哥州監獄一位身材魁梧的囚犯接受了一位心理系學生的訪問。由於這位囚犯太過危險，因此，獄方為訪問者準備了一個萬一狀況失控時可以按的按鈕。這位囚犯以逼真的細節告訴學生，他殺死自己女朋友的駭人手法；但他述說殺人過程的態度是如此迷人，使這位學生發現自己很難不跟著他發出笑聲。

有些專業人士工作時必須訪問犯罪的社會病態者（sociopaths），當中約有三分之一的人回報他們會感覺起雞皮疙瘩（skin crawl）。有人認為這種毛骨悚然的知覺，代表著一種原始的防禦性同理心（defensive empathy）受到觸發。[4]

當有人利用認知同理心去找出別人的弱點，藉此占他人便宜時，認知同理心的黑暗面就此浮現。這種策略可說是社會病態者的典型特徵：他們利用認知同理心操縱別人。他們感覺不到焦慮，因此懲罰的威脅無法嚇阻他們。[5]

關於社會病態者的經典分析作品，首推一九四一年由赫維・克雷利（Hervey M. Cleckley）所著的《清醒的面具》（*The Mask of Sanity*）；當時，社會病態者被稱作心理病態者（psychopaths）。克雷利描述這種人在「正常人情緒的完美模仿、優秀的聰明才智、社會責任感」的背後，隱藏著「不負責任的人格特質」。[6]不負責任的部分會以病態性說謊的歷史、如寄生蟲般靠他人生活等形式浮現。值得注意的是，其他指標則顯示了注意力的缺失，例如厭煩性的注意力渙散、衝動控制不佳，同時缺乏情感同理心及對處於困境之他人的同情。

社會病態者被認為約占所有人口的一%。如果這個比例是正確的，表示工作職場中潛藏了數百萬臨床醫生所稱的「成功的社會病態者」（鋃鐺入獄的金融詐欺主謀馬多夫〔Bernie Madoff〕算是失敗案例）。社會病態者與他們的近親「馬基維利人格」（Machiavellian personalities）一樣：雖有能力解讀他人的情緒，但他們大腦內記錄臉部表情的位置跟我們其他人不一樣。有別於一般人將情緒記錄在大腦邊緣系統的中心，社會病態者的情緒活動位於額葉區，特別是在語言中心。他們並非像一般人那樣直接感受情緒，而是告知自己與情緒**相關的事**；一般人是以由下而上的系統處理情緒反應，社會病態者則透過由上而下的系統「感覺」情緒。[7]

這點顯然令人害怕——社會病態者似乎對他們的犯罪行為可能帶來的懲罰毫不畏懼。有一種理論認為，他們在衝動方面缺乏認知控制，這相當於一種注意力缺失，使他們只專注於當下的刺激，並讓他們對自己所作所為的後果視而不見。[8]

情緒同理心：我感覺到你的痛苦

「這部機器能拯救生命。」一則廣告如此吹噓道。廣告的場景在一間醫院，一個有輪子的平台上擺著影像監視器與鍵盤，以及裝著血壓計等器具。

有一次，我去看醫生，親身體驗了這部「拯救生命」的機器。當我坐在診療床上量血壓時，這個平台被放置在我背後的右側。護士站在我身邊面對著影像監視器——不是對著我。她得到我的血壓數據後，機械化地唸出電腦螢幕上一系列關於健康現況的詢問，然後輸入我的答案。

我們的眼神從頭到尾都沒有接觸，除了她在離開房間時說「很高興見到你」（考慮當時的狀況，真是相當諷刺）。

如果真的有「見到」她的話，是會滿令人高興的。缺乏眼神接觸，讓相遇變得匿名化，也失去了情感上的聯繫。那種缺乏溫度的感覺，就算我（或她）是科幻片中的機器人也不奇怪。

我不是唯一有這種感受的人。針對醫學院的研究報告發現，如果一位醫生會看著你的眼睛、聆聽病情時會點頭、你感到痛苦時會輕輕碰觸你，並問你像是在檢查時會不會太冷等問題，那麼這位醫生就會得到病人的高度評價。假如他通常只是看著他的文件板夾或電腦螢幕，評價就會很低。[9]

那位護士可能對我有一些認知同理心，但她不太可能對我感同身受。感知他人的感覺並關心他人，這種情緒同理心在演化過程中有古老的根源；我們與其他哺乳動物都有這種神經迴路，那些動物和我們一樣必須對孩子的痛苦信號保持敏銳。情緒同理心是由下而上運作——許多直接感知他人情感的神經線路，位於大腦皮質下的古老部位，這些區域能夠「想得快」，但並不深入。[10]這些神經迴路在我們身體裡喚起所蒐集到的他人的情緒狀態，使我們能對他人感同身受。

以傾聽一個引人入勝的故事為例。大腦的研究報告顯示，當人們傾聽某人述說這種故事時，聽故事者的大腦會與說故事者的大腦緊密結合。聽故事者的大腦模式精確地反映說故事者的大腦模式，但會落後一至兩秒。雙方大腦神經愈是互相重疊，聽故事的人就愈理解這個故事。[11]而那些理解程度達到最高的大腦——完全專注、深入體會的人——更是出現驚人的情況：他們大腦活動的某些模式，能夠提前一至兩秒「預測」說故事者的思路。

建立融洽關係的要素，始於兩人的完全共同專注，這會帶來一種無意識的身體同步，進而產生良好的感受。透過和教師之間存有這種共同的專注，可以讓孩子的大腦處於最佳的學習模式。任何一位曾費盡心力讓全班注意聽課的老師都很清楚，一旦學生都安靜下來、專心一致，他們就能開始理解歷史或數學課程中的內容。

情緒同理心使用的神經迴路在嬰兒期早期就開始運作，讓我們初嘗與他人產生共鳴的滋味。在大腦發育過程中，我們先能感覺到別人的喜悅或痛苦，然後才能加以思考。其中，屬於這種情感共鳴一部分（但絕不是唯一）神經線路的鏡像神經元系統（mirror neuron system），早在六個月大的時候就開始運作。[12]

同理心仰賴的是注意力的力量：要了解他人的感受，我們必須捕捉到他們臉上、聲音裡，以及其他的情感訊號。前扣帶迴（anterior cingulate）是注意力網路的一部分，透過刺激我們能與他人的痛苦共鳴的杏仁核，使我們對他人的苦難感同身受。以此來看，情緒同理心是「切身」的——我們在生理上實際感受到別人的身體發生了什麼事。

當實驗參與者看到另一人被痛苦地電擊時，他們的大腦影像顯示其痛苦神經迴路也被激發，相當於對另一個人的痛苦進行神經模擬。[13]

坦妮亞·辛格發現，我們是透過前腦島——我們感知自身痛苦的區域——對他人的痛苦產生同理。因此，當大腦運用解讀我們自身感覺狀態的相同系統，來解讀他人的感覺時，我們是先在自身感覺他人的情緒。[14]我們有一種能感知自己身體內部、發自肺腑之感受的能力，同理心就是建立在這種能力上。

同步性也是相同的道理。同步性即我們在移動、做事時所表現出不需言語溝通的緊密協調，一種「琴瑟和鳴」的互動狀態。你可以從爵士樂手身上發現這種狀態，他們的演出永遠不會和排演完全相同，但他們就是知道什麼時候該站到舞台中央、什麼時候該退居背景。若拿爵士樂手與古典音樂家的大腦功能相互比較，爵士樂手會表現出更多自我覺察的神經指示。[15]一位爵士樂手如此形容：「在爵士樂中，你必須與身體的感受一致，才會知道什麼時候該即興重複樂句。」

將所蒐集到的關於自我與他人的資訊，整合在同一個廣泛的神經網路中，讓自我覺察和同理心結合，這似乎正是大腦的設計。很巧妙的一點是：當鏡像神經元與其他的社交神經迴路，在我們的大腦與身體中重現他人所發生的事時，我們的腦島會彙整儲存所有資訊。同理心牽涉到自我覺察的作用：我們透過理解自己來解讀他人。

例如，VENs神經細胞。還記得嗎？這些獨特的大腦細胞，是自我覺察所不可或缺的。而這些細胞所在的區域，會於某些情緒浮現時啟動，如憤怒、悲痛、愛和色慾，或是母親聽到寶寶的哭聲、人們聽到所愛之人的聲音等溫柔的時刻。當這些神經迴路將某事件標示為重點，就會把我們的注意力指引到該事件上。

這些紡錘狀的細胞，能讓前額葉皮質與腦島之間——自省與產生同理心時的兩個活躍區域——進行超級快速的連結。這些神經迴路監視著我們人際領域中與我們切身相關的事物，其運作極為迅速，使我們能在彈指間做出反應。大腦中供注意力使用的基本神經迴路，與社交敏感度、了解他人體驗以及他人如何看待事物——簡單地說，就是同理心——所使用的神經迴路相互交織。[16]這種大腦中的社交超級高速公路，讓我們理解、反思、管理我們自身及他人的情緒。

同理關懷：我在這裡幫助你

一個女人掙扎著走進外科等待室，她身上看得見的每一個洞都淌著鮮血。醫生和所有職員在第一時間飛快地著手處理這名急診個案，他們急忙將這個女人移至治療室止血，打電話叫救護車，並通知取消當天所有其他病人的預約門診。

已經在現場等待的病人們，理所當然明白自己的看診需求和這位女子相比，根本算不上什麼。所有人幾乎都這麼想；只有一位病人因為預約被取消而大發雷霆，她向接待員咆哮道：「我可是向公司請了一天假！你們竟敢取消！」

告訴我這個故事的外科醫生說，在她的執業生涯中，這種對他人的痛苦與需求漠不關心的情況愈來愈普遍；這甚至在她所在的那州成為某次全州外科醫生集會的討論議題。

人們常用的說法「好撒馬利亞人的比喻」*，是源自《聖經》中有個人停下來幫助陌生人的故事，這位陌生人遭到毆打與搶劫，正痛苦地躺在路邊。曾有另外兩人看到這位受傷的人，卻都因為擔心自身安危，於是繞過他，從路的另一邊離去。

馬丁・路德・金恩（Martin Luther King Jr.）指出，那些未伸出援手的人是自問：「如果我停下來幫助這個人，我會發生什麼事？」

但好撒馬利亞人將這個問題反了過來：「如果我沒有停下來幫助這個人，**他**會發生什

---

* 編注：Parable of the Good Samaritan是出自《聖經》的一則寓言，旨在告訴人們對於他人的需要和困境要有憐憫之心，不論對方的背景或種族。此寓言在西方世界中的影響相當廣泛，甚至促使一些國家制定了「好撒馬利亞人法」，亦即見義勇為者，可不受法律責任追究。

麼事？」

惻隱之心是建立在同理心之上，而同理心需要對他人的關注。如果我們獨善其身，代表我們根本不注意別人；於是，我們對他人的困境完全漠不關心、一走了之。不過，一旦我們注意到別人，就能感同身受，體會他們的感覺與需求，並且因關心而行動。

同理關懷，是你希望你的醫生、上司、配偶（更別說你自己）能擁有的東西，同理關懷的神經基質（neural substrates）源自哺乳動物撫育下一代的神經構造。這種神經迴路會迫使哺乳動物注意並關心新生與年幼的個體，後者若缺乏雙親的照顧，是無法存活下來的。[17]當有人帶著一名可愛的嬰兒進入房間，只要觀察人們的視線，就可以看到哺乳動物大腦中負責關懷的中樞開始行動。

同理關懷會在嬰兒期早期首次浮現：當嬰兒聽到另一名嬰兒的哭聲，就會開始跟著哭。這種反應是由杏仁核引發，而杏仁核是大腦偵測危險的雷達（也是正面與負面的原始情緒所在）。有一種神經理論主張，杏仁核會驅動嬰兒大腦由下而上的系統，使嬰兒聽到哭聲時同感悲傷和沮喪。與此同時，由上而下的系統會分泌催產素，這是一種促進關愛的化學物質，會激起第二名嬰兒腦中基本的關心與善意的感覺。[18]

然而，同理關懷是一把雙面刃。當一個人直接感受到另一人的不幸，會帶來一種隱含的不舒服感，類似父母對子女的關心。但是，我們也會將某種社交方程式導入我們的關心本能中，藉此衡量我們有多重視他人的福祉。

針對這種由下而上／由上而下的混合做出好的平衡，具有重大的意義。那些受同情感刺激得太強烈的人，可能會使自己感到痛苦——對於職業為幫助他人的專業人士來說，有時會因此導致情緒耗竭（emotional exhaustion）與同情疲勞（compassion fatigue）。同時，那些透過抑制感情來保護自己免於同情心困境的人，可能會因此喪失同理心。由神經角度來看，通往同理關懷之路，需要由上而下的個人痛苦管理，並且不至於對他人的痛苦麻木不仁。

當實驗志願者聽到他人肉體受苦的故事時，大腦掃描顯示，他們本身體驗這種痛苦的大腦中心會立即點亮。但這個故事如果是關於**心理上**的痛苦，就需要較長時間，才會啟動涉及同理關懷與同情的較高層大腦中樞。如研究團隊所形容，「某種情況下的心理與道德層面」需要更多時間來判斷。

道德情操是從同理心衍生而來，而且道德省思需要思考與專注。有些人擔心，我們現今面對嚴重的分心，其代價之一就是同理心與同情心的瓦解消逝。[19]我們分心得愈嚴重，愈無法展現共情與關懷。

察覺別人的痛苦，會反射性地吸引我們的專注——表達痛苦是一種重要的生物信號，目的是喚起同類的幫助。如果這麼做會讓另一隻恆河猴受到電擊，即使是恆河猴也不會拉下鏈子來獲得香蕉（或許、可能，這就是文明的根源）。

不過，還是有例外。其中一種是，如果我們不喜歡那個受苦的人，對痛苦的同理心就會停止。舉例來說，假如我們認為那個人不正直，或那人隸屬於我們厭惡的群體，[20]那麼，痛苦的同理心就會很輕易地轉變成相反的情況，一種「幸災樂禍」（schadenfreude）的感覺。[21]

當資源嚴重缺乏、需要競爭才能取得，有時也會壓抑同理關懷，而競爭幾乎是任何社會團體生活的一部分，不論是食物、配偶、權力，甚至預約看醫生。

還有一種可以理解的例外：當某人的痛苦有充分理由時——例如，當某人正在接受對他有益的醫療——我們的大腦就比較不會與這個人的痛苦產生共鳴。最後，我們的專注力也占有一席之地：我們愈去注意這份痛苦之強烈，我們的情緒同理心就會增強；當我們移開目光的時候，就會減輕。

撇開這些限制不談，當我們單純地用愛與關懷的陪伴來幫助安撫一個人，一種微妙的關懷形式就會出現。研究顯示，光是心愛之人的在場就有一種鎮痛作用，讓大腦裡傳達痛苦的中樞安靜下來。值得注意的是，在現場陪伴受苦者的人愈有同理心，安撫的效果愈強大。[22]

同理心的平衡

「你知道，當你在乳房發現一個腫瘤，你會覺得——嗯，有點……」病人說著，聲音愈來愈小。她低下頭，淚水在眼眶中打轉。

「妳什麼時候確實發現腫瘤的？」她的醫生溫柔地問。

病人心不在焉地回答：「我不知道。有一陣子了。」

醫生：「這會有點令人害怕。」

病人：「嗯，是的，有一點。」

醫生：「有點可怕嗎？」

病人：「是啊，我的感覺可能就像是生命要結束了。」

醫生：「我懂。也會覺得擔心和難過。」

病人：「就是這樣，醫生。」

相較之下，在病人流淚哭訴乳房的腫瘤後，另一位醫生迅速拿出一張公事公辦的核對清單，詢問病人詳細的臨床問題——但就是沒有回應她想哭的感受。

第二個場景中的病人在離開時，可能會覺得沒人聽她說話，也沒有得到關心。然而在第一個場景，患者在獲得較多同理心的互動後（雖然病情的嚴重性相同），會有比較好的感覺：有人了解，也有人關心。

這兩個情境出現在一篇論文中，用以說明醫生該如何建立對病人的同理心。[23] 該論文的標題是一句建立同理心的用語：〈我這樣理解對不對……〉（Let me see if I have this right...），主張只要花一點點時間專注於患者對其病症的感覺，就能與患者建立情緒上的連結。

「不聽患者說話」是患者對醫生抱怨榜上的前幾名。就醫生的部分而言，許多醫生抱怨他們沒有充足的時間與病人相處，使他們無法發揮人性方面的互動。尤其醫生與患者會談時，是使用電腦打字記錄（按規定必須保存數位紀錄），更提高了人與人接觸的難度。結果，比起病人，醫生反而只能和電腦交流。

事實上，許多醫生表示，與患者共處的個人時刻，是他們一天的工作中最令人滿足的部分。這種醫病之間的和諧關係，大大增加診斷的精確度以及病人對醫囑的遵守，同時也提高了患者的滿意度與忠誠度。

「同理心，這種與病人連結的能力——從深層的角度而論，就是傾聽與專注——位居醫術的核心。」這篇文章如此告訴醫護界的讀者。以患者的情緒為導向，可以建立融洽的關係。忽略情緒、只關注臨床細節，則會築起一道牆。

在美國被控不當醫療的醫生，所犯的醫療錯誤一般來說並未高於那些沒有被控告的醫生。研究報告顯示，主要的差別通常在於醫病關係的基調。被控告的醫生與患者之間達到情緒和諧的各種跡象較少：他們探視病人的時間較短、未詢問病人的憂慮之處、未確定病人的問題都有得到回答，同時雙方的情感距離較遠——例如相處較少或完全沒有笑容。[24]

但是，專注於患者的不幸，可能會對醫生給予技術上的優良照護帶來特殊挑戰——像是雖然病人備受煎熬，醫生仍然必須敏銳專注地完美進行醫療程序。

當我們看到某人正在受苦，或當我們看見任何讓我們反感的事物，相同的大腦網路會活躍起來：「那裡太可怕了——我應該離開那裡」是最本能的想法。通常，當人們看到他人被針刺痛，他們的大腦會發射一個信號，顯示出他們自身的痛苦中樞也反映了那種痛苦。

但醫生不會。芝加哥大學心理學與精神病學教授吉恩・迪瑟第（Jean Decety）主導的一項研究發現，醫生的大腦對於阻隔對他人的疼痛與不適之自發性反應，是獨一無二的。[25]此種注意力的麻醉劑（anesthetic）似乎部署在顳頂交界區（temporal-parietal junction，簡稱ＴＰＪ）與前額葉皮質區域，是透過阻隔情緒來增強注意力集中的神經迴路。ＴＰＪ透過將情緒和其他令人分心的事物阻隔在外，以保護專注力，同時幫自己與他人保持距離。

當我們看見問題、想尋找解決方案時，這種神經網路會在我們任何一個人身上發揮作用。因此，如果你正在與一位心煩意亂的人交談，這個系統可以幫助你從心靈上的情感共鳴，轉向認知同理心的聯繫，從而在認知上理解對方的觀點。

ＴＰＪ的精巧操作可以隔離大腦不受情緒的刺激——那些被視為能在情緒動盪之際維持冷靜理性的人，背後的大腦基礎即是如此。切換至ＴＰＪ模式，可以創造一道界限，使你不受情緒感染，將大腦從他人的情緒影響中釋放出來而得以專注。

有時這會是一種決定性的優勢：當你四周的人紛紛崩潰之際，你能保持冷靜並集中注意力。但有時則並非優勢：這可能意味著無法感知他人的情緒信號，使你喪失了同理心的線索。

像這樣不被情緒帶走，對於必須在令人提心吊膽的醫療程序中保持專注的人，有明顯的助益，如眼球注射、血淋淋的傷口縫合、用解剖刀切開肉體。

「我是海地大地震後第一批抵達現場的醫療團成員——我們在幾天內就到了，」馬克・海曼（Mark Hyman）醫生告訴我，「我們前往太子港的一個醫院，這家醫院如奇蹟般完好如初，但沒有食物、沒有水、沒有電力，幾乎沒有任何補給用品，醫院的工作人員只有一兩名。數百具遺體在陽光下腐爛，堆積在醫院停屍間，被裝上卡車送到亂葬崗。庭院裡大約有一千五百人急需救治——雙腿幾乎全斷的、身體被切掉近半截的。整個景象慘不忍睹。但我們立刻投入工作，專注於我們能做的事。」

當我與海曼醫生談話時，他才剛在印度和不丹待了幾個星期，因為他再次自願帶醫療團去幫助有需要的病人。「助人的行為使你能超越周圍所有的痛苦，」海曼醫生說，「在海地，當下完全是超現實的。這麼說好像很奇怪，但在所有混亂的中心，有一種沉著與冷靜——甚至祥和與清澈——的層次。除了我們正在做的事，所有的事物都不復存在。」

TPJ的反應似乎不是與生俱來的，而是後天習得的。醫學院學生在進入這個職業的社會化過程中學到了這種反應，因為他們不得不與病人接觸。同理心太高的代價，是各種擾人的思緒會與醫療所需的專注相互競爭。

「如果你在那種情況下什麼事也做不了，」海曼醫生述說海地的情景，「你就癱瘓了。有時你四周的創傷與痛苦會在你疲勞、中暑、飢餓的時刻突破你的防線。但大多數時候，我的心智將我推入一種能在恐怖情境下正常運作的狀態。」

創立臨床教學制度的現代醫學教育之父威廉・奧斯勒（William Osler）於一九〇四年寫道，醫生必須要能跳脫情緒，以致「當他目睹可怕的景象時，他的血管不會緊縮，心跳維持穩定」。[26]奧斯勒建議醫生要有一種「疏離的關懷」（detached concern）之態度。

這可以只是適當減輕情緒同理心——但實務上有時會導致同理心的完全封鎖。對醫生而言，每日醫療工作的挑戰，就是當他對病人的感受與體驗維持開放，並讓患者知道他了解且關心的同時，還要保持冷靜的專注力。

當病人不遵循醫囑，醫療照護就會失敗；在醫生為患者開的處方藥中，大約有一半的藥品，病人都沒有服用。患者是否有遵照醫生指示，其最有效的預測指標，在於患者感覺醫生是否真的關懷他們。[27]最近一週內，兩位大型醫學院的院長分別告訴我，他們在錄取學生時面臨的兩難問題：如何找出哪些人對他們的患者會有同理關懷。

負責領導TPJ與患者痛苦研究的芝加哥大學神經生物學家迪瑟第，是這樣形容的：「我想要的醫生，就是在我痛苦時能看著我、能跟我這個病人站在一起。具有同理心，但不能對我的痛苦過於敏感，以致不能將我的病痛治好。」

建立同理心

在一項調查中，約有半數年輕醫生說，他們對病人的同理心在實習過程中下降（只有約三分之一說是上升）。[28]對許多醫生而言，他們在往後的職業生涯都未曾重拾與病人產生連結的技巧。這讓我們回到TPJ，這種神經迴路會在醫生看到某人疼痛時抑制醫生的生理反應，幫助醫生在診斷過程中保持冷靜與清晰。

這種從痛苦中脫身的緩衝器，可能有助於住院醫師學習在患者身上進行令人痛苦的醫療程序。然而，一旦他們學會了，對身體共鳴的抑制似乎變成自動化的行為，有時甚至以一般的同理心為代價。

但是，富有同情心的關懷（compassionate care）是醫學的核心價值之具體表現；提升同理心是各醫學院必備的學習目標之一。雖然很少有醫學院特地教導同理心的技巧，但隨著神經科學已揭示其潛在的神經迴路，一些設計良好的指導課程也許可以增強這種人性技巧。

這正是海倫．黎斯（Helen Riess）博士的期許。黎斯博士是哈佛醫學院的教學醫院、即麻省總醫院的同理心與關係科學計畫（Empathy and Relational Science Program）主任，為了提升住院醫生與實習醫生的同理心，她設計了一個教育計畫，顯著改善了病人對其醫生同理心的感知。[29]

遵循著醫學院的標準模式，這種訓練的一部分是純粹學術性的，使用醫生了解並尊敬的語言，來審視同理心的神經科學。[30]一系列的影片顯示，當醫生與患者相處得不愉快（例如醫生傲慢、瞧不起人），其所造成的生理變化——患者的流汗反應——顯示出患者有多不安。接著，當醫生以同理心對待與理解病人，影片也清楚顯示醫病雙方都比較放鬆，並出現生理同步現象。

為了幫助醫生自我監控，他們學習運用深度的橫膈膜呼吸以求專注，並且「從天花板觀察彼此的互動」，避免迷失在自己的思考與感覺裡。「暫時從參與中抽離，觀察發生了什麼事，可以給予你對這場互動的全面覺察，而非完全被動應對，」黎斯博士表示，「你可以確認自己的生理狀態是橫衝直撞或達到平衡，你能注意到當下正在發生什麼事。」

舉例來說，如果醫生注意到患者帶有怒氣，這個訊號代表患者可能也正因醫生的情緒而不安。「透過加強自我覺察，」黎斯博士指出，「你能看見是什麼投射到你身上，以及你將什麼投射到你的病人身上。」

此外，還有辨識病人的非語言暗示的訓練，這些暗示包括他們的聲調、姿勢，以及最主要的是臉部表情。情緒專家保羅．艾克曼（Paul Ekman）已精確指認出，臉部肌肉在每一種主要的情緒出現時的牽動方式；這個訓練便運用其研究成果，教導醫生從病人的臉部表情解讀他們一瞬間的感覺。

「如果你以同情與關心的方式行動——即使一開始你不太喜歡，但當你刻意看著病人的眼睛，並注意他們的情緒表達——你會開始感覺更加投入。」黎斯博士告訴我。這種

「行為同理心」（behavioral empathy）剛開始可能只是裝裝樣子，但確實會讓雙方互動有更緊密良好的關係。她補充道，當住院醫生在凌晨兩點的急診室對抗情緒耗竭，還要再幫一位病人看診，並想著**為什麼這人不能等到早上再來**的時候，行為同理心就能幫上忙。

有一門課程直接教導同理心的特定技巧——從臉部解讀情緒，後來證明是整套訓練中最有效的部分之一。根據實際現場的報告，醫生愈能解讀情緒的表達，他們的患者愈會感受到充滿同理心的照顧。

這項發現在黎斯博士的預料之中。「你能捕捉到愈多情緒的微妙暗示，」她告訴我，「就能擁有愈多同理心。」

毫無疑問地，具備同理心的醫生能一邊應付電腦，一邊和患者產生聯繫。舉例來說，他能一邊在電腦上打字，一邊三不五時抬頭、與病人保持有意義的眼神接觸。或者，他能適時與病人分享螢幕上的資訊：「我正在看你的檢驗報告——這裡，我指給你看。」然後與病人一起探討報告內容。

儘管如此，許多醫生害怕進度落後，怕這些接觸會增加太多時間。「我們正嘗試打破這種迷思，」黎斯博士說，「長期而言，同理心實際上還可以節省時間。」

Chapter 11 社交敏感度

多年前，我和一位自由審稿編輯有著偶爾合作的關係。每次我們只要開始聊天就會沒完沒了；我會在我的步調與聲調裡給他「讓我們到此為止」的暗示——而他總是忽略。我會說「我差不多該走了」，但他還是說個不停。我會拿出汽車鑰匙並走向大門，他又跟著我走向汽車，毫不間斷地繼續說著。我告訴他「下次見」，他的話匣子還是不肯關上。

有幾個我認識的人跟那位編輯一樣，都看不懂對話正要結束的暗示。事實上，這種傾向正是社交解讀障礙（social dyslexia）的診斷指標之一。與此相反的是社交直覺（social intuition），能判斷我們是否精確解讀他人持續發送的非語言訊息，無聲地修正人們所說出的話。

在我們與每一個人互動時，不論是日常寒暄或緊張的談判，非語言的訊息會川流不息地來往於雙方之間，這些訊息的力量往往不亞於我們說出口的話，甚至有過之而無不及。

例如，在求職面試時，如果應徵者與面試官的動作同步（不是刻意的，必須是由於大腦同步而自然出現的副產品），則他被雇用的可能性更高。對某些人來說這很難做到，科學家創造出「姿勢功能失調」（gesturally dysfunctional）一詞，用來指稱身體的動作似乎就是無法與所說的話相稱的人。

英國女王伊莉莎白二世的丈夫菲利普親王就是以社交失言聞名，他形容自己是「說話不經大腦」（dontopedalogy）的專家，這個菲利浦親王杜撰的詞彙，意思是「把腳放進嘴裡的科學」。

以一次在奈及利亞的重要場合為例，那是英國元首四十七年來首次拜訪，伊莉莎白女王與夫婿菲利普親王前往主持大英國協會議的開幕式。奈及利亞總統驕傲地穿上奈及利亞的傳統長袍至機場迎接。菲利普親王語帶輕視地向奈及利亞總統說：「你看起來好像已經準備好上床睡覺了。」

菲利普親王曾在給一位家族世交的信中寫道：「我知道你一定向來都看不起我。我既粗魯又失禮，我說錯了許多話，事後我了解自己的話一定傷害了某人，接著我滿是懊悔，同時也希望能補救。」[1]

此種禮節不周，反映出自我覺察的不足：漫不經心的人不但在社交上失足，當別人告訴他們行為失當時，還會感到意外。不論是在餐廳裡大聲喧嘩或是無意間的粗魯無禮，他們經常使別人感到困擾。

理查．戴維森曾使用過一種檢視社交敏感度的大腦測試，給人們看一些臉部的照片，然後觀察他們大腦中負責辨認與解讀臉孔的梭狀回臉孔區（fusiform face area）有何反應。當人們被問到那個人感覺到什麼樣的情緒時，梭狀回臉孔區就會在大腦掃描器中發亮。如你所預期的，那些具有高度社交直覺的人做這件事時，這個區域會顯示高度的活動。相反地，專注力不足以取得情緒波長（emotional wavelength）的人，就會顯示低水準的活動。

自閉症者在梭狀回臉孔區顯示的活動很少，但杏仁核的活動很多，表現出他們的焦慮。[2]注視臉孔通常會使他們感到焦慮，特別是注視作為一個人情緒資料豐富來源的眼睛。例如，人們眼睛附近的魚尾紋可以告訴我們，他們是否真的快樂；如果微笑著、但眼角沒有起皺，代表這是假的快樂。通常來說，孩童會透過注視他人的眼睛來了解很多情緒，但自閉症者因為避開別人的眼睛，所以沒有學到這些功課。

不過，每個人在這方面難免都會有缺失。有位投資顧問公司的經理多年來曾三度被控性騷擾。有人告訴我，這位經理每次都很訝異，不知道自己的行為有何不恰當之處。這類經常失態的人，總未能注意到各種情境中潛藏的基本規則，同時也未能捕捉他們正讓別人不自在的社交訊號。他們的腦島在狀況外。這種傢伙就是那種眾人正莊嚴肅穆地為過世的同事默哀時，會愉快地拿出手機看訊息的人。

還記得那位「知道太多的女人」嗎？她能解讀極幽微的非語言訊息，然後因此脫口說出一些讓人發窘的話。她嘗試了正念的冥想，以幫助她獲得更多內心的覺察。

練習正念幾個月以後，她表示：「我已經能看見那種可能性，我感覺自己可以對事件的反應有一點點選擇——在這可能的畫面裡，我還是能看到人們用他們的身體說了什麼，但我不需要立即反應。這是件好事！」

了解環境背景

然而，在某些情況下，絕大多數人會處於「失常」(off) 狀態，至少在一開始是如此。

當我們進到一個新的文化環境中，才剛剛開始了解全新的基本規則，我們總不可避免地在無意間失態出醜。我記得有一次，我在尼泊爾山上的僧院，看見一位來自歐洲的健行者穿著極短的熱褲走進院裡——從尼泊爾的觀點而論，這是不禮貌的行為，但她完全不知道自己犯了錯。

在全球經濟環境中與各式各樣人物做生意的人，對於這種未明言的行為常規，更要具有特別的敏感度。在日本時，我從慘痛的經驗中學習到，交換名片是一個重要的儀式。美國人很容易將名片看都不看就放在口袋裡；在日本，這代表不尊敬對方。我被告知應該要小心地接住名片，用雙手拿好，而且在放進特別的匣子之前，必須研究一下名片的內容（這個建議來得太晚——我才剛看都沒看就把名片塞進口袋裡）。

跨文化的社交敏感度天賦，與認知同理心息息相關。例如，善於換位思考的主管在派駐海外時表現得比較好，大概是因為他們能很快了解潛規則，也能迅速學會某種文化獨特的心智模型。

當來自不同文化背景的人共同工作時，「何謂恰當」的基本規則爭議，可能會創造隱形的障礙。一位來自奧地利、為荷蘭公司工作的工程師惋嘆地說：「荷蘭文化相當重視辯論；從你上小學起，你就跟辯論一起成長。他們認為這是必要的能力，但我不喜歡這種類型的辯論；我感到很難受——對抗性太強了。對我來說，我內心的挑戰是不要將辯論視為針對個人的行為，以及在爭論當下依然維持與他人的連結，依然感覺被尊重。」

除了文化之外，基本規則也會根據你和誰在一起而大幅轉變。有些笑話你只能告訴你最好的密友，絕對不能告訴你的上司。

對環境背景的留心，讓我們能捕捉到微妙的社交暗示，從而引領我們的行為舉止。能掌握這個訣竅的人，不論身處什麼環境，都能有技巧地因應。他們不但知道自己該說什麼與做什麼，同樣重要的是，他們知道有哪些事**不能**說與**不能**做。他們直覺地遵循禮儀的通用法則，行為舉止讓人放心。擁有如此的敏感度，懂得察覺人們對我們的言行會有什麼感覺與反應，能使我們安然度過隱藏的社交地雷區。

雖然我們可能對這類行為常規有一些有意識的概念（星期五便裝日該穿什麼去上班、在印度只用右手吃飯），但對潛規則的注意，大半還是出於直覺，也就是一種由下而上的能力。我們對何謂恰當社交行為的感知，是來自我們體內的某種感覺——當我們「失常」時，是「感覺不對勁」的生理表現。我們可能是從身邊其他人身上捕捉到尷尬或苦惱的微妙信號。

如果我們無視於對這種社交脫序的感知（或原本就沒有感知），那我們只會繼續前進，絲毫不覺自己已經偏離軌道多遠了。一項針對環境背景注意力的大腦測試，評估的是海馬迴（hippocampus）的功能，海馬迴是評估社交形勢之迴路的樞紐。海馬迴的前區（anterior zone）緊鄰杏仁核，負責讓我們的行為舉止切合當下的環境背景。海馬迴的前區會與前額葉區域溝通，遏制做出一些不當舉止的衝動。

根據理查·戴維森的假設，比起似乎總是出錯的人，在各種社交狀況中最機警的人，於這些大腦神經迴路擁有較強的活動與連結性。他說，運作正常的海馬迴可以讓你在家裡與公司的行為有所不同，而在公司裡以及與親近同事在酒吧裡的行為又會不一樣。

對環境背景的覺察能力，也能在另一個層次上對我們有幫助——在團體、新學校或工作上繪製社交網路的地圖，這是能讓我們在這些人際關係中來去自如的能力。事實證明，精通於在組織中發揮影響力的人，不但能察覺人際關係的來龍去脈，同時也能指出哪些人的意見最有分量。因此，當他們需要時，就會聚焦在那些可能會去說服其他人的人。

接著，是那些與特定的社交背景格格不入的人——例如一名電玩遊戲冠軍，人生中有太多時間都花在電腦螢幕上；當他與新聞記者約好在一家餐館碰面，卻不明白為什麼這地方在情人節如此擁擠。

解讀社交背景時，呈現「失常」的極端案例可見於創傷後壓力症候群（post-traumatic stress disorder，簡稱PTSD），面對像是汽車排氣管回火的爆炸聲，會視之為可怕的緊急事件而躲在桌子底下。值得注意的是，患有PTSD的人，海馬迴會萎縮變小；一旦病情減輕，海馬迴又會成長變大。[3]

權力的隱形分界

米蓋爾靠打零工維生，他是來自墨西哥的無數非法移民之一。他們靠著每天能找到的零工，賺取微薄的工資勉強餬口——整理花園、油漆房子、打掃清潔，什麼都做。

在洛杉磯，這些逐日打零工的人，在市區各處的特定街角聚在一起，當地人只要開車繞繞，停車、談好價錢，就可以找到工人。有一天，米蓋爾接了一樁幫一位婦人整理花園的工作，但在一整天長時間的辛苦工作後，這位婦人卻一分錢也不肯付給他。

在一個工作坊中，米蓋爾依據他自己的生活經驗來演出這場戲，他重演了當時那種壓倒性的失望。這個工作坊採取的是「被壓迫者劇場」（theater of the oppressed）的方法，這套方法旨在幫助擁有相對特權的觀眾，對被壓迫者的情緒現實產生同理。

整個流程是，在某位類似米蓋爾的人演出情節後，再請一位志願者從觀眾席走上台，重演那個場面。就米蓋爾的角色而言，一位女士重複了他的演出，並且加上她對米蓋爾困境的可能解決方案。

「她演出的是，她走向那位雇主，告訴她這有多不公平，向她據理力爭，」製作這場表演的布蘭特．布萊爾（Brent Blair）告訴我。

不過，這對米蓋爾而言並非可行的選項：這種做法對擁有公民權的中產階級可能行得通，但對打零工的移民來說是不可能的。

米蓋爾站在舞台的角落靜靜地看著這場重演。布萊爾說：「表演結束後，他無法轉過頭來與我們其他人說話——他在哭泣。」

「米蓋爾說，直到看見由別人演出他的故事之前，他都沒有意識到自己是如何被壓迫的。」

那位女士的想像與米蓋爾的真實狀況，兩相對比之下，更凸顯出那種感覺：不被看見、不被聽見、不被感受——一個「非人」（nonperson），只能任人剝削。

這種方法有效地運作時，像米蓋爾這樣的人，就像是透過他人的眼睛觀看自己的故事，進而獲得新的觀點。當觀眾上台演出這些場景時，理想上來說，他們能分享被壓迫者的真實情況，即真正有意義的「同情」：擁有同樣的悲情或痛苦。

「當你溝通一種情緒的體驗時，你能分別透過心與腦去了解一個問題，並找到新的解方。」布萊爾說。他在南加州大學執掌應用戲劇藝術碩士班，這個碩士班計畫的目標，是運用這些技巧幫助被壓迫的社群。他曾與盧安達的強暴受害者及洛杉磯幫派成員合作，演出同一類戲劇表演。

在這些行動中，布萊爾正面迎戰一種區隔人們的微妙力量。這種力量以社會地位與無權無勢之間的隱形標誌來區隔雙方，也就是有權力的一群人對沒有權力的一群人漠不關心。同時，這也會削弱同理心。

布萊爾詳述，在一次全球性的大會中，他是如何透過有權力者的雙眼看見自己。當時他正在聆聽一間大型飲料公司（因降低勞工工資而惡名昭彰）的執行長，談論他的公司如何幫助兒童變得更健康。

在執行長發言後的提問時間裡，布萊爾故意問了一個挑釁的問題：你怎能談論健康的孩子，而不討論他們父母是否有健康的工資？

那位執行長忽略布萊爾的問題，立刻跳到下一個問題。頓時，布萊爾感覺自己像個「非人」。

權勢者藉由漠不關心來打發讓他不甚方便的人（以及不甚方便之真相）的能力，已成為社會心理學家的關注焦點；他們正在尋找，「權力」與人們對誰付出最多和最少注意力之間的關聯。[4]

可以理解的是，我們專注於我們最珍惜的人。如果你是窮人，你必須仰賴朋友與家庭的良好關係，因為你可能隨時需要他們幫忙——例如在你下班回家前，可能需要有人照料你四歲大的孩子。那些資源匱乏與所處狀態不穩定的人「必須倚靠別人」，加州大學柏克萊分校心理學家戴區·克爾特納（Dacher Keltner）說道。

因此，窮人會特別關注他人及他人的需要。

相反地，富人能雇用幫手——付錢給托嬰中心，甚至是幫傭。克爾特納認為，這代表富人能夠比較不關注他人的需要，也因此可能比較不關注他人與他們的痛苦。

克爾特納的研究在一項只有五分鐘介紹與認識的活動中，就呈現出了這種輕蔑。[5]（至少在美國大學生中）較富裕者展現較少的參與跡象，如眼神接觸、點頭、笑出聲——同時有較多不感興趣的表現，像是查看時間、塗鴉、擺弄小動作。來自富裕家庭的學生顯得疏遠，而來自相對貧困家庭的學生看來較願意參與、更溫暖，有更多表情。

在一項荷蘭的研究中，兩兩一對的陌生人告訴對方自己人生中不幸的事件，範圍從心愛的人過世、離婚、失去愛人或遭到背叛，乃至於童年時的傷痛，如遭到霸凌等等。[6]再一次地，兩人之中，那些較有權勢者傾向更加漠不關心：對他人的痛苦比較無感、比較沒有同理心，更別說是同情心了。

克爾特納的團隊發現了類似的注意力差距，只要比較組織中較高階層者與較低階層者，其由臉部表情解讀情緒的技能即可得知。[7]在任何的互動中，權力較高者專注於注視他人的程度皆低於其他人，同時也有更多打斷別人說話與獨占談話時間的傾向——這全都意味著注意力的欠缺。

相較之下，社會地位較低的人，在同理心的準確度測驗上表現較好，例如從他人臉上解讀情緒——甚至只是觀察眼周附近的肌肉動作。以各項標準來評估，他們比社會地位較高者更專注於他人。

注意力在權力線上的分配，可以透過一個簡單的指標來展現：A要經過多少時間才會回覆B的電子郵件？一個人在答覆前，忽略一封電子郵件的時間愈長，其相對社會權力愈大。將整個組織中所有的答覆時間繪製成圖表，就能獲得一張非常準確的實際社會地位圖表。老闆可能會幾小時、甚至幾天都不回電子郵件，基層員工在幾分鐘內就會回覆。

有一個針對此種用途的演算法，是被稱為「自動化社會階層偵測」的資料探勘方法，由哥倫比亞大學所設計開發。[8]當這種方法被應用於安隆（Enron）公司倒閉前的電子郵件檔案，光是檢視公司內部員工花多長的時間回覆電子郵件，就成功辨識出高階經理人與他們的下屬。情報機構已將同樣的方法應用於可疑的恐怖分子組織，拼湊其影響鏈，以找出最核心的領導人。

權力與地位是相對的，根據你與誰接觸而定。一個十分顯著的例子是，當富裕家庭的學生想像自己與地位更高的人說話時，他們解讀別人臉上表情的能力就會有所改善。

當我們從社會階梯（social ladder）來看自己，似乎會決定我們要付出多少注意力：

當我們感覺地位較低，則比較戒慎恐懼；當我們感覺地位較高，警覺的程度就會降低。必然的結果是：你愈關心某個人，付出的注意就愈多；付出的注意愈多，就會愈關心。注意力與愛是相互交織的。

Part 4

較大的環境背景

Chapter 12 模式、系統、雜亂無章

當拉瑞・布里安特（Larry Brilliant）拜訪印度喜馬拉雅山山腳下一個村莊時，他從樓梯上摔了下來，必須臥床數週，治療背部傷口。為了在偏僻村落打發大把時間，他請妻子吉瑞雅（Girija）去當地圖書館找任何有關印度錢幣的書籍——他打從孩提時期就是錢幣收藏的發燒友。

我就是在那時初識拉瑞醫生（Dr. Larry）——他的朋友都這麼稱呼他。身為醫生，他參加了世界衛生組織一項以預防接種疫苗撲滅全球天花的行動。還記得當時他告訴我，透過沉浸於閱讀古印度的錢幣史，他已經開始掌握那個區域貿易網絡的歷史。

隨著他重新燃起收集錢幣的愛好，等到他恢復健康，便開始在橫越印度的同時造訪當地的金匠，他們通常會按重量販賣金幣與銀幣，其中一部分是古錢幣。

當中包括可追溯自貴霜帝國（Kushan）的錢幣，這個西元二世紀的國家定都於今日的喀布爾，統治範圍從鹹海延伸到瓦拉納西（Benares）。貴霜的錢幣形式來自被征服的巴克特里亞人（Bactrian），即亞歷山大大帝入侵亞洲後留下的希臘士兵後裔。這些錢幣敘說了精彩絕倫的故事。

貴霜帝國的錢幣，一面是某時期國王的肖像，另一面是神祇的形象。貴霜人信奉來自波斯的祆教，是當時全世界最大的祆教信徒社群之一。但各種貴霜錢幣繪製的不只是波斯的神，還有包括濕婆與佛陀在內的各式各樣神祇，來自波斯、埃及、希臘、印度、羅馬萬神殿，甚至是一些距離貴霜帝國十分遙遠的國家。

西元二世紀一個以阿富汗為中心的帝國，如何能知道這麼多遠離其邊界的宗教（並向他們的神祇獻上崇敬）？答案就在當時的經濟體系。歷史上首次開展印度洋與絲路間繁榮貿易路線的國家就是貴霜帝國，貴霜人經常接觸各種商人與聖徒，他們來自地中海盆地乃至於恆河，從阿拉伯半島至中國西北的沙漠。

拉瑞醫生的發現還不只這些。「我在印度南部發現大量的羅馬錢幣，於是試著推測這些錢幣是如何到那裡的，」他告訴我，「結果是帝國範圍擴及紅海的羅馬人，乘船繞過阿拉伯至印度果阿（Goa）進行貿易。你能以逆向工程的概念知道這些古錢幣曾出現於何處，並推論當時的貿易路線。」

當時，拉瑞醫生剛剛完成整個南亞地區的撲滅天花計畫，為世界衛生組織寫下歷史性的成就，他正準備啟程出發到密西根大學取得公共衛生碩士學位。而他對貿易路線的探索，與他在密西根州學習的內容之間存在著令人驚訝的呼應。

「我已經修過系統分析的課程，正在學習流行病學。這符合我的思考方式。我發現，追蹤一種流行病，十分類似於追蹤像貴霜帝國之類的古文明，包括所有考古學、語言學，以及一路上各種文化的線索。」

舉例來說，一九一八年的流感大流行，估計造成全球五千萬人死亡。「可能是從堪薩斯開始的，首先透過美軍在第一次世界大戰到海外作戰時向外蔓延，」拉瑞醫生說，「那次流感是以蒸汽船與東方快車的速度向全世界前進，現今的傳染病是以七四七噴射客機的速度蔓延。」

或者，以脊髓灰質炎（polio，又稱為小兒麻痺症）為例，這種病在古代就已廣為人知，但只有偶發性的病例。「促使脊髓灰質炎成為傳染病的原因是都市化。在都市裡，人們共享同一個被汙染的供水系統，而不像過去是從自家的水井取水。」

「流行病是系統動態學（system dynamics）的例證。你愈能從整個系統思考，就愈能了解錢幣、藝術、宗教、疾病的移動路線。了解錢幣如何沿著貿易路線移動，就相當於分析一種病毒的傳播。」

這種模式檢測（pattern detection）的能力，代表系統心智（system mind）在起作用。這種有時難以解釋的能力，讓我們在大量可見的排列中輕易找出有意義的細節（就像「威利在哪裡？」的遊戲）。如果你快速展示一張有許多小圓點的照片，讓人們猜測有多少個小圓點，估算較正確者應該就是較佳的系統思考者。這種天賦會出現在那些精於設計軟體或找出干預方向、以解救生態系統的人身上。

所謂的「系統」，歸根究柢就是一套合乎法則、有固定規律的模式。模式的辨識是由大腦頂葉皮質裡的神經迴路負責運作，但現在尚未發現較廣泛的「系統大腦」（systems brain）的確切位置——如果有的話。就目前所知，大腦中似乎沒有特定的網路或迴路給予我們對系統思考的自然傾向。

我們是透過新皮質非凡的整體學習能力，來習得如何解讀系統、在系統中找到方向。

這種大腦皮質的能力——就像數學與工程學一樣——可以被電腦複製。這就將系統心智和自我覺察與同理心區分開來；自我覺察與同理心是由專用的、大半為由下而上系統的神經迴路負責運作。對系統的學習需要一點努力，但若要成功地駕馭人生，我們就需要這種專注力的優勢，以及其他兩種與生俱來的專注力。

雜亂無章與超棘手的問題

拉瑞醫生目前是斯科爾應對全球威脅基金會（Skoll Global Threats Fund）的主席，該基金會的宗旨是保障人類免於中東衝突、核武擴散、流行病、氣候變遷以及水資源缺乏所可能引起的戰爭等危險，而他也將一種系統觀點帶到這個職位上。

「我們先找出熱點，也就是可能發生麻煩的地點。例如三個擁有核武的國家——巴基斯坦、印度、中國——當中的水資源缺乏與爭奪的問題。巴基斯坦有百分之九十五的水用於農業，印度是其大多數主要河流的上游。巴基斯坦認為印度操縱了印度境內的水閘，控制了巴基斯坦能在何時得到多少水量。而在印度的上游，印度則認為中國正在控制從世界屋脊喜馬拉雅高原的冰雪流出的水量。」

但沒有人知道，究竟在各季節有多少水量流經這些河流系統、有多少水閘在何處控制水流量、又是為了什麼原因。「這些資料被三國政府掩蓋，作為政治工具，」拉瑞醫生說，「因此我們提供贊助，由可信的第三方蒐集資料並予以透明化。然後來到下一步：關鍵節點與『痛點』的分析。」

若要對抗未來任何由突變所導致、人類毫無免疫力的全球流行性感冒，迅速的反應將是不可或缺的。但我們沒有機會事先測試，因為那種情況是史無前例的（在上一次的一九一八年流感大流行時，還沒有七四七噴射客機）；且因為代價太高，也沒有出錯的餘地。這些特性已足以將流行病列為一種「棘手」（wicked）的問題——不是邪惡的，而是極度棘手。

另一方面，全球暖化更是「超棘手」的問題：沒有單一的政府當局負責解決問題，時間也正在耗盡，尋求解決問題的人正是造成此問題的人（我們全體人類），同時官方政策也無視於此問題對我們未來的重要性。[1]

更有甚者，全球性的流行病與全球暖化，都有一種技術性的「雜亂無章」（messes），亦即令人擔憂的困境在一個系統內與其他互有關連的問題交互作用。[2]因此，正如拉瑞醫生所指出，這些是難以置信的複雜難題，而我們需要用來解決問題的資料有大量的缺漏。

系統是肉眼看不見的，但如果能從足夠的點收集資料，使其動態輪廓變得清晰，那系統的運作就能變得可見。資料愈多，我們描繪的地圖就愈清楚。這就是大數據的時代。

在印度收集錢幣的日子已經過了許多年，拉瑞醫生成為谷歌（Google）非營利部門「Google.org」的創會執行董事。在這個地方，他帶來了首個廣受讚譽的大數據應用：發現流行性感冒。一個由志願者組成的谷歌工程師團隊，與來自美國疾管中心的流行病學家共同合作，分析了數目龐大的單字搜尋資料，例如「發燒」或「疼痛」等與流感症狀相關的字眼。[3]

「我們使用數以萬計的電腦，同時搜尋谷歌超過五年來的每一次鍵入，以創建一種演算法來預測流感的爆發。」拉瑞醫生回憶道。以此產生的演算法，在一天內就能發現流行性感冒的爆發。相較之下，疾管中心過去根據醫生的報告以發現熱點，通常需要兩週。

大數據軟體能分析為數龐大的資訊；運用谷歌的資料發現流感爆發，只是大數據早期針對民眾的應用之一——也就是所謂的「集體智慧」（collective intelligence）。大數據讓我們知道集體注意力的焦點何在；其應用是無止境的，例如分析誰與誰透過電話、推特、文字訊息或其他類似方式聯繫，就能讓一個組織的人際系統浮現出來，有如一張關係連結的地圖。擁有超多連結的人通常是最具影響力的：組織的社交連結者、知識掌握者、權力掮客等。

在諸多大數據的商業應用中，有一家手機公司運用上述方法分析顧客打出去的電話。這種方式可以找出「團體領袖」（tribal leaders），也就是在一個關係密切的小團體中，接到及撥出最多電話的人。該公司發現，如果這位領袖採用該公司提供的新電話服務，同個團體中的其他人也很可能跟進；相反地，假如這位領袖停用公司的電話服務，整個團體也很可能跟進。[4]

「組織關注的焦點一向是內部資訊，」負責追蹤與運用大數據的湯瑪斯．戴文波特（Thomas Davenport）告訴我，「我們已從內部壓榨出一切可能的資訊。因此，我們轉向外部資料——網際網路、顧客心理、供應鏈風險等。」

戴文波特曾任埃森哲策略變革學院（Accenture Institute for Strategic Change）的理事，我們談話時，他則任教於哈佛商學院。他補充說：「我們需要的是一個生態模型，讓你可以在該模型裡調查外部的資訊環境——公司周圍發生的所有事情，都可能對這家公司產生影響。」

戴文波特認為，公司從內部電腦系統獲得的資訊，其用處可能遠不如來自整體生態中其他來源的（且經過人工處理的）資訊。搜尋引擎也許能提供大量資料，但並不能了解資料的背景，遑論取得那些資料的智慧。讓資料變得有價值的，是篩選整理資料的人。[5]最理想的狀況是，負責篩選整理資訊的人，可以鎖定重要的部分，去蕪存菁，建立起一個讓資料產生意義的背景脈絡，一切行事都以呈現這些資料為何至關重要為前提——如此一來，就能抓住人們的注意力。

最佳的資料整建者，不僅僅是將資料放進有意義的背景脈絡中——他們更知道該問什麼問題。當我採訪戴文波特時，他正在撰寫一本書，鼓勵管理大數據專案的人自問以下這類問題：我們所定義的問題是否正確？我們是否擁有正確的資料？我們餵入資料的演算法，其背後的假設是什麼？引領那些假設的模型是否能描繪現實狀況？[6]

在麻省理工學院一場關於大數據的研討會上，一位講者指出二〇〇八年金融危機中全球避險基金的崩潰，就是這種方法的一次失敗。其中的困境在於，使大數據具體化的數學模型被簡化了。雖然這些模型產生的數字乾淨俐落，但這些數字背後的數學取決於模型和假設，可能愚弄了對這些結果寄予過多信心的使用者。

在同一場研討會中，谷歌研究（Google Research）的資深統計學家瑞秋・舒特（Rachel Schutt）觀察到資料科學（data science）需要的不只是數學技巧，也需要具有廣泛好奇心的人們，同時其創新是由自身經驗所引領，而非只靠資料。畢竟，最佳的直覺背後需要大量的資料、我們畢生的經驗，再透過人類的大腦加以篩選過濾。[7]

Chapter 13 系統盲目性

茂．皮埃盧格（Mau Piailug）能解讀星星與雲層、海洋的波濤起伏、飛鳥的航路，這些訊息對他而言，就像浮現在衛星導航的螢幕上一樣清晰。皮埃盧格在南太平洋的中心點解讀著這些現象與更多其他事物，連續數週的時間內，除了地平線上的天空外，眼前一無他物。他的整趟航程，只需要薩塔瓦爾環礁加羅林島（Caroline Island of Satawal）的家鄉父老教他的海洋知識。

一九三二年出生的皮埃盧格，是玻里尼西亞的古老「尋路」（wayfinding）藝術的最後一位土生土長的傳承者。尋路是單靠腦中的知識，駕駛一艘雙船體的獨木舟，從一個島嶼橫越數百或數千英里到另一個島嶼。尋路可說是具體實現了登峰造極的系統意識能力，透過解讀一些微妙的線索，像是海水的溫度與鹹度；水面上的漂浮物與植物碎片；海鳥飛行的型態；風的溫度、速度、方向；海浪波濤的各種形狀；夜間星辰的升降與位置。所有這些資訊，都被繪製在一個尋找島嶼可能出現的位置的心智模型中，透過當地的故事、歌謠與舞蹈代代相傳。

這使得皮埃盧格能在一九七六年的航行中，駕駛一艘獨木舟，從夏威夷航行二千三百六十一英里抵達大溪地，讓人類學家了解古代的島民能夠例行性地橫跨南太平洋，以雙向的方式來往於遙遠的島嶼之間。

不過，在皮埃盧格展現他對大自然系統之認知精髓的半世紀以後，玻里尼西亞人現在已經轉向現代社會的導航工具；皮埃盧格所擁有的傳統航海知識逐漸凋零。

然而，皮埃盧格如史詩般的獨木舟遠航，已經在南太平洋的原住民中掀起一股學習尋路藝術的風潮，這股重拾傳統的風潮一直持續到現在。在他成為尋路人的五十年後，皮埃盧格首度為一群他所訓練的學生主持相同的儀式。

尋路這種世代相傳的傳統，讓我們看見世界各地的原住民，是如何在他們獨特的生態利基中擁有賴以維生的當地知識，他們以此取得食物、安全、衣物、遮風避雨的住處等基本生活所需。

在整個人類歷史中，系統意識——發現與描繪大自然混亂中隱藏的模式與秩序——一向是由迫切的生存需要所推動，好讓人們了解當地的生態系統。人們必須知道哪些植物有毒、哪些植物可以食用或治療；去哪裡取得飲水、去哪裡收集藥草與尋找食物；如何解讀季節變化的信號。

這裡要說到關鍵了。我們的生物機能已讓我們準備好要進食與睡眠、交配與養育、戰鬥或逃跑，以及展現人類的技能表中所有其他內建的生存反應。但就如同我們討論過的，沒有任何神經系統專門負責去了解所有這些活動發生在其中的、更大的系統。

乍看之下，系統是我們的大腦看不見的——我們對支配生活的多數系統沒有直接的感知能力。我們只能透過心智模型（海浪上漲的意義、星座以及海鳥的飛行，都屬於這類模型）間接地了解它們，然後根據這些模型採取行動。這些模型提供的資料愈有根據，我們的干預行動愈有效（例如將火箭射向小行星）；資料較缺乏根據的，行動則較為無效（比如大多數的教育政策）。

這些傳統的知識來自艱辛的經驗教訓，逐漸變成散播開來的知識，由一個族群中的人共享（例如特定藥草的治療特性），同時由較年長的世代，將這些累積的傳統知識傳承給年輕世代。

伊莉莎白・卡普外勒尼・林賽（Elizabeth Kapu'uwailani Lindsey）是皮埃盧格眾多學生中的一位，她是出生於夏威夷的人類學家，現為國家地理學會的探險家與會員，專精的領域是俗民領航（ethnonavigation）。她的任務是俗民誌救援（ethnographic rescue），亦即保存消失中的原住民知識與傳統。

「原住民傳統知識喪失的大部分原因，來自文化適應（acculturation）與殖民化，以及政府將原住民的智慧邊緣化，」她告訴我，「這些傳統知識以諸多方式傳承，例如夏威夷的舞蹈是一種透過動作與歌唱的編碼，告訴我們族譜、天文學、自然法則，以及我們文化歷史背後的故事。舞蹈者的動作、歌唱，甚至帕夫鼓（pahu）的聲音都各有含意。」

「這些在傳統上都是神聖的習俗，」她補充，「然而當傳教士抵達後，他們認為這些舞蹈不道德。直到一九七〇年代，我們的文化復興後，傳統夏威夷草裙舞（hula kahiko）才再度出現。在那之前，現代草裙舞已成為觀光客的餘興節目。」

皮埃盧格多年來向許多不同的老師學習：他只有五歲時，他的祖父挑選他作為未來的領航人。他從那時就開始加入較年長的男性，一起準備獨木舟去捕魚。他一邊在海中航行，一邊聽著他們航海的故事——其中蘊含許多航海知識；一直聽到入夜後，他們會在放置獨木舟的房子裡喝酒。他全部的航海知識，都是從五、六位專家級的領航人那邊學來的。

此種原住民的傳統知識是一種草根科學（root science），是傳統的「需要知道的一切」，而在經歷了許多個世紀後，成為現今各種新興的科學專業。這種發展是自發性的，或許是為了滿足我們天生的、想了解周遭世界的生存動力。

「文化」的發明對於智人（*Homo sapiens*）來說是一項重大創新：創造出語言和共享的認知網絡，這種網絡超越了任何個體的知識與壽命，可供需要時汲取使用，亦能傳承給新的世代。文化促成了專業分工：助產士與傳統療法治療師、戰士與建築者、農夫與織工。每一個領域的專業都能與其他人分享，而那些在每個領域了解最深的人，就成為其他人的嚮導與老師。

土生土長的祖傳知識一向是我們社會演化的關鍵，也是文化穿越時間傳遞智慧的方式。在早期的演化中，原始聚落的興衰取決於他們解讀當地生態系統的集體智慧：預期播種、收割等攸關生存之活動的關鍵時間點——也使第一部曆法隨之出現。

然而，當現代化社會提供了各種機器，取代了這些傳統知識——羅盤、航行指南、線上地圖——原住民也開始和其他人一樣仰賴它們，忘掉尋路之類的傳統知識。因此，幾乎每一種與大自然相調合的傳統專業知識都已消逝。原住民與外界的初次接觸，通常代表他們將開始逐漸遺忘傳統知識。

我與林賽談話的那時候，她正準備出發去東南亞拜訪莫肯人（Moken），他們是海上的游牧民族。二〇〇四年，南亞大海嘯席捲他們位於印度洋的小島前夕，莫肯人「發現鳥類已經停止歌唱，海豚也紛紛游向外海而去，」她告訴我，「於是他們全都登船，航向遠洋，當海嘯的浪峰與他們擦身而過時，已經降到很低。沒有任何莫肯人受到傷害。」

其他人——那些長期以來忘記聆聽鳥鳴與觀察海豚，也忘掉這些動物行為代表什麼的人——則在海嘯中慘遭毀滅。莫肯人正被迫放棄他們的吉普賽生活，定居在泰國與緬甸的島嶼，林賽為此感到擔憂。沒有了傳承此種生態智慧的外在形式，這些智慧可能會在一代之內從集體記憶中消失。

身為一名在夏威夷由原住民傳統治療師撫養成人的人類學家，林賽告訴我：「我的長輩教我，當你去森林採花做花環、取植物做藥時，你只取幾片花瓣或樹葉。當你採完後，森林看起來應該要像是你從沒進去過一樣。現在的孩子們常帶著塑膠大垃圾袋走進森林裡採集，並隨意折下整根樹枝。」

人們長期以來對周遭系統的無視令我困惑，特別是我們日常的行為已經對我們的生存造成威脅，但我們在面對這個問題時，呈現的卻是集體性的無知。很奇怪的是，我們似乎就是不能了解，也無法防範工業和商業等產業將對人類系統帶來的不利後果。

了解的錯覺

美國的一間全國性大型零售業者正面臨著難題與機會：根據公司的雜誌採購員報告，全美印好的雜誌中有接近百分之六十五從未售出。這代表整個系統每年付出高達數億美元的成本，但此系統中的任何一人都無法獨力改變這種狀況。因此，這個有著全美最大宗雜誌消費者的連鎖零售商，與一群雜誌出版商和通路商會面，想看看能不能一起做些什麼。

對雜誌業而言，由於受到數位媒體的擠壓、銷售量下降，這個問題十分迫切。多年來沒有人可以解決這個問題；每個人只是無可奈何地聳聳肩。現在，這個產業準備認真地看待這個問題。

「不論從紙張成本、樹木砍伐或碳排放等各個觀點來看，這都是大量的浪費。」Blu Skye 顧問公司執行長吉伯・艾立森（Jib Ellison）告訴我。

協助召開這個小組會議的艾立森補充：「我們在大多數的供應鏈中發現這種問題。那些供應鏈都是在十九世紀建立的，那個年代只著眼於能賣掉什麼，而非著眼於永續經營或減少浪費。當供應鏈的一部分將自己最佳化，通常會導致整體次佳化*。」

其中最大的矛盾之一在於，廣告商是根據他們的廣告出現在多少本雜誌上來支付費用，而非根據雜誌的銷售量。然而，一本雜誌的「流通」，可能只是在架上躺了數週或數月，然後就回收做成紙漿。因此，雜誌出版商必須重新回到廣告商那裡解釋收費的新依據。

連鎖零售業者分析了哪些雜誌在哪些店面中賣得最好，例如，他們發現汽車雜誌《跑車》（*Roadster*）在全美五個市場中銷售良好，但是在另外五個市場銷售不佳，於是根據需求來調整雜誌的配送。經過各種調整後，總共使浪費減少了百分之五十。這不但對環境

---

* 編注：次佳化（suboptimize）意指一個組織只有局部最佳化，對整體組織反而不利的情形。

有正面幫助，也能騰出貨架空間擺放其他商品，並為走投無路的出版商省下不少錢。

要解決這種問題，必須綜觀整個系統。「我們尋找的是一個系統性問題，沒有一方能獨自解決——不論是一個人、一個政府、一家公司。」艾立森告訴我。解決這個雜誌難題的第一項突破，就只是讓所有參與者齊聚一堂，將整個系統納入討論。[1]

「系統盲目性（systems blindness）是我們工作中需要努力克服的首要問題。」說這句話的是約翰．史特曼（John Sterman），麻省理工史隆管理學院的弗瑞斯特（Jay W. Forrester）管理學教授。弗瑞斯特是史特曼的心靈導師，也是系統理論的創始人；史特曼多年來都是麻省理工的首席系統專家，也是麻省理工系統動態團隊（Systems Dynamics Group）的領導人。

他所撰寫之關於系統思考的經典教科書，適用於企業組織與其他複雜的實體，其中提出了一個基本觀點：我們所謂的「副作用」（side effects）其實是種誤稱。在一個系統中沒有副作用，只有作用（effects），差別僅在於有沒有預料到。我們眼中的「副作用」，只不過反映出我們對系統的錯誤了解。他的觀察是，在一個複雜的系統中，因與果之間可能擁有超越我們理解範圍的時間與空間跨度。

史特曼以電動車的「零排放」為例。[2]以系統觀點來看，如果其電力的來源，大多是汙染嚴重的燃煤發電的輸電網路，那麼電動車實際上就不是「零排放」。就算其電力是來自太陽能，在製造太陽能面板與其供應鏈用電時所排放的溫室氣體，仍會對這個星球帶來成本。[3]

當領導者實施解決某項問題的策略，卻忽略相關的系統動態，就會發生系統盲目所能導致的最糟後果。

「這些後果是暗中潛伏的，」史特曼說，「你獲得短期的解脫，但當問題捲土重來時，情況只會更糟糕。」

以塞車為例。短視的解決方案，是蓋更多、更寬的馬路。新的容納量，使壅塞獲得短期的紓解，但由於現在交通比以前更四通八達，使人們、商店、工作場所擴散到整個區域。長期而言，交通量會上升，直到塞車與延誤的情況一如從前，甚至更嚴重——交通量會持續上升，直到開車變成夢魘，才停止增加。

「反饋迴路（feedback loops）可以調節交通壅塞，」史特曼說，「在任何時刻，交通的容納量越大，人們就會愈常開車旅行、搬得愈遠、買愈多的車。當人們向四面八方蔓延，大眾交通工具失去可行性，你就進退兩難了。」

我們認為，讓我們堵在路上的是塞車；但塞車本身是從高速公路系統的動態中浮現出來的。各系統之間，與我們和系統之間關係的脫節，始於我們心智模型中的曲解。我們怪罪其他駕駛人堵塞道路，卻沒有考慮到是系統動態將他們放在那裡。

「在大部分的時間裡，」史特曼評論，「人們往往將發生在自己身上的事，歸因於在時間與空間裡接近他們的事；但事實上，這是人們身處更大系統中的動態變化所產生的結果。」

這個問題會因為「解釋深度錯覺」（illusion of explanatory depth）而變得更加嚴重，亦即我們會對自己對於複雜系統的理解深具信心，但實際上我們只擁有粗淺的知識。你可以試著深入解釋輸電網路如何運作，或大氣中增加的二氧化碳為什麼會增強暴風雨的威力，便能清楚看出我們對系統的了解之本質往往只是錯覺。[4]

除了我們的心智模型以及其試圖勾勒的系統之間不相符，更嚴重的困境在於：我們感知與情緒的系統，對此是完全盲目的。人類大腦的形成，是為了協助我們的祖先在荒野生存，特別是在更新世（Pleistocene）的地質時期（約兩百萬年前至一萬兩千年前，後者約是農業興起之時）。

我們能夠從樹林間的沙沙作響，得知可能是一隻老虎正在偷偷接近；但我們沒有感知裝置可以察覺大氣層中的臭氧層正在變薄，或察覺我們在煙霧瀰漫的日子呼吸到的致癌微粒。這兩者最後都可能致命，然而，我們的大腦沒有直接偵測這些威脅的雷達系統。

讓不可見的事物具體可見

問題不僅是感知的不協調而已。假如我們的情緒神經迴路（特別是戰鬥或逃跑的觸發點——杏仁核）感受到立即的威脅，便會釋出大量皮質醇與腎上腺素之類的荷爾蒙，讓我們隨時準備好攻擊或逃跑。但如果我們得知潛在危險可能在多年後、甚至數個世紀後才會浮現，這種反應就不會出現。杏仁核連動都不會動一下。

杏仁核的神經迴路集中於大腦中央，屬於自動化、由下而上的運作。我們仰賴它作為危險的警報，告訴我們有什麼需要緊急注意的事物；但那種在指引注意力時通常非常可靠的自動化迴路，對於系統及其威脅卻沒有感知裝置或情緒反應。只有一片空白。

「以由上而下的推論，覆蓋自動化、由下而上的反應，比處理完全缺乏訊號的狀況容易得多，」哥倫比亞大學心理學家艾爾克・韋伯（Elke Weber）說，「但是，說到自然環境時，就是後者這種情況。在哈德遜河谷度過的這個美好夏日裡，眼前沒有任何事物會告訴我地球正在暖化中。」

「理想中，部分注意力應該放在那件事上——那是種長期的危險。」韋伯補充道。他的工作之一，是提供美國國家科學院於環境決策方面的諮詢。[5]「不過，這裡沒有由下而上的訊息要你付出注意力，沒有訊號正在說：『這裡有危險！做點什麼！』因此，這變得更加棘手。我們不會注意不在那裡的事物；沒有任何心智系統會讓我們對此提高警覺。就跟我們的健康或退休金一樣，當我們享用濃厚美味的甜點時，並沒有訊號會告訴我們：『如果你繼續這樣吃，你會早死三年。』當你買下第二輛耍帥用的車子時，也沒有人會告訴你：『當你老了缺錢時，你會後悔買這輛車。』」

拉瑞醫生的任務同樣也包括對抗全球暖化。他這麼形容：「我必須說服你，有一種無色、無味、無臭的氣體正在天上集結、捕捉太陽的熱能，原因是人類使用化石燃料。這是一個艱鉅的任務。」

「實際上，最詳盡複雜的科學已經證明這點，」他補充道，「超過兩千位科學家聯合起來，組織了可能是科學史上最優雅的協調成果——政府間氣候變化專門委員會（Intergovernmental Panel on Climate Change）。他們這麼做，是為了說服無法以直覺了解這種危險的人們。」

「除非你住在馬爾地夫或孟加拉，否則你會覺得這個問題離你很遙遠，」拉瑞醫生表示，「時空是一個大問題——如果全球暖化從幾個世紀後加速至幾年後就出現嚴重後果，人們才會更加關注。但這就像國債一樣：**我把問題留給我的子孫，我確信他們會想出一些解決方案**。」

正如史特曼的觀察：「氣候變遷會跨越很長的時空跨度，我們看不到那個時候，因此很難說服人們。人們會注意的是眼前的風吹草動，而不是足以害死我們的那個大問題。」

曾經有那麼一刻，人類的生存仰賴的是與生態相互協調。現今，我們擁有運用人為輔助來過上舒適生活的奢侈，或者說，似乎擁有這種奢侈。同樣的態度使我們仰賴科技，催眠我們對自然世界的狀態漠不關心——這讓我們陷入險境。

因此，面對系統瀕臨崩潰的挑戰，我們需要如裝上義肢般，換上一顆全新的心。

Chapter 14 遙遠的威脅

印度瑜伽大師尼姆・卡洛里・巴巴（Neem Karoli Baba）曾告訴我：「你可以規劃一百年後的事，但你不會知道下一刻將發生什麼事。」

相反地，電腦科幻小說作家威廉・吉伯生（William Gibson）評論道：「未來已經在這裡了，只是沒有均勻分布而已。」

我們所能知道的未來處於下列兩種觀點之間：我們擁有一線微光，但永遠可能會出現黑天鵝事件，將之沖刷殆盡。[1]

回到一九八〇年代，在預言性的著作《智慧機器時代：工作與權力的未來》（*In the Age of the Smart Machine: The Future of Work and Power*）中，肖莎娜・祖博夫（Shoshana Zuboff）預見了電腦的出現將使組織的階級扁平化。知識一度是力量，因此權力最大的人會守住他們的資訊；而新的科技系統會為所有人打開資料的大門。

當祖博夫撰寫這本書的時候，未來絕對不是均勻的分布——網際網路當時尚未出現，更不用提雲端、YouTube，或呼籲平等與網路自由的駭客社群「匿名者」（Anonymous）。但現今（明天過後也必定如此）資訊的流通，比以往任何時刻都更加自由，不僅是在公司組織內，而是全球性的。突尼西亞一位失意的水果販在市場裡引火自焚，就點燃了阿拉伯之春。

有兩個經典例證可說明人們不知道未來會發生什麼事：馬爾薩斯（Thomas Robert Malthus）於一七九八年預測，人口成長將使人類生存降至「永久為居所與食物而掙扎」，並困於一個貧窮與饑饉的下降螺旋中；保羅．埃利希（Paul R. Ehrlich）於一九六八年警告，「人口爆炸」將在一九八五年造成大饑荒。

馬爾薩斯未能預見工業革命和大量生產能使人們活得更久；埃利希的計算錯失了後來出現的綠色革命，加速了食品生產而超越人口成長的曲線。

從工業革命開始起算的「人類世」（Anthropocene Age），標誌著史上首次單一物種——我們人類——無情地破壞養育地球生物的各種全球性系統。

「人類世」代表系統之間的衝突。人類的建築、能源、運輸、工業、商業等各個系統，天天攻擊著氮循環、碳循環、生態系統的豐富動態、可用水的供給等大自然系統的運作。[2]更有甚者，在過去五十年中，這些攻擊被科學家形容為「大加速」（great acceleration）：大氣中二氧化碳的濃度，與即將來臨之系統危機的其他指標，正以前所未有的速度增加中。[3]

埃利希認為，人類在這個星球上的足跡是三種力量的產物：我們每個人的消費、我們一共有多少人、我們用什麼方法取得我們所消費的東西。運用這三項標準，英國皇家學會嘗試估計地球對人類的承載力——在養育生命的系統崩潰之前，地球能夠承受的最多人類數量——他們的結論是：視情況而定。

預測中的最大變數，在於科技的進步。例如，中國正以令人擔憂的速度擴大燃煤發電，但近年來，太陽能與風力發電也快速增加，兩者的淨結果是：三十年來，中國釋放的二氧化碳相對於中國經濟產出的比率，遽降百分之七十左右（然而在這些數字背後，這個「世界工廠」裡的燃煤發電廠仍持續陡峭地成長）。[4]簡言之，科技革命也許能讓我們從自己手中拯救自己，讓我們以保障地球萬物賴以為生系統的方式運用資源——如果我們能找出不會製造新問題或掩蓋舊問題的方法。

或者說，至少那是個希望。但是，沒有強大的經濟力量會長期庇蔭這種科技革命。短期的效益大半來自企業能從中節省金錢，在本質上並不是出自維持這個星球存續的道德感。例如，於二〇〇八年開始的經濟危機中，美國的二氧化碳水準開始下降，並不是因為政府的命令，而是市場的力量——較低的需求，加上價格較低廉的天然氣發電取代了煤（但是，在運用水力壓裂法〔fracking〕開採天然氣時，造成當地的汙染與健康問題，製造出其他令人頭痛的事）。

如同前面說到的，人類大腦中的盲點可能促成了這種混亂。我們大腦的感知裝置有良好的廣泛注意力，已經在人類的存續中得到回報。我們配備著如剃刀般鋒利的專注力，能迅速注意到微笑與皺眉、一聲咆哮或一名嬰兒，但正如前所述，對於支持人類生活的全球系統受到威脅，我們卻沒有任何神經上的雷達。那些問題不是太大就是太小，我們無法直接注意到。因此，當我們面對全球威脅的新聞時，注意力的神經迴路通常聳聳肩膀、漠不關心。

更糟的是，在我們發明核心科技時，我們一點也沒想到它們會對地球帶來威脅。工業的二氧化碳排放量，有一半是在我們製造鋼鐵、水泥、塑膠、紙類、能源時所造成的。雖然我們能改善生產方式、顯著降低排放量，但更好的解決之道是重新發明全新的生產方式，使負面衝擊降到零，或甚至有助於恢復這個星球。

什麼才能讓這種改革變得有價值？那就是埃利希與其他曾嘗試診斷這項難題的人，都沒有注意到的一個因素——生態透明度（ecological transparency）。

知道該專注於系統中的哪個地方，會帶來決定性的改變。以人類所面對的最大混亂為例：由於人類系統持續破壞這個星球維持生命的全球系統，我們正在進行慢動作的大規模自殺。針對導致這些問題的產品與生產程序進行生命週期分析（life cycle analysis，簡稱LCA），我們便能開始更精確地掌握這些損害。

舉例來說，一個簡單的玻璃瓶，其生命週期的進程要經過約兩千個不同的步驟。LCA能計算每個步驟的多重影響，從排放至空氣、水、土壤的東西，到對人體健康的影響或對生態系統的破壞。在生產玻璃的過程中，加入燒鹼是其中一個步驟，占這個玻璃瓶對生態系統危害的六%、對人體健康危害的三%；這個玻璃瓶對氣候暖化的影響，有百分之二十來自替玻璃工廠供電的發電廠。在製造玻璃時，使用的六百五十九種成分都有各自的ＬＣＡ小檔案，依此類推。

ＬＣＡ能給你多如海嘯的資訊，足以淹沒商業世界中最熱心的生態學家。一個用來儲存所有生命週期資訊的資訊系統，將會噴出包含數百萬、甚至數十億數據點（data points）的、令人困惑又眼花撩亂的巨大資料雲。然而，深入挖掘那些資料，就能確切指出生命週期中的哪些更動，能夠最有效地減少其生態足跡。[5]

我們必須專注於較不複雜的順序（不論是要整理衣櫃、規劃商業策略，或分析ＬＣＡ資料），此處反映出一種基本的真理。我們生活在各種極端複雜的系統裡，但又缺乏了解或管理它們的認知能力。我們的大腦透過簡單的決策原則來整理那些複雜的事，從而解決這個問題，例如，生活在所有我們認識之人所組成的錯綜複雜社交世界中，以信任為經驗法則，會讓事情比較簡單。[6]

為了簡化如海嘯般的ＬＣＡ資料，有潛力的軟體鎖定了產品供應鏈中四個層級的前四大影響因素；[7]其中大約百分之二十的原因，造成了約百分之八十的影響——這個比率稱為帕雷托法則（Pareto principle），即一小部分的變數造成了最大部分的影響。

像這樣的啟發能夠決定我們可喊出「我找到了！」的歡呼，或者只能因資料超載而苦不堪言。究竟是「找到答案了！」或「資訊超載了」，這個決策來自大腦前額葉區域的一個細帶：背外側（dorsolateral）前額葉神經迴路。這個認知臨界點的仲裁者，位於負責抑制杏仁核衝動的神經元之中。當我們在認知上已經不堪負荷，背外側前額葉就會放棄，我們的決策與選擇便會隨著焦慮上升而愈來愈糟。[8]也就是我們到達了一個轉折點：更多資料只會導致更糟的選擇。

比較好的做法是：在資料的洪流中，於可應付的範圍內瞄準幾個有意義的模式，並忽略其他資料。我們大腦皮質的模式偵測器，其設計目的似乎就是化繁為簡，將複雜的事物簡化成容易掌握的決策原則。有一個隨著年齡增長而能持續上升的認知能力是「晶體智力」（crystallized intelligence）——能夠辨認出重要的事物，也就是去蕪存菁的能力；有些人則稱之為智慧。

你的手印是什麼？

我與所有人一樣都困在這些系統裡，但我不得不提及一些聽來很刺耳的東西，也就是我們對這個星球造成的影響，本質上就讓人感到罪惡感與灰心。我的重點在於，專注於我們做錯的事，會啟動痛苦情緒的神經迴路。記住，情緒會引領我們的注意力，然後注意力就從令人不快的事物上移開了。

我曾一度認為，只要將我們所做的事與購買的東西產生之負面影響，以百分百的透明度公開（即了解我們的生態足跡），就能創造一種市場力量，鼓勵我們所有人購買更好的替代品，用我們的金錢投票。[9]聽起來是個好主意——但我忽略了心理面的事實。負面的專注會導致心灰意冷與抽身離去，當我們的痛苦神經中樞接手，我們的焦點便會移轉到煩惱本身以及如何減輕煩惱。我們渴望的是不要理會這件事。

因此，我們需要的是一種正面的角度。請進入「手印」網站（www.handprinter.org），這個網站旨在鼓勵每個人在環境改善方面帶頭行動。手印網站會根據LCA資料評估我們的日常習慣（例如烹飪、旅行、開暖氣、開冷氣等），找到我們的碳足跡基準線，而這只是個開始。

接著，手印網站納入我們做的所有對環境有幫助的事（使用再生能源、騎腳踏車上班、將調溫裝置轉弱），並給予我們減少足跡之「善行」一個準確的衡量數字。我們所有善行的加總，會產生「手印」值。其關鍵概念在於：持續不斷地改善，使我們的手印最後能大於足跡。屆時，我們對這個星球而言的淨值就是正數。

如果你讓別人跟隨你一起採取相同的改變，你的手印也會成長。手印網站和社群媒體相當契合；該網站已經是臉書上的一個應用程式。家庭、商店、團隊、俱樂部，甚至公司與城市，都能攜手共同增加手印。

學校也可以。這是開發手印網站的葛雷哥萊．諾瑞斯（Gregory Norris）認為特別有希望的場域。諾瑞斯是產業生態學家，在麻省理工學院念書時曾是史特曼的學生，後來在母校開課教授生命週期分析。目前，他與緬因州約克鎮的一所小學合作，協助該所小學增加手印。

諾瑞斯邀請歐文斯科寧（Owens-Corning）這家巨型玻璃產品公司的永續發展部主管，捐贈了三百條玻璃纖維毯，供學校用來包覆熱水器。在緬因州，這些玻璃纖維毯顯示出可顯著降低相當數量的碳排放，同時減少每戶每年約七十美元的電費。[10] 獲贈玻璃纖維毯的房屋，將會與學校共享省下燃料的餘額；學校可以運用這些錢進行校內改善，同時還剩下很多經費，可用來購買同樣的覆蓋毯，贈送給另外兩所學校。[11]

兩所接受捐贈的學校將重複同樣的程序，每一所學校會贈送玻璃纖維毯給另外兩所學校，以此方式持續下去。這種幾何級數的擴張方式，將很快擴及整個東北地區，同時有潛力繼續往遠處擴散。

在第一回合中，每一所參與的學校都獲得每年減少一百三十噸二氧化碳排放量的手印積分，而玻璃纖維毯的預期使用年限為至少十年。另外，手印網站也會為參與其中的每所學校分別計算相應的積分；經過六個回合的捐贈活動後，理論上會有一百二十八所學校參與其中，相當於減少一萬六千噸二氧化碳排放量。假定每三個月複製一次新回合，到第三年初就會達到六萬噸，到第四年就會增至一百萬噸。

「如果將毯子供應鏈的生命週期評估在內，包覆一棟房子的熱水器後，LCA數值剛開始會是負數，」諾瑞斯說，「不過，一旦將使用後的影響計入，到了某個時間點，在溫室氣體方面的影響就會逐漸轉負為正。」原因是房屋使用了較少的燃煤電力或較少燃料油。[12]

手印將負值（我們的足跡）置於背景之中，同時將正值置於我們眼前最顯著的位置。當我們受正面情緒驅動時，我們做的事會讓我們覺得深具意義，也會促使我們持續行動得更久，且維持注意力的時間會增加。對照之下，擔心全球暖化的影響可能會迅速獲得我們的注意力，然而一旦我們做了某件事讓自己感覺好一些，就會覺得已經夠了。

「二十年前，很少人注意到自己的行為將影響碳排放，」哥倫比亞大學的艾爾克．韋伯評論道，「當時沒有方法可以評估。現在，碳足跡提供我們檢視自己作為的衡量標準，使我們做這些決定變得比較容易：你能診斷自己的情況。經過我們評估的事物，我們會更加關注，目標也更明確。」

「然而，碳足跡是負面的數字，負面情緒不是一種好的原動力。例如，你能恐嚇女性若不檢查乳房可能會發生什麼事，以得到她們的注意，但用這種戰術捕捉注意力只有短期效果，因為恐懼是負面的，人們只會採取足以讓心情變得比較好的行動——然後就拋諸腦後。」

「長期的改變需要的是持續行動，」韋伯補充，「一段正面的訊息會說：『這些是可採取的較佳行動，這些數字也會讓你看到自己正在做善事——當你持續進行，你會因為自己正在做好事，心情也愈來愈好。』這就是手印的美妙之處。」

系統識讀力

《救難直升機》（*Raid on Bungeling Bay*）是早期的電玩遊戲，玩家坐上一架攻擊敵人的直升機，可以轟炸工廠、碼頭、坦克、飛機、船艦。

或者，如果你了解這個遊戲所描繪的是敵人的供應鏈，那麼你可以採取一種更聰明的策略：先轟炸對方的補給船。

「但大多數人都只是飛來飛去，想盡快炸掉所有東西。」該遊戲的設計者威爾·萊特（Will Wright）說。不過，他其實是以設計《模擬城市》（*SimCity*）及其衍生一系列成功的多玩家模擬遊戲而聞名。[13]萊特設計這些虛擬世界的靈感，來自麻省理工學院的弗瑞斯特（史特曼的心靈導師，現代系統理論的創始人），弗瑞斯特是一九五〇年代首先嘗試在電腦中模擬現實生活系統的人之一。

在我們合理地關切電玩遊戲對孩子們的社交影響時，另一方面，電玩遊戲卻有不為人知的好處，孩子可以從中得到一些訣竅，學會面對未知現實環境的基本原則。電玩遊戲教導孩子如何在複雜的系統中不斷試驗。萊特指出，要贏得勝利，必須對遊戲內建的運算法則有一種直覺，想出如何在其中穿梭自如。[14]

「孩子與電玩遊戲互動的全程中，滿腦子都是反覆試誤、逆向工程等要素，這正是學校應該教導的思考方式。當世界變得愈來愈複雜，」萊特補充，「電玩遊戲可以事先幫你做更好的準備。」

「孩子是天生的系統思考者。」彼得．聖吉（Peter Senge）表示。他將系統思考（system thinking）帶進企業組織中，最近也在大學裡教授這種觀點。「你可以讓三個六歲的孩子觀察為什麼他們總會在遊樂場裡打起來，他們就會發現這是一種反饋迴路，只要有人開口罵人，就會傷到對方，於是他反過來罵回去、有更多人被傷到，最後就會打架。」

何不將這種理解嵌入我們文化的一般教育中，傳承給子孫？就像皮埃盧格傳授如何進行天文航海（elestial navigation）一樣？這種技能就稱為系統識讀力（systems literacy）。

諾瑞斯目前加入了哈佛公共衛生學院健康與全球環境中心，他在那裡長期開授一門LCA的課程。他和我一起做了一點腦力激盪，構思如何為孩子設計一套以系統與LCA為主題的課程。

舉例來說，如果家庭使用熱水器包覆毯，就能減少發電廠排放的懸浮微粒。這些微粒主要分為兩種，兩種都會傷害肺部：細小的微粒會進入肺部最深處；另一些則是從一氧化氮或二氧化硫等氣體轉變成微粒，並造成同樣的傷害。

這些懸浮微粒對公眾健康是一大威脅，特別是洛杉磯、北京、墨西哥市、新德里等都會區，這些地區出現高度汙染的日子相當頻繁。世界衛生組織估計，全球每年有三百二十萬人因戶外的空氣汙染而死亡。[15]

根據上述數據，學生可以在健教課或數學課中，計算出城市裡煙霧瀰漫的一天將導致的「失能調整生命年」（disability adjusted life years，簡稱DALY。一個單位的DALY相當於損失一年的健康）——計算因懸浮微粒排放而損失的健康生活天數。即使是極少量的暴露也能計算出來，並換算出對於提高生病機率的影響。

不同學科主題可以用各自的方式分析這些系統。例如，生物課能探討進入肺部的懸浮微粒，導致氣喘、心血管疾病、肺氣腫時所涉及的機制。化學課則把重點放在一氧化氮與二氧化硫如何轉換成這些微粒。社會政策、公民、環境研究等課程，可探討能源、運輸、建築業的系統，如何例行地製造出威脅大眾健康的物質——以及為了降低對人們健康的威脅，這些系統應該做出什麼樣的改變。

將這些學習內容嵌入學校課程計畫中，可以建立系統思考的概念架構，隨著孩子進入較高年級、更加深入地探究具體問題的細節，則可進一步明確地闡述系統思考的內涵。[16]

「需要綜觀全局的注意力，才能體會系統層次的交互作用，」理查・戴維森說，「你需要具有彈性的注意力，像變焦鏡頭一樣放大或縮小你的注意力範圍，如此才能看見所有或大或小的元素。」何不將這些解讀系統的基本技巧，傳授給你的孩子呢？

教育可以使心智模型升級。作為整體教育的一部分，若能協助學生掌握（像是產業生態學等科目的）認知地圖（cognitive map），這些見識就會成為他們成年後決策原則的一部分。

對消費者來說，這將影響他們要購買和避開哪些品牌的想法。對職場中的決策者而言，這些觀念會在各方面影響他們，從投資目標、製造程序、原料採購，乃至於業務策略及風險規避。最重要的是，這種思維方式可能會引領我們年輕一代中的某些人熱衷研究和開發，特別是沿著仿生學（bio-mimicry）的路線——以大自然的方式做事。

實質上，幾乎所有現今的工業平台、化學品、製造業程序，都是較早時期開發出來的，當時沒有人知道或關心環境方面的衝擊。現在我們有了ＬＣＡ視角與系統思考，因此我們需要全面重新思考——這是未來龐大的企業商機。

在數十位永續發展部主管共同參與的一次閉門會議中，我聽到許多公司已經做了許多改善而深受鼓舞，從建造節省能源的太陽能工廠，到尋求永續種植的農作原料。不過我也感到沮喪，因為聽到眾人異口同聲的怨言：「但是我們的顧客不在乎。」

從長遠來看，上述的教育措施應該會對解決這個問題有所幫助。年輕一代居住在社群媒體的世界裡，來自數位超連結的力量能支配市場與心理。如果類似手印網站的方法能夠竄紅，如病毒般蔓延開來，將有助於創造目前欠缺的、能迫使企業改變做生意方式的經濟力量。

了解這件事的人愈多愈好。當我們面對的是一個龐大無比的系統時，注意力必須廣為散布。一雙眼睛的視野有限，一大群人能看見的會多上更多。能取得最大量的資訊、了解最深入、反應也最敏銳的，就能成為最堅不可摧的實體。只要集合眾人的力量，我們就能成為那樣的存在。

世界各地的人們為避免這個星球崩潰所做出的努力，可列成一份長長的、仍在增加中的清單；讓我們將系統知識加進其中吧。多多益善：改變也許無法靠單一關鍵點來促成，而是要靠那許許多多、分散四處的力量。這是保羅・霍肯（Paul Hawken）在《看不見的力量》（*Blessed Unrest*）一書中主張的論點。當二〇〇九年哥本哈根氣候會議（一如其他的會議）未能達成協議後，霍肯表示：「這無所謂，因為我不認為改變會從一個協議開始。」

霍肯的觀點是：「想像在哥本哈根有五萬人交換彼此的筆記、名片、聯絡方式和想法，然後回去將之散播至一百九十二個國家。能源與氣候是一個系統；這是一個系統問題。這也意味著，我們所做的事都是修復系統的一部分。這個系統並沒有一個阿基米德支點，不是那種要麼失敗、要麼死命用力一點就會成功的事。」[17]

Part 5 聰明的練習

Chapter 15　一萬小時的迷思

艾迪塔羅德（Iditarod）的狗拉雪橇比賽可能是全世界最累人的比賽：橇夫與一群拉著雪橇的狗在北極冰層上挑戰一千一百多英里的賽程，至少需跑上一週。一般做法是狗與橇夫白天行進，晚上休息；或整晚行進，白天休息。

蘇珊．布徹（Susan Butcher）改造了進行這項比賽的方式；她以四至六小時為單位、不論日夜地輪流行進與休息的方式，取代過去行進十二小時、休息十二小時的做法。這是一種風險很高的創新，例如，這讓她的休息機會變少了（當狗兒在休息時，她要忙著準備下一段路程）。不過，布徹與她的狗群已演練過這種方式，且她第一次嘗試的時候就打從心底知道，這種孤注一擲的做法行得通。

布徹在艾迪塔羅德大賽奪得四次冠軍。自比賽退休十年後，她因白血病過世（她的弟弟在她童年時就因此離世）。為表揚她的貢獻，阿拉斯加州政府宣布將艾迪塔羅德大賽的第一天定為蘇珊・布徹紀念日。

身為獸醫技術員的布徹，是對雪橇賽犬隻提供人道待遇的先驅。她讓全年不斷的照護與訓練成為犬隊的行事標準，而非賽前的例外。她也充分地配合她的狗群能忍受的生理上限。對狗的待遇欠佳，一直是該項賽事受外界批評的主要原因。

布徹像馬拉松跑者準備一場比賽那樣訓練她的狗群，她理解休息和練跑同樣重要。「對蘇珊而言，狗兒的照護是第一優先事項，」她的丈夫大衛・蒙森（David Monson）告訴我，「她將她的狗群視為全年無休的專業運動員，給牠們最高水準的獸醫照護、訓練與營養。」

接著是她個人的準備。「在冰雪中進行可能長達十四天的一千英里遠征，所牽涉的複雜性是大多數人無法想像的，」蒙森告訴我，「氣溫會從華氏四十度降至零下六十度；你完全被暴風雪擺布。你必須攜帶修理工具箱，為自己和狗兒們準備食物與藥品，同時還要做出正確的戰略決策。就像在準備攻頂聖母峰一樣。」

「舉例來說，在每個檢查點與檢查點之間約有九十至一百英里的距離，你必須為下一段路準備足夠的食物與補給品，每隻狗每天需要一磅的食物。但如果下一段路程可能出現暴風雪，你得為狗兒準備額外的食物與遮蔽物，而這會增加重量。」

布徹必須做出攸關生死的決定——同時保持機警、注意周遭狀況——而且每天只能睡一兩個小時。狗群休息與奔跑的時間相當，但每逢休息時段，她總忙著照顧、餵食狗群、讓自己填飽肚子，還得進行必要的修理工作。「在高度消耗精力與壓力重重的時刻保持全神貫注，意味著你必須井然有序、事先充分練習，才能在龐大壓力下做出正確的決定。」蒙森說道。

她花費了無數個小時，將駕馭狗拉雪橇的技巧練得爐火純青，學習雪與冰的細微區別，以及和狗群培養緊密感情。不過，她的訓練模式中最著名的是她的自律。

「她真的能完全專注，」另一位艾迪塔羅德大賽冠軍喬·隆揚（Joe Runyan）說，「這使她成為此項運動的真正好手。」

據說，要在任何領域達到巔峰，所需花費的練習時間是一萬小時。「一萬小時法則」已被奉為圭臬，在網路上迴響不斷，在高績效工作坊中像經典般傳頌。[1]問題是：這個觀念只對了一半。

如果你是打高爾夫球的遜咖，每一次揮杆或推杆時都會犯同樣的錯誤，那麼，持續練習一萬個小時錯誤的打法，並不會改善你的球技；你只會成為一個比較老的高爾夫遜咖。

說起一萬小時法則，恐怕沒有任何人比佛羅里達州立大學的心理學家安德斯・艾瑞克森（Anders Ericsson）更專業，一萬小時法則就是出自他對「專業能力」的研究內容。他告訴我：「機械化地重複動作對你是沒有幫助的，唯有透過不斷調整你的練習動作，才能使你愈來愈接近目標。」[2]

「你必須透過鞭策自己來修正你的系統，在不斷擴展自身極限的過程中，一開始要允許自己犯更多錯誤。」

除了像籃球、橄欖球等必須仰賴身高與體格等先天素質的活動，艾瑞克森說，幾乎「任何人」都能透過聰明的練習達成最高水準的表現。

參與艾迪塔羅德大賽的其他橇夫，起初都不認為布徹有可能贏得比賽。蒙森回憶道：「當年，艾迪塔羅德大賽一向被視為男性、牛仔風格的運動——野蠻、粗獷的戰鬥。你為了證明自己的強悍而參加。其他的參賽者說布徹永遠不會贏——她把狗當作嬰兒一樣照顧。然而，當她年復一年地獲勝後，人們發現她的狗群比其他參賽的隊伍更能適應賽程的艱苦，這從根本上改變了現在人們準備這場比賽的方法。」

艾瑞克森認為她獲勝的祕訣在於「刻意練習」，就像一位專業級的教練（基本上這就是布徹與她的狗群的關係）經年累月地帶領你進行精心設計的訓練，同時你也全心投入。

經歷無數個小時的練習，是達成絕佳表現所必需的，但這還不夠。在任何領域中，專家們在練習時是否全神貫注，會造成關鍵性的差異。例如，在艾瑞克森對小提琴家的著名研究中——也就是顯示出最高水準者的練習都超過一萬小時的那個研究——艾瑞克森發現，這些專家都是全神貫注地練習，此外，那些練習是在大師級導師的引領下，針對特定部分改善他們的演奏。[3]

聰明的練習永遠都要包括一個反饋迴路，讓你能發現錯誤並改正——這就是為什麼舞者會使用鏡子。理想的情況下，這個反饋是來自具備專家級眼光的人——這也是為什麼每一位世界級的運動冠軍身旁一定有一位教練。如果你的練習缺乏這種回饋，你就無法登上巔峰。

回饋很重要，專注也很重要——重要的不僅僅是時間而已。

學習如何改進任何技巧，需要的是由上而下的專注。神經可塑性（neuroplasticity）指的是我們練習一項技巧時，能夠強化舊有的大腦迴路、建立新迴路，而這需要我們付出注意力：如果我們一邊想著其他事、一邊練習，大腦就不會重新連接相關的神經迴路，以鞏固特定的程序。

做白日夢會使練習失敗；那些一邊看電視一邊運動的人永遠無法達到最高水準。付出完全的注意力，似乎會增強大腦的處理速度、強化突觸的連接，同時為我們正在練習的事物擴張或創造神經網路。

至少一開始的時候是如此。當你已精通新的例行程序，重複的練習最終會將那種技巧，從刻意專注的由上而下神經迴路，轉移至不花力氣執行的由下而上神經迴路。到了那個時刻，你已經不需要思考，而是自動化地完成例行程序。[4]

此處正是業餘人士與專家的分水嶺。業餘者在某個時刻，會因為他們把費力的程序變成由下而上的運作，而感到滿足。經過約五十個小時的訓練——不論是滑雪或駕駛——人們就會到達「已經夠好」的表現水準，也就是他們能在不太需要努力的情況下完成動作。他們不再感覺有必要集中注意力練習，而是滿足於他們已經學到的程度。不論他們再花多少時間在這種由下而上的模式中練習，他們的進步將是微乎其微的。

對照之下，專家會持續以由上而下的方式付出注意，刻意地抑制大腦進行自動化例行程序的衝動。他們會積極地專注於那些他們尚不完美的動作、專注於更正他們在比賽中做不好的部分、專注於改進比賽所需的心理模式。這些位於頂端的佼佼者，永不停止學習：一旦他們在某個時刻開始放鬆而停止聰明的練習，他們大部分的表現就會變成由下而上的方式，他們的技巧也將停滯不前。

艾瑞克森說：「專家會透過刻意設定高於他們目前表現水準的目標，建構與尋求更進一步的訓練，主動地抑制朝向自動化的傾向。」此外，「當專家投資愈多時間於完全專注且經過深思熟慮的練習，他們的表現就能有愈多成長、愈加精純。」[5]

當年，布徹的目標是將她自己和她的雪橇犬訓練為一支高效運作的團隊。一整年下來，她與她的狗兒會在二十四小時中進行練跑和休息的循環，接著休息兩天——而不是採取當時標準的十二小時連續奔跑的方式，以避免她的狗群因過度勞累而慢下來。等到艾迪塔羅德開賽時，她與她的狗群正處於巔峰狀態。

集中的注意力就像拉緊的肌肉一樣，時間過長也會疲勞。艾瑞克森發現，世界級的選手——不論是舉重選手、鋼琴家、狗拉雪橇隊伍——通常會將費力的練習限制在每天四小時左右。休息與恢復身心能量是他們訓練菜單的一部分。他們尋求的是將自己與身體推向極限，但不會練過頭而使專注力在練習期間逐步減低。最佳的練習需要維持最佳的專注力。

注意力組塊

當達賴喇嘛在他的世界之旅中，向廣大聽眾發表演說時，在他身旁擔任英語口譯的通常是圖登・金巴（Thupten Jinpa）。達賴喇嘛以藏語演說時，金巴會全神貫注地聆聽；偶爾才做一個簡短的筆記。然後，當演說短暫停頓時，金巴就以他優雅的牛津口音，用英語複述達賴喇嘛剛才說的內容。[6]

有幾次，我在海外於口譯員協助下演講，我被告知每次只能說幾句話就要暫停，以方便口譯員即席翻譯，否則他們要記住的內容就太多了。

然而，就在某次達賴喇嘛與金巴站在上千位聽眾面前時，我人正好在場，而達賴喇嘛演說的段落似乎愈來愈長，至少有一段，他用藏語足足講了十五分鐘才停下來。這麼長的內容，似乎沒有任何口譯員有可能記住。

在達賴喇嘛打住之後，金巴沉默了好一會兒，聽眾們明顯地開始擔心他面臨的記憶力挑戰。

接著，金巴開始他的翻譯，而他也連續講了十五分鐘——期間沒有猶豫、甚至任何停頓。那是一次令人屏息的演出，讓觀眾不禁鼓掌致意。

他的祕訣是什麼？當我詢問金巴時，他將他強大的記憶力，歸功於年少時在印度南部一所西藏喇嘛僧院擔任僧侶時所受的訓練，當時他必須背誦長篇的文字。「從你只有八、九歲的時候就開始，」他告訴我，「我們背的是傳統的藏文，當時我們尚未理解內容——就像歐洲的修士要記住拉丁文一樣。我們透過聲音來記憶。有一部分文字是儀式中的誦文，所以你會看到僧侶完全憑記憶唸誦那些經文。」

年輕僧侶們要記憶的文字有時長達三十頁，外加數百頁的評注。「我們會從二十行起步，早上開始背，在白天時搭配文本提示，重複背誦幾次。到了夜晚，我們就在黑暗中全憑記憶背誦。到了第二天，我們會再加上二十行，並背誦全部四十行——如此重複，直到我們能背誦整篇文字為止。」

聰明練習的專家艾瑞克森，已經向美國大學生傳授過一種類似的才能；他們藉由純粹的堅持不懈，能正確記誦高達一百零二位的隨機數字（這種等級的位數記憶，必須花費四百個小時的專注練習）。艾瑞克森也發現，敏銳的專注力可以讓學習者發現更聰明的記憶方法——不論是在鍵盤上或在大腦的迷宮中。

「談到這種注意力的應用，」金巴透露，「需要鍥而不捨的精神，雖然這可能很無趣，但你還是要堅持下去。」

此等令人讚嘆的背誦能力，**似乎**會擴大工作記憶的容量。工作記憶是我們專注幾秒鐘所記下的東西的暫存之處，之後我們會將這些東西傳遞到長期記憶。但這種表面上的增加，並不會真正擴展我們在每個當下所能專注的內容量。祕訣在於區分組塊——這是聰明練習的一種形式。

「當達賴尊者說話時，」金巴告訴我，「我知道他演說內容的要旨，且大多數時候我知道他說的是講稿中的哪些特定文字。我會在關鍵處做個速記筆記，但我說話時很少會看筆記。」所謂的「速記」就是在區分組塊。

已故的諾貝爾獎得主暨卡內基梅隆大學電腦科學系教授司馬賀（Herbert Simon）多年前曾告訴我：「每位專家（在他們的專業領域中）都需要一些像這樣的記憶能力。」記憶就像索引；專家們大約有五萬個他們能識別的熟悉資訊組塊，例如，對醫生來說，這些組塊中有許多都是病徵。[7]

心理的健身房

你可以將注意力想成是一種心理的「肌肉」，而我們可以透過鍛鍊來強化這種肌肉。背誦就是在鍛鍊這種肌肉，集中注意力也是。心理的重量訓練，就是一次又一次注意到思緒漫遊了，然後將之拉回目標。這正好是冥想中單點專注的本質；從認知神經學的角度來看，冥想通常涉及專注力的訓練。冥想通常會要你專注於一件事物，例如一句禱文或你的呼吸。嘗試一段時間看看，你的心思不免會飄移出去。

因此，一體適用的指引是：當你的思緒漫遊了——而你也注意到你的思緒漫遊了——就將它帶回你要的專注點，並維持在那裡。當你的心思再度漫遊時，做同樣的事。然後再一次、再一次、再一次。

艾默理大學的神經科學家運用功能性磁振造影（fMRI），研究冥想者經歷此種簡單思維動作時的大腦。[8]這種認知循環有四個步驟：你的思緒漫遊了、你注意到思緒正在漫遊、將注意力移到你的呼吸、將注意力維持在呼吸。

在你的思緒漫遊期間，大腦通常會啟動內側迴路。在你注意到你的心思已經飄移那一刻，另一個注意力網路就會活躍起來，而當你將專注轉回至你的呼吸並停在那裡時，前額葉的認知控制迴路就會接管。

如同任何身體鍛鍊，愈多的練習會使肌肉愈強壯。研究發現，較有經驗的冥想者在注意到思緒漫遊時，能更迅速有效地阻止大腦內側部位啟動，使他們的思緒更不會「黏住」，也因而更能放掉思緒並回到呼吸。他們在思緒漫遊的腦區域與脫離專注的腦區域之間，也有較多神經連結。[9]這項研究顯示，長期從事冥想者大腦中經過增強的連接性，可比擬為舉重選手經過鍛鍊的完美胸肌。

熱中鍛鍊肌肉的人都知道，光靠舉啞鈴是不會讓腹部出現六塊肌的——你得做特定的捲腹運動去鍛鍊相關的肌肉。注意力訓練也是一樣；專注於一個點是基本的注意力建立法，但還有許多不同的方式可達到相同的訓練強度。

就像健身訓練一樣，在心理的健身房裡，練習時的具體細節決定一切。

強調正面

賴瑞・大衛（Larry David）是熱門情境喜劇《歡樂單身派對》（*Seinfeld*）和《人生如戲》（*Curb Your Enthusiasm*）的製作人，他出生於布魯克林，但人生大部分時間住在洛杉磯。有一次為了拍戲——他在戲中扮演自己——大衛難得待在曼哈頓，於是他抽空去洋基球場看了一場棒球賽。

中場休息的時候，攝影機將他的影像顯示在球場大螢幕上，整個球場的觀眾都站起來為他歡呼。

但稍後當晚大衛離開時，在停車場，有人從經過的車子探出頭來大喊：「大衛，你這個爛人！」

在回家的路上，大衛深受困擾：「那個人是誰？那是怎麼一回事？誰會這麼做？他為什麼會那樣說？」

就彷彿那五萬名仰慕他的粉絲並不存在——只有那一個人存在似的。[10]

負面性使我們專注於一個狹小的範圍——專注在讓我們意志消沉的事情上。[11] 認知療法中的一個經驗法則是，專注於經驗中的負面因素會導致憂鬱。以賴瑞．大衛的情況來說，認知療法可能會鼓勵他把心思放在球場觀眾對他瘋狂歡呼時的良好感受，讓他專注於那一點上。

正面情緒會放寬我們注意力的幅度；我們會自由地接納一切。事實上，當我們掌握正面性之後，我們的認知會改變。專門研究正面感覺及其效果的心理學家芭芭拉．佛列德里克森（Barbara Fredrickson）的說法是，當我們感覺良好時，我們的意識會從以自我為中心的「我」，擴大成為更具溫暖與包容的「我們」。[12]

專注在負面或正面的事物上，會為我們大腦的運作提供一定程度的槓桿作用。神經科學家戴維森發現，當我們覺得心情愉悅、精力旺盛時，大腦的左前額葉區就會亮起來。而當我們終於達成一些長期追尋的目標時，會提醒我們自己有多開心的神經迴路也在左前額葉區——就是這種神經迴路，讓研究所的學生持續投入於令人卻步的論文上。

在神經的層面，正面性會反映出我們能維持這種展望多久。例如，有一種技術性的衡量方式，是評估人們看到某人幫助一位痛苦的人之後會保持多久的笑容；或當人們看到一個初學走路的孩子雀躍地蹦蹦跳跳，又會保持多久的笑容。

這種樂觀開朗的展望，會呈現在人們對事情的態度上，例如，將遷移至一個新的城市或認識新的人們視為一種冒險，會帶來令人興奮的可能性——能發現美好的地方、交到新朋友，而非視之為令人害怕的一步。當生活為我們帶來出乎意料的正面時刻，比如一次溫馨的交談，那種美好的心情會在心頭縈繞不去。

可能如你所料，正向生活的人會專注在一線光明，而非僅看見烏雲罩頂。相反地，憤世嫉俗的心態則會滋生悲觀主義：不僅專注在烏雲，而且堅信還有更黑暗的未來潛藏在後。一切都取決於你把焦點放在哪裡：一個討厭的傢伙，或五萬名歡呼的觀眾。

某種程度上，正面性反映出大腦的獎勵神經迴路正在起作用。當我們快樂時，大腦中央腹側紋狀體內的依核（nucleus accumbens）就會啟動。這個神經迴路對動機和「你正在做的事會有所回報」的感覺來說，似乎是不可或缺的。這些神經迴路充滿多巴胺，是正面感覺的驅動者，讓我們努力實現我們的目標與渴望。

除此之外，還有大腦自行生成的鴉片劑，其中包括腦內啡（endorphin，使跑步者產生「跑者高潮」的神經傳導物質）。多巴胺會刺激我們的原動力與堅持下去的毅力，同時鴉片劑會在這之上添加一種愉悅感。

當我們處於正面心態時，這些神經迴路會保持活躍。一項發人深省的研究，比對了憂鬱症患者與健康的人，戴維森在此研究中發現，在看過快樂的場景後，那些憂鬱症患者無法維持隨之而生的樂觀正面的感覺——他們的獎勵神經迴路關閉的速度快上許多。[13]我們大腦的執行區域能啟動這種神經迴路，使我們更能維持樂觀正面的感覺，即使遭遇挫敗也能勇往直前，或咬緊牙關朝向想像中最終會讓我們露出笑容的目標。反過來，正面性也會對我們的表現大有幫助，提供動力讓我們更專注、思考更具彈性、更不屈不撓。

這裡有個問題是：如果你人生中的一切都如你所願地發展，十年後的你會在做什麼？這個問題邀請我們做一點夢，思考什麼是對我們真正重要的事物，以及這將如何引導我們的人生。

「談論你的正面目標與夢想，就會啟動讓你敞開心扉迎接新可能性的大腦中樞。但如果將話題變成你該如何修正自己，這個中樞就會關閉。」凱斯西儲大學魏德海管理學院的心理學家、也是我自研究所以來的好友兼同事理查・波雅齊斯（Richard Boyatzis）說道。

為了探討在個人引導方面的這種對照效果，波雅齊斯與同事們在大學生接受訪談時掃描他們的大腦。[14]針對其中一部分的人，訪談專注於他們希望在十年後做的事，以及他們希望在大學期間能獲得什麼。大腦掃描顯示，當訪談專注於正面性時，負責良好感覺與快樂記憶的大腦區域與獎勵神經迴路，都呈現較多的活動。這可以視為當我們被願景激勵時，所感受到的開放性的神經特徵。

至於其他人的訪談，就專注在較為負面的問題：日常行程與作業的壓力有多大、交朋友的困難度、對課業表現的擔憂。當這些學生在處理這些負面問題時，他們的大腦啟動了那些產生焦慮、內心衝突、悲傷的區域。

波雅齊斯認為，專注於我們的優點，可敦促我們朝向自己想要的未來前行，同時激起我們對新觀念、新的人、新計畫的開放態度。對照之下，專注於我們的缺點，會引發防衛性的責任感與罪惡感，使我們關閉自己。

正面的態度讓練習與學習始終充滿喜悅——這也是為什麼即使是最老練的運動員或表演家，在練習他們的動作時仍然十分享受。「你需要負面的專注以求生存，但你也需要正面的專注以求成功，」波雅齊斯說，「你兩者都需要，但兩者必須是正確的比率。」

考慮到洛沙達效應（Losada effect），這個比率中的正面應該要遠高於負面。洛沙達效應的名稱來自馬薛爾・洛沙達（Marcial Losada），他是專門研究高績效企業團隊情緒的組織心理學家。分析過數百個團隊後，洛沙達判定最有成效的團隊正面／負面比率，是至少必須有二・九次的良好感覺對一次負面的時刻（正面性有上限：當洛沙達比率達到十一比一時，該團隊明顯會因為過於得意忘形，而無法維持績效）。[15] 根據芭芭拉・佛列德里克森的研究，相同的比率範圍也適用於人生躊躇滿志的人。佛列德里克森是北卡羅萊納大學的心理學家（也曾是洛沙達的研究夥伴）。[16]

波雅齊斯也證明了，這種正向偏誤（positivity bias）亦適用於指導方面——不論指導的是老師、父母、老闆，或是高階主管教練。

從一個人的夢想與希望展開的對話，能引領出一條懷有此種願景的學習之路。這番對話可以從整體願景中提取出一些具體目標，然後審視要如何做才能達成這些目標——以及我們希望改進哪些能力，以達到我們的目標。與之對照的是一種較常見的方式，專注於一個人的弱點——不論是糟糕的成績或季業績目標的失敗——以及要做什麼來補救。這種對話專注於我們做錯了什麼——我們的失敗、我們必須做什麼來「修正」自己——以及罪惡感、恐懼感和隨之而來的種種感受。這種方式最糟糕的版本之一，就是家長因為糟糕的成績而處罰孩子，直到成績改善為止。事實上，在孩子嘗試集中注意力學習時，由於處罰而產生的焦慮感，會阻礙孩子的前額葉皮質，從而阻礙他的進步。

在凱斯西儲大學教導企管碩士班學生與職涯中期主管的課程中，波雅齊斯多年來都應用「夢想第一」的指導方法。可以確定的是，光有夢想是不夠的：你必須在每次機會自然來臨時，練習任何一種必要的新能力。這可能意味著，在既定的一天當中，你有零至十餘次機會去練習你希望能專精的例行程序，以幫助你往夢想邁進。這些時刻都是會點點滴滴累積起來的。

曾經有一位就讀於高階主管在職專班的經理人，希望能建立較佳的人際關係。「他的背景是工程師，」波雅齊斯告訴我，「給他一項任務，他看到的就只有那項任務，卻看不見那些與他一起完成任務的人。」

因此，他的學習計畫變成「花時間思考別人有什麼感覺」。為了在工作之外定期且低風險地練習這項技能，加上出於個人的興趣，他幫忙指導訓練兒子的足球隊，並在指導時嘗試專注於球員的感受上。

帶著相同的學習目的，另一位主管在貧窮社區的高中擔任志工輔導老師。波雅齊斯說，他利用這次機會「來學習更加細心且『溫和』地幫助別人。」而這成為他帶進職場的新習慣。由於十分喜愛輔導老師的工作，他又再多登記了幾次。

為了得到此種做法之效果的資料，波雅齊斯系統化地評等課程中的所有學生。這些學生的同事和熟人匿名地為他們評分，評定他們在數十種高EQ能力者的典型行為方面表現如何（例如「透過專注聆聽來了解他人」）。幾年之後，他回頭追蹤這些學生，再次請他們的共事者進行評等。

「目前為止，我們已經完成二十六個對象的縱向研究，不論他們目前在哪裡工作，我們都持續追蹤。」波雅齊斯告訴我，「我們發現，學生們在第一回合獲得的進步，在長達七年後仍然能繼續維持下去。」

不論我們所琢磨的技巧是運動或音樂、增強記憶力或成為更好的聆聽者，聰明練習的核心要素都是相同的：理想情況下，是這三樣事物的強力結合——樂趣、聰明的戰術，以及完全專注。

在我們探討完三種不同性質的專注力後，我們也知道了增強每一種的方法。聰明的練習會帶領我們進入更基本的層次——打造注意力所需的基石，而這三種專注力就建立在這些基石上。

Chapter 16 大腦與電玩遊戲

世界冠軍丹尼爾・凱茲（Daniel Cates）可以說從六歲就開始投入例行性的專門訓練，當時他剛發現自己天生就熱愛《終極動員令》（*Command & Conquer*），那是綁在微軟 Windows 中附贈的遊戲。凱茲從此不屑與其他孩子一起玩耍，寧可待在他位於郊區的家裡，窩在地下室玩上好幾個小時的遊戲。[1]

念數理高中時，凱茲會蹺課並找到方法溜進電腦室去玩《踩地雷》。這個遊戲必須在不透明的格子中找到地雷，並在上面豎立旗子——不能踩到任何一個，否則就會爆炸並結束遊戲。他剛開始玩得不怎麼樣，但經過無數個小時的練習後，凱茲能在九十秒內清除所有地雷——對之前剛開始玩的他來說，簡直是不可能的任務（我在網路上試著玩了這個遊戲，完全無法想像他是怎麼辦到的；你去玩玩看就知道了）。

到了十六歲，他發現了他的天職：線上撲克。短短十八個月內，凱茲就從一場五美元牌局的輸家，成為累積獎金五十萬美元的贏家（時機也剛剛好——幾年後，線上撲克在美國就變成違法標的）。凱茲二十歲時，總共已經從遊戲中贏得了五百五十萬美元，比排名第二高的玩家在當年度上報的收益多出一百萬美元。[2]

凱茲是透過埋頭苦幹，才獲得這麼驚人的數字，不只是一場接一場，而是來者不拒，同時進行多場牌局，其中包括那種最專業的專家。只要你應付得了，在線上撲克要同時應戰幾個玩家都可以，遊戲也會提供你即時的輸贏回饋，這些回饋可以讓你在學習曲線上加速前進。一個能同時玩十二場線上牌局的青少年，在短短幾年內對牌局微妙之處的經驗累積，並不亞於只在拉斯維加斯賭桌上玩牌玩了一生的五十多歲玩家。

凱茲在撲克上所展現的天賦，很可能是出自他小學一年級時一頭栽進《終極動員令》後所建立的認知骨架。要贏得這個戰略遊戲，必須迅速地認知處理各種因素，像是知道如何部署軍隊來對抗敵人、機警地掌握敵人變弱的線索並無情地進攻。就在改玩撲克前，凱茲贏得了《終極動員令》的世界冠軍；讓他坐上冠軍寶座的注意力技巧與殺手的直覺，迅速轉移到了撲克牌局中。

不過，在凱茲二十多歲時，他突然驚覺他的社交世界一片荒蕪，感情生活也完全空白；他開始尋求一種能讓他真正享受勝利果實的生活型態。這指的是什麼？

「鍛鍊身體。和女生約會。」他的說法是這樣。

身為線上領域的世界冠軍，對他在當地酒吧的單身夜沒能提供什麼幫助。電玩遊戲中的強項——例如在對方露出第一個轉弱信號時就猛烈進攻——很難用在約會上。

我最後一次聽到有關凱茲的消息，是他正在讀我撰寫的《SQ-I-You 共融的社會智能》（*Social Intelligence*）。我衷心祝福他。那本書寫到，線上撲克遊戲這類互動，缺乏一種大腦中人際關係迴路的重要學習迴圈，這種學習迴圈可以幫助我們與他人產生連結，比如在第一次見面時留下好印象。

「神經元只要一同啟動，就會連結在一起。」（Neurons that fire together wire together.）心理學家唐納・赫布（Donald Hebb）於一九四〇年代時巧妙地形容道。大腦具有可塑性，隨時都在持續重塑其神經迴路。無論我們在做的是什麼，當我們進行某件事時，大腦都在強化某部分的神經迴路，但不會強化其他的。

在面對面的互動中，我們的社交神經迴路會拾起多種線索及信號，幫助我們順利與對方產生連結，同時讓相關的神經元相互連接。然而，耗費在網路上的數千個小時之間，大腦的社交線路幾乎完全沒有得到鍛鍊。

是增強腦力，還是損害心智？

「我們的社會化大多是透過機械。」社群媒體研究基金會（Social Media Research Foundation）創辦人馬克．史密斯（Marc Smith）說：「這開啟了一些絕佳的機會，也帶來許多讓人憂慮的問題。」[3]雖然「大多是」似乎言過其實，而關於機會與憂慮的辯論也正在激烈進行，辯論的焦點之一就是電玩遊戲。

有源源不絕的研究報告顯示，這些遊戲一方面會傷害心智，另一方面會增強腦力。那些主張遊戲是為孩子提供攻擊性的邪惡訓練的人，他們說對了嗎？或者，如其他人所說，遊戲能訓練重要的注意力技能？又或兩者皆是？

為協助解決這項爭端，夙負盛名的《自然》（*Nature*）期刊召集六位專家，探討電玩遊戲的益處與害處。[4]結果就像那些對食物效果的討論一樣——完全視情況而定：有些是營養的；其他更多是有害的。以電玩遊戲而言，答案的關鍵在於個別遊戲以特定方式強化了大腦中哪些神經迴路。

以那些令人極度亢奮的賽車與快速射擊遊戲為例。關於這些動作遊戲的資料顯示，視覺注意力、處理資訊的速度、目標的追蹤、從一個腦力任務轉換到另一個腦力任務等能力，全都為之提高。甚至於，許多這類遊戲似乎默默提供了統計推論方面的指導——也就是你能根據你的資源與敵人的數目，感覺到你能擊敗敵人的機會有多高。

整體而言，研究發現有多種類型的遊戲都可以改善視覺敏銳度與空間感、注意力的切換、決策，以及追蹤目標的能力（不過，許多研究報告並未讓我們知道，被這些遊戲吸引的人們，是原本就在這些心理技能上略占優勢，還是因為遊戲才有所提升）。

某些遊戲會向玩家提出難度逐漸提高的認知挑戰——需要更快地做出更精確且更困難的決定、以更快的速度反應、全神貫注的注意力、更多的工作記憶空間，這類遊戲可以驅動大腦的正向改變。

「當你必須不斷掃視螢幕畫面去發現極微小的差異（因為這可能是敵人來臨的訊號），然後將注意力朝向那個區域，就能增進你這些注意力的技能。」愛荷華州立大學媒體研究實驗室的認知科學家道格拉斯・詹泰爾（Douglas Gentile）說道。[5]

不過他也補充，這些技能不見得能良好地轉換到螢幕以外的生活。雖然這些技能或許在一些特定的工作上具有極高的價值，例如飛航管制人員；但當你是想忽略旁邊動個不停的小孩子並專注於閱讀，可能就派不上什麼用場。部分專家認為，快節奏的遊戲，可能會讓一些孩子習慣與教室這個空間全然不同的刺激頻率，導致上學時間變得比原本更加枯燥乏味。

雖然電玩遊戲可能有助於強化一些注意力技能，像是快速過濾視覺中讓人分心的物件，卻無助於提升一種在學習中至關重要的技能：持續專注於逐漸演進中的一團資訊——例如在教室中全神貫注地聽講、理解你正在閱讀的內容，以及將你現在吸收的內容與過去一週、一年所學連貫起來。

此外，孩子們花在電玩遊戲的時間，與他們在學校課業的表現呈現負相關，很可能與玩遊戲從學習偷走的時間成正比。當三千零三十四位新加坡的兒童與青少年接受為期兩年的追蹤研究時，那些成為重度遊戲玩家的孩子顯示出焦慮、憂鬱、社交恐懼症的增加，以及成績的大幅滑落。不過一旦他們停止玩遊戲的習慣，所有的問題都減少了。[6]

接著是花上大把時間玩遊戲所帶來的負面影響，也就是使大腦適應了快速且暴力的反應方式。[7]根據專家小組所說，這部分的危險被大眾媒體渲染誇大，事實是：暴力遊戲可能會增加低度的攻擊性，但單憑遊戲並不會讓教養良好的小孩變成暴力分子。然而，舉例來說，如果玩這種遊戲的孩子是在家庭中受到身體虐待的受害者（這樣的孩子原本就已較具暴力傾向），便可能會有危險的加乘作用——不過，目前還沒有任何人敢說他能確切預測哪個孩子身上會出現這種有害的化學反應。

儘管如此，長時間和想殲滅你的大批敵人戰鬥，可想而知會助長「敵意歸因偏誤」，像是在走廊上被另一個孩子碰撞時，立即假定對方有惡意。同樣讓人困擾的是，暴力遊戲的玩家在目擊他人遭到霸凌之類的惡意行為時，顯示出較少的關切。

這類遊戲會助長偏執的警戒心，若碰上心理疾病患者本身的焦躁與混亂，就有可能混合出悲劇性的結果。假如考慮到這一點，我們真的想用這樣的心理菜單來餵養我們的下一代嗎？

一位心理學家告訴我，新世代的成長過程中不是在玩電玩遊戲、就是黏著其他電子螢幕，這相當於一次前所未有的實驗：與過去的世代相比，「他們的大腦在生活中的可塑性有很大差異」。一個比較長期的疑問是，這類電玩遊戲對他們大腦的神經線路、對社交結構會有什麼影響？同時，這種情況將會發展出新的優勢，還是會扭曲健康的發展？

從正面的角度而言，遊戲玩家得在各式花俏的誘餌之間維持專注的要求，增強了執行功能，包括當下的集中和稍後的衝動抑制。如果再於遊戲中加上與其他玩家合作和協調的需求，就等於是讓玩家演練一些有價值的社交技巧。

玩那些需要合作的電玩遊戲的孩子們，顯示出在日常生活中更樂於助人。或許那些純粹暴力、「我得打敗全世界」的電玩遊戲應該重新設計，讓制勝策略中包括必須幫助那些陷入困難的人、找尋幫手與結盟——而不僅僅是敵視一切。

聰明的遊戲

風行全世界的遊戲《憤怒鳥》吸引了數百萬人，他們專心地以手指輕彈的時間，累積起來有數十億小時。如果說一同啟動的神經元會連接在一起，你便不得不想想，當你的孩子（或你自己）花了那麼多時間在玩《憤怒鳥》，究竟有什麼心理技能會因此而精進——

如果有的話。

專注力最強的時候，大腦學習與記憶的效果最好。電玩遊戲集中了我們的注意力，同時讓我們一遍又一遍重複相同的動作，就和強效的個人教程一樣，這代表玩電玩遊戲是一種訓練大腦的機會。

奧勒岡大學的麥可·波斯納（Michael Posner）的團隊曾對一群四到六歲的孩子進行為期五天的注意力訓練，每節訓練最多長達四十分鐘，其中部分時間讓孩子們玩一個遊戲：用搖桿控制螢幕上的貓去試圖抓住小小的移動物體。

雖然三個多小時的訓練時間相對較短，不足以追蹤注意力之神經迴路的變化；但大腦波長的資料顯示出，孩子們執行注意力的神經迴路活動有所改變，朝向成人的水準。[8]

結論是：鎖定注意力最差的孩子提供此種訓練——那些有自閉症、注意力缺失與其他學習問題的孩子——因為他們最能從中獲益。除了作為補救課程外，波斯納的團隊也提出注意力訓練應該成為兒童教育的一部分，這能夠全面性地幫助他們學習。

有些人跟波斯納一樣看見了此種大腦訓練的潛在益處，提出可透過專門設計的遊戲帶來各種改善，從「懶惰眼」（lazy eye，亦即弱視〔amblyopia〕）的視覺追蹤，到外科醫生的手眼協調。研究表明，警覺性網路的缺陷是注意力缺失症的潛在原因；定向問題則可在自閉症的凝視中觀察到。[9]

在荷蘭，他們讓注意力不足過動症的十一歲孩子玩需要高度注意力的電腦遊戲，例如，必須對那些會突然冒出來的敵方機器人保持警戒，並隨時注意他們在電動中的人物的能量是否太低。[10]經過每次玩一小時的八小時療程後，孩子們更能夠在有分心事物的狀況下保持專注（而且不只是在玩遊戲的時候）。

在最佳情況中，「電玩遊戲是以高度刺激的方式進行的控制訓練」，並帶來「持久的身體與功能性之神經重塑」。加州大學舊金山分校的神經科學家邁可・莫桑尼克（Michael Merzenich）如此說道。他曾經主導設計供老年人玩的電玩遊戲，目的是重新訓練患有失憶與失智症等神經功能障礙的老年人大腦。[11]

在默克藥廠（Merck）實驗室負責全球藥品開發（包括神經科學）的班・薛皮洛（Ben Shapiro），加入了一家電玩遊戲設計公司的董事會，這間公司開發的是能提高注意力與降低分心的遊戲。他認為運用這種聰明的訓練比藥物更好。「這樣的電玩遊戲能減緩老化所造成的關鍵性認知功能損失。」薛皮洛說道。

他補充：「如果你想使人們的心理生活變得更好，那就直接從心理目標著手，不該從分子著手——自然界會使用相同的分子達成許多不同目的，而藥物是散彈式的手段。」

莫桑尼克博士對市面上現成遊戲的益處抱持懷疑態度，這些遊戲的效果往往不穩定且明顯混雜不清，他較推薦針對特定認知技能量身打造的遊戲。詹泰爾認為，新一代的大腦訓練應用軟體，可以運用優秀教師們都很熟悉的聰明練習技巧：

- 提供逐步增加的難度層級與明確的目標
- 適合特定學習者的步調
- 立即的回饋與漸進式的練習挑戰，直到完全掌握
- 在不同的情境中練習同樣的技能，鼓勵技能轉移

部分人士預測，有朝一日，大腦訓練遊戲將成為學校標準課程的一部分。最好的遊戲還會收集玩家的資料，並同步調整為玩家在當下確切需要的遊戲——成為一名具同理心與認知能力的家庭教師。與此同時，專家們感到遺憾的是，用於此類教育應用軟體的資金，

與遊戲公司的預算相比，少得可憐。因此，即使是現今最優秀的大腦訓練工具，和《俠盜獵車手》（*Grand Theft Auto*）相比也完全黯然失色。但情況已經有改變的跡象。

我剛剛在觀察我的四個孫子，一個接一個輪流玩測試版本的 **iPad** 遊戲《泰納之城》（*Tenacity*）。這個遊戲有六種場景供玩家選擇，從荒涼的沙漠到通往天際的奇幻螺旋梯，讓你在其中度過一段悠然的旅程。

這個遊戲的挑戰是：你每次吐氣時，用一隻手指輕觸 **iPad** 螢幕。每來到第五次吐氣時，就改用兩隻手指——這是初學者的等級玩法。

當時我的四個孫子女分別是六歲、八歲、十二歲和十四歲。他們加起來等於提供一次關於大腦成熟度與注意力的實驗。

六歲的孩子打先鋒，選擇了沙漠場景；他沿著一條小徑緩緩地穿過沙丘、棕櫚樹與泥土屋。第一次嘗試中，他得靠別人提醒該做些什麼；到了第三次，他已經很能協調他的點擊與呼吸——雖然有時還是會忘了用兩隻手指。不過他每次做對時，沙漠中就會慢慢長出玫瑰，讓他很高興。

朝天空盤旋而上的螺旋梯是八歲孫子的選擇。當梯子向上伸展時，有時會出現讓人分心的東西：一架直升機飛入視野，翻了個滾然後飛走；之後還來了一架飛機、一群飛鳥；到了最高海拔的地方，則有各式各樣的人造衛星。她那天有點發燒，但她還是專注地點擊了整整十分鐘。

下一個孫女剛滿十二歲，她選了太空中的一道階梯，周遭令人分心的東西有行星、流星雨和隕石。雖然她的兩個弟弟、妹妹在旁邊熱心幫忙，大聲數著數字來控制他們自己的呼吸，但她依舊自然地呼吸。

最後，十四歲的孫女選擇了沙漠場景，毫不費力地完成整個程序。結束後，她告訴我：「我感到安靜與放鬆——我喜歡這個遊戲。」的確，他們每個人都立即著迷入神，陷入自己的呼吸和手指點擊的韻律。「我感覺到真正的專注，」十二歲的孫女告訴我，「我會想再來一次。」

這正是遊戲設計者希望達到的效果。戴維森告訴我，《泰納之城》是由威斯康辛大學一個屢屢獲獎的遊戲設計團隊，在他的協助下所開發的。「我們從冥想的神經科學研究中，獲得專注與平靜的相關知識，將之設計成一個遊戲，讓孩子們能從中獲益。」

《泰納之城》強化了選擇性注意力，「這是所有其他學習類型的基石，」他補充，「注意力的自我調節，讓你能專注在明確的目標，抗拒各種分心事物。」這是在任何領域通往成功的共同鑰匙。

「如果我們能創造一種孩子會想玩的電玩遊戲，將會成為訓練注意力的一種有效方式，畢竟孩子花很多時間玩遊戲，而這對他們來說是自然而然的，」戴維森說。他是威斯康辛大學心理健康調查中心（Center for Investigating Healthy Minds）的領導者。「他們會愛上這種家庭作業。」

史丹佛大學有一個平靜科技實驗室（Calming Technology Lab），致力於開發各種能使人專注於正念與平靜感的裝置。使用其中一個穿戴式裝置「呼吸覺察器」（breathware），你就擁有一條能為你偵測呼吸頻率的腰帶。假設塞爆的電子郵箱在你身上引發了開發者所形容的「電郵窒息」（email apnea），有個 iPhone 應用程式可引導你透過專注練習來平靜你的呼吸與心情。

史丹佛大學設計學院提供的一門研究所課程稱為「設計平靜」（Designing Calm），身為授課教師之一的葛斯．戴（Gus Tai）說：「許多矽谷科技的目標都是分心；但藉由平靜科技，我們問的是如何為這個世界帶來更多平衡。」[12]

Chapter 17 呼吸夥伴

驅車來到紐約市西班牙哈林區東側街道的盡頭，你就會找到一一二公立小學，小學四周圍繞著羅斯福快速道路、一座天主教堂、一個賣場的附屬停車場，以及規模龐大的羅伯特瓦格納（Robert F. Wagner）低收入住宅區。

這所小學的幼兒園至二年級學生來自貧困家庭，其中許多人就居住在那幾棟低收入公寓。當一名七歲學童在課堂上提到他認識的一個人遭遇槍擊，老師詢問有誰也認識槍擊受害者，所有孩子都舉起了手。

當你走進一一二公立小學時，儘管面前是一位上了年紀的親切女警，你還是要乖乖在桌前簽名。不過，如果你跟我一樣在某天早晨步入學校走廊，最讓人吃驚的會是課堂的氣氛：我往教室裡觀望，發現孩子們全都好好坐著，平穩安靜地埋首於眼前的作業或聆聽老師的授課內容。

當我造訪三〇二教室時（那是一間二年級的教室，由愛蜜莉・郝爾德麗〔Emily Hoaldridge〕與妮可・魯賓〔Nicolle Rubin〕兩位老師共同負責），我見證了那種寧靜美好的氣氛來源——呼吸夥伴。

教室裡有二十二位二年級的學生端坐在桌前算數學，每張桌子分別坐了三、四位學生。當愛蜜莉老師播放一小段悅耳的報時旋律，學生們立即安靜地集合，排成幾列，兩腿交叉盤坐在一張大地毯上，面向兩位老師。一位老師走向教室門口，將「請勿打擾」的牌子掛在門外，然後關上門。

接著，在一片靜謐中，老師們陸續舉起寫著每一位學生名字的冰棒棍——這是一個訊號，讓每位學生依序走到他們的小櫃子，拿回他們專屬的手掌大小的填充玩偶：條紋虎、粉紅豬、黃色狗、紫色猴等。小男孩與小女孩都分別在教室地板找地方躺下，將他們的玩偶放在肚子上，雙手平放在身體兩側等待。

他們跟隨一個友善男聲的引領，進行深度的腹部呼吸，一邊自己默數著「一、二、三」，一邊長長地吐氣與吸氣。[1]接著他們瞇緊又放鬆雙眼；張大嘴巴——收緊、吐出舌頭；把手緊握成拳頭，再輪流鬆開每隻手指。最後那個聲音說道：「現在坐起來，感覺自己很放鬆。」他們跟著照做，似乎真的都放鬆了。

另一個提示旋律響起，這些孩子靜靜地依照指示，在地毯上圍成一個圓圈坐下，然後一一報告他們的體驗：「我的身體裡有一種舒服的感覺。」「我覺得懶懶的，因為它讓我的身體變得很平靜。」「它會讓我想到一些開心的事。」

這項練習進行得井然有序，教室裡一片平和的專注，讓人很難相信這二十二個孩子中有一半都被列為「有特殊需求」：閱讀障礙、語言障礙或部分失聰等認知上的缺失，以及注意力不足過動症、自閉症譜系上的症狀等。

「我們確實有許多有困難的孩子，不過當我們做這些練習的時候，他們不會有脫軌的行為，」愛蜜莉老師說。然而，就在一週前，學校的一件小事故讓三〇二教室跳過了這項儀式。「結果簡直就像一個完全不同的班級，」愛蜜莉老師說，「學生們無法坐定，亂成一團。」

「我們學校有些孩子是極度容易分心的，」校長艾琳．蕾特（Eileen Reiter）說，「這些練習可以協助他們放鬆與專注。我們也給他們例行的活動時間——這些所有策略都帶來了幫助。」

蕾特舉例說：「比起使用『時間沒了』（time-outs）的說法，我們教孩子用『時間來了』（time-ins）去管理他們的感覺。」學校強調教導學生自我管理，而不是仰賴處罰與獎勵，這就是其中一部分措施。當孩子真的出現問題時，她接著補充：「我們會問他們下一次可以用什麼不同的做法。」

「呼吸夥伴」是「內心復原計畫」（Inner Resilience Program）的一部分，這個計畫是二〇〇一年九月十一日世貿中心攻擊事件的餘緒。在雙子星大樓附近的學校裡，有數以千計的學生於大樓陷入一片火海後撤離。許多人不得不在空蕩蕩的西側高速公路上走了好幾英里，他們的老師走在隊伍最後面，確保孩子們不會回頭看到背後的恐怖情景。

幾個月後，紅十字會邀請琳達．藍提瑞（Linda Lantieri）設計一項幫助孩子（和老師）在經歷九一一事件後重拾內心平靜的計畫。藍提瑞過去提出的衝突解決計畫，已在許多學校獲得相當程度的成功。內心復原計畫和其他一系列的社交與情緒學習方法，「已經改造了這所學校。」蕾特說，「這裡成為一個祥和的地方。當學生們心平氣和，他們的學習成效也更好。」

「最重大的問題是如何讓學生能自我管理，」蕾特校長補充，「因為我們是早期教育學校，我們幫助學生學習如何以不同觀點看待問題，並發展各種策略來解決這些問題。他們學習評估問題的大小，像是被嘲弄或被霸凌等——如果會傷害到某個人，就是個大問題。中等程度的問題，則像是對學校的功課感到灰心。他們可以學著以不同策略因應各種問題。」

一一二小學的每間教室都設有一個「寧靜角落」，當孩子需要時間鎮定下來時，可以獨自在這個特別的角落待上一段時間。「有時他們只是需要休息一下，需要一小段時間的獨處，」蕾特補充，「有時你會看到非常氣餒或難過的孩子走進『寧靜角落』，然後運用他們所學的一些策略平靜下來。最重要的一課就是學會關注自己，知道如何照料自己。」

五到七歲的小孩在「呼吸夥伴」練習中跟隨指導；從八歲起，他們開始練習正念呼吸，這種方法被證實有益於持續注意力和使人鎮靜的神經迴路。這種平靜與全神貫注的結合，可創造出對專注與學習最理想的內在狀態。

對這項計畫的單學期版本評估發現，最需要幫助的孩子——那些有「高風險」會於生活中脫軌的一群——獲益最大：他們在注意力與認知方面的敏感度明顯增強，而攻擊性、負面情緒、在學校的挫折感等，則大幅降低。[2]採用計畫的教師自身的幸福感甚至也有所提升，這預示了教室中的學習氣氛將變得更好。

紅綠燈

幼兒園的教室中播放著歌曲，八名三歲的孩子坐在一張矮桌前，各自在一張有小丑輪廓的紙上著色。突然間，音樂停了——孩子們也跟著停了下來。

這個時刻提供了一次三歲孩子的前額葉皮質適用的學習機會。前額葉是諸如抑制難以抗拒的衝動等執行功能所扎根的地方；認知控制便是其中一種能力，掌握了讓人擁有美好一生的關鍵。

能根據暗示來停止動作，是認知控制的終極目標。一個孩子愈是能跟著音樂的暗示一起停止，或在玩「賽門說」（Simon says）時愈能做出正確而非錯誤的動作，則他的前額葉對於認知控制的連結就愈強。

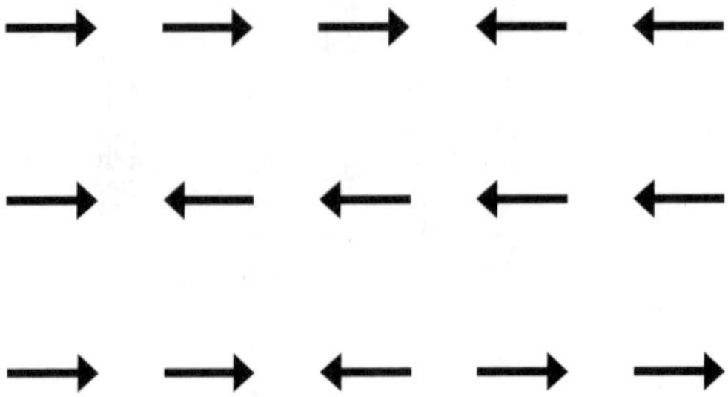

這是認知控制的一項測驗，請跟著快速回答。上圖的三行中，每一行正中央的箭頭指的是哪一個方向？

當人們在實驗室環境下接受這項測驗時，他們指出中央箭頭的方向所花的時間具有可察覺的差異（按千分之一秒的標準計算——不是你我能察覺的程度）。這項測驗稱為「旁側干擾」（Flanker），因為兩側的箭頭會讓人分心，其目的是為了精準計量孩子對影響集中之分心事物的易感性。對小朋友而言，要專注於中央的箭頭方向而不被左右兩邊的箭頭方向干擾，需要極大的認知控制能力，特別是要接受一系列類似圖中的困難測驗時。

會瘋過頭的孩子——那些可能或曾經被沮喪的老師趕出教室的孩子——就是苦於這些神經迴路的缺失；他們的衝動驅使了他們的行為。與其因此處罰孩子，何不給予他們一些讓他們更能管好自己的課程呢？例如，讓學齡前兒童接受專注於呼吸的練習，他們在旁側干擾測驗中就會有更準確、更快速的表現。[3]

或許正如紐西蘭的研究報告所發現的，沒有一個心智技能對人生成功的重要性，能比得上執行控制。那些能忽略衝動、過濾掉不重要事物，並對既定目標維持專注的孩子，能有最好的人生表現。有一種教育工具就是為此目標而設計，其名稱是「社交與情緒學習」（social and emotional learning，簡稱ＳＥＬ）。

當西雅圖一所小學的二、三年級生情緒不佳時，老師會要他們想著一盞紅綠燈。紅燈代表停下來——鎮定。深深地吸一口氣會使你鎮定一點，試著告訴自己問題在哪裡，以及你現在有些什麼感覺。

黃燈則提醒他們慢下來，想想幾種可能解決問題的方式，然後選擇其中一種最好的。綠燈是提示他們試著進行那個計畫，看看是否行得通。

當我正在為《紐約時報》撰寫一篇文章而前往拜訪康乃狄克州紐海芬公立學校的時候，我首次看到了紅綠燈的海報——不過，我要到很久之後，才體會到這張海報能如何引領學生訓練注意力。紅綠燈能練習從由下而上、由杏仁核驅動的衝動，轉變成由上而下、由前額葉執行驅動的注意力。

紅綠燈練習是由羅傑・威斯伯格（Roger Weissberg）所發想的，他是耶魯大學的心理學家，於一九八〇年代末為紐海芬的公立學校首創「社交發展」（social development）的計畫。目前，相同圖案的海報已經貼在全球數以千計的教室牆上。

這樣的風行有其充分理由。當初只是有些零星的資料顯示，學生以這種方式回應他們的生氣與焦慮，能帶來正面效益。不過，這個案例現在的強而有力程度，已經不亞於任何其他社會科學的案例。

一項後設分析將兩百多個擁有SEL計畫（類似紐海芬的社交發展課程）的學校，與沒有這些計畫的相似學校做比較。[4]結果顯示，擁有這些計畫的學校，學生打擾課堂與不當行為的情形下降百分之十，出席率與其他正面的行為上升百分之十，而考試成績更是提高了百分之十一。

在西雅圖那所學校中，他們進行的紅綠燈練習還伴隨著另一項練習。他們經常讓二年級與三年級的小學生觀看一些卡片，每張卡片上的臉孔有著不同表情及名稱，然後讓孩子們說說看，如果擁有和臉孔一樣的情緒，會是什麼樣的感覺——是生氣、害怕或快樂？

這些「感覺臉孔」卡片，可以提升七歲孩子情緒上的自我覺察。孩子可以將一個感覺詞彙和圖片做連結，然後再與他們本身的經驗連結。這項簡單的認知行為會帶來神經方面的影響：大腦右半部認出卡片描繪的感覺，大腦左半部了解名稱及其意義。

情緒的自我覺察，需要將上述所有東西在胼胝體（corpus callosum）中透過交叉對話整合起來。胼胝體是連接左右大腦的組織；這個神經橋梁的連接性愈強，我們愈能完全了解我們的情緒。

能準確說出你的感覺，同時能將你的記憶和相關聯想，與感覺整合在一起，已證明是自我控制的關鍵之一。發展心理學家發現，學習如何說出口，可以讓孩子喚起自己心中的「別這麼做」，代替父母的聲音來管理任性的衝動。

紅綠燈與感覺卡片如同二重奏，為衝動控制建立了兩種具綜合效益的神經工具。紅綠燈能強化前額葉皮質，以及中腦邊緣中心之間的神經迴路；前額葉皮質是位於前額後方的大腦執行中心，中腦邊緣中心是由本我驅動的衝動來源。「感覺臉孔」卡片能夠促進左右半腦的連接性，增強理性分析感覺的能力。這種上下、左右的連結，將孩子的大腦緊密結合在一起，天衣無縫地整合了各個系統；但如果放任不管，就會造成三歲小孩大腦中的混亂宇宙。[5]

在年齡尚小的兒童時期，神經連接才剛開始發育（這些大腦迴路直到二十五歲前後才會成熟），這可以解釋為什麼小孩的行為稀奇古怪、有時令人抓狂，因為他們腦中一時的念頭驅動著他們的行為。但到了五至八歲，孩子大腦的衝動控制神經迴路會出現成長陡增。由於小學三年級的孩子已經有關於衝動的思考能力，能夠對衝動說「不」，這使他們比那些吵鬧不休的一年級孩子穩重許多。西雅圖該項專案計畫的設計，就是充分運用此一時期神經的快速發展。

不過，何必要等到小學呢？這些抑制衝動的神經迴路，從出生起就開始發展了。沃爾特．米歇爾就教四歲孩子如何透過不同角度看事情，以抵抗美味的棉花糖——例如專注於糖的顏色。同時，米歇爾也是第一位提出這種說法的人：即使是那些完全迫不及待抓住棉花糖的四歲孩子，仍能學習如何延遲滿足——衝動性不見得是人們一生擺脫不了的東西。

現今環境頻頻鼓勵著線上購物與即時訊息的立即性滿足，因此，孩子更加需要相關練習的幫助。於紐西蘭達尼丁進行研究的科學家，提出一項強而有力的結論：孩子需要能增強自我控制的干預，特別是兒童早期至十幾歲的階段，其涵蓋範圍從幼兒園直到高中的SEL計畫，正好符合需求。[6]

有趣的是，新加坡已成為世界上第一個普遍實施SEL計畫的國家，每一位學生都要接受SEL課程。這個國土面積不大的城市國家，擁有過去五十年來最成功的經濟發展經驗之一，家長式作風的政府，將這個小城市國家打造成一個經濟強國。

新加坡沒有天然資源，沒有強大的軍隊，沒有強大的政治影響力；其成功的祕密來自該國人民——新加坡政府也是刻意培養這些人力資源作為經濟動力。各級學校是新加坡優質勞動力的培植所。為了展望未來，新加坡與威斯伯格建立了合作關係。威斯伯格現任學術、社交與情緒學習合作組織（Collaborative for Academic, Social, and Emotional Learning，簡稱CASEL）的總裁，為學校設計以EQ為基礎的課程計畫。＊

這背後有很好的理由：參與達尼丁研究的經濟學家的結論是，教導所有孩子相關技巧，可以使整個國家的所得上升幾個級數，提高國民的健康素質，降低犯罪率。

＊編注：羅傑·威斯伯格已於二〇二一年九月逝世。

以正念為基礎的EQ

孩子們在一一二公立小學獲得的注意力訓練，與內心復原計畫的其餘部分搭配得很好，成為實踐SEL計畫的最佳範本。而我也成為CASEL的共同發起人之一，這個組織已協助將相關計畫推廣至全球數以千計的學區，同時在這期間，我撰寫了《EQ：決定一生幸福與成就的永恆力量》一書。

我見識到EQ的相關課程——也就是自我覺察、自我管理、同理心與社交技巧等——與標準學術課程有著加乘作用。現在，我意識到下一步是注意力的基礎訓練，這是位於EQ核心的一種增強神經迴路的低科技方法。「我已經推動SEL計畫好幾年了，」琳達．藍提瑞告訴我，「加進正念課程後，我發現孩子擁有更快平靜下來的能力，也能更快準備好學習的狀態，此一改善是戲劇性的。這種情況出現在學齡前及學年的早期階段。」

在SEL課程與正念的注意力訓練之間，似乎有種自然的相輔相成。當我與威斯伯格討論時，他告訴我，CASEL已經探討過正念在SEL課程裡所帶來的影響。

「認知控制與執行功能，似乎是自我覺察與自我管理的關鍵，對一般學術課程而言也是關鍵。」威斯伯格說。

深思熟慮、由上而下的注意力，掌握了自我管理的關鍵。大腦中提供此種執行功能的部分，在學齡前至小學二年級左右迅速成熟（然後持續成長到成年初期階段）。這些神經迴路同時管理著情緒化時刻的「熱」處理，以及像是學術課程等更多神經資訊的「冷」處理。[7]這種神經迴路在整個兒童時期，似乎有著超乎想像的可塑性，表示像是SEL課程之類的干預可以加強這種能力。

有一項研究針對四至六歲的孩子教導注意力的技巧，在只有五堂課的時間裡讓孩子們玩遊戲，例如：視覺追蹤（猜一隻在水面下游泳的鴨子會從什麼地方浮出來）；在一系列的分心物件中找出一個卡通人物；抑制衝動（如果乾草堆後面跑出來的是綿羊就按鍵，如果是野狼就不按）。[8]

結果發現：提供情緒與認知能力的神經架構都大為增強。獲得這種短暫訓練的四歲孩子，其大腦與一般六歲的孩子相似；而那些接受訓練的六歲孩子，他們的神經執行功能已經開始近似於成年人的模式。

雖然基因控制了處理執行注意力的大腦區域何時成熟，但這些基因仍會反過來受到經驗調節——同時，上述訓練似乎會加快基因的活動。負責管理所有這些工作的神經迴路——於前扣帶皮質（anterior cingulate cortex）與前額葉區域之間運作——在各種情緒與認知的注意力調節上相當活躍，管理著情緒衝動以及ＩＱ層面的非語言推理與流體思考等。

「認知的」與「非認知的」能力，是心理學中較老舊的二分法，將「學術能力」和「社交與情緒能力」劃分開來。但由於提供執行控制的神經架構，是學術與社交／情緒能力的共同基礎，因此，這種區分已經像笛卡兒哲學（Cartesian）中、將心理與身體切割開來的陳舊理論一樣過時。在大腦的設計中，它們是高度地互動，而非完全獨立。不能集中注意力的孩子就無法學習，而這樣的孩子也不能好好地管束自己。

「當你擁有一些要素，像是定期的安靜時刻、一個寧靜角落讓孩子在需要平靜時可以自己前往，以及正念，你一方面可以得到更多的平靜與自我管理，一方面能加強專注與持續專注的能力。有了這些，我們能改變孩子的心理狀態與自我覺察。」藍提瑞說道。

透過教導孩子這些有助於平靜與專注的技巧，「我們為自我覺察與自我管理打下了基礎，你可以在這個架構上傳授其他的ＳＥＬ技巧，像是主動聆聽、辨認感覺等。」

藍提瑞告訴我，在SEL課程甫開始時：「我們期待孩子在心理被挾持的時候，能運用他們的SEL技巧，但他們無法掌握這些技巧。現在我們已經了解，孩子需要的是更基本的工具——認知控制，而他們可以從呼吸夥伴與正念得到這個工具。一旦他們體驗過這種方式能如何幫助自己，就會得到信心，覺得『這我做得到』。」

「有些孩子在考試時運用這種技巧——他們貼上『生物貼』（Biodot），」這是一種小小的圓形塑膠貼，當皮膚溫度（因血液流經該區域）變化就會改變顏色。這麼一來，「就可以告訴他們自己在考試中已經因太過緊張而不能好好思考了。如果生物貼顯示出有需要，他們就使用正念讓自己平靜與專注。當他們能清楚思考時，再回頭來繼續寫考卷。」

「這些孩子了解到，他們的考試成績之所以不理想，並不是他們笨，而是因為『當我超緊張時，我雖然知道這個答案卻想不出來。但我知道該如何專注與平靜——接著我就能想出答案。』現在，他們有了這樣的態度：『我能掌控自己——我知道該怎麼做會有幫助。』」

採用內心復原計畫的學校，目前已從俄亥俄州的揚斯敦（Youngstown）遠遠遍及至阿拉斯加州的安克拉治（Anchorage）。「這項計畫效果最好的時候，」藍提瑞接著說，「是與ＳＥＬ課程結合之時——現在所有的學校都這麼做。」

切入大雜燴

關於冥想的科學文獻只能以大雜燴來形容，其中有好有壞；有問題的方法、不怎麼樣的設計，還有足堪表率的優質研究，通通混雜在一起。因此，我請教了冥想科學的權威、威斯康辛大學的理查．戴維森，請他在眾多文獻之間摘要出正念練習對專注力的明確益處，他馬上列舉出兩項重大的要點。

「正念，」他說，「可以增強大腦額頂（fronto-parietal）系統中的傳統注意力網路，該網路會協同合作以分配注意力。這些神經迴路是注意力的基本運作基礎：你將注意力從某件事抽離，移向另一件事，然後持續專注在新目標上。」

另一項關鍵性的改善是選擇性注意力；正念可以抑制分心事物的拉扯。這讓我們得以專注在重要的事情上，不被周遭的事物分心——就像你現在能將你的專注力維持在這些字裡行間的意義，而不會被檢視附注之類的事拉走，[9]這點是認知控制的精髓。

雖然迄今對於兒童的正念只有零星幾項設計良好的研究，但「在成人方面，正念與注意力網路的關係，則有強而有力的資料支持。」賓州州立大學人類發展學教授馬克．葛林柏格（Mark Greenberg）說道。[10] 他是針對較年輕者進行正念研究的先驅，對此抱持審慎樂觀的觀點。[11]

對學生而言，較大的好處在於「理解」。漫遊的思緒會在理解中留下殘缺的小洞。矯正思緒漫遊的方式是後設覺察，也就是注意到「注意」本身，這是一種能力：覺察到「你應察覺卻未察覺」的事，同時導正你的專注力。正念會讓這種重要的注意力肌肉變得更強壯。[12]

接著是經實驗確立的放鬆效果，例如「呼吸夥伴」教室中瀰漫的平靜。這種生理學上的影響，顯示出迷走神經（vagus nerve）迴路中的喚醒設定點（set point）下降了，這是在壓力下維持冷靜、從心煩意亂中迅速恢復的關鍵。迷走神經管理著許多生理機能，其中最明顯的是心跳頻率，而快速從壓力中恢復也是其中之一。[13]

透過正念與其他冥想方式，可產生較高的「迷走張力」（vagal tone），在許多方面帶來更大的彈性。[14] 這將幫助人們更善於管理專注力與情緒，以及在社交領域中更容易建立正面的關係與有效的互動。

除了這些好處之外，正念冥想者的各種生理失調症狀大幅減輕，從顫抖、高血壓到慢性疼痛等。「在正念中發現的一些最大成效是生物學方面的，」戴維森補充，「這對一項用來訓練專注力的練習而言相當不可思議。」

喬·卡巴金（Jon Kabat-Zinn）是「正念減壓」（Mindfulness-Based Stress Reduction）計畫的創辦人，這項計畫掀起採用正念的全球風潮，包括數以千計的醫院與診所，以及從監獄到領導力開發等整個社會的各個領域。卡巴金告訴我：「我們的病人通常是受不了壓力與疼痛才來求診。然而，加以注意自己的內在狀態，檢視在生活中需要做出什麼改變，總是會有幫助的。儘管在原則上我們永遠不會直接談論這些事情，但人們回去以後會自行戒菸、改變飲食方式，並開始減重。」

本質上，幾乎任何一種冥想都會重新訓練我們的注意力習慣——尤其是例行性的預設至思緒漫遊。[15]經測試發現，三種冥想方式——專心（concentration）、慈愛冥想（loving-kindness）、開放覺知——都會使大腦思緒漫遊的區域安靜下來。

因此，當電玩遊戲為提高認知技能提供了一種前景可期的途徑，正念與類似的注意力訓練則提供了另一種替代或補充的選項。這兩種訓練方式也可以融合在一起，如呼吸遊戲《泰納之城》。當我與戴維森討論時，他告訴我：「我們正在把從冥想研究中學到的東西逐漸融入電玩遊戲中，使其好處能更廣泛地散播到各處。我們對注意力與平靜的研究為遊戲設計提供了資訊。」

然而，像冥想這種方法，提供了一種教導專注技巧的「有機」方式，不會像數不清的遊戲時間那樣，暗藏孩子社交技能退化的風險。[16]的確，正念似乎能啟動我們大腦的某些神經迴路，讓我們與這個世界有更多接觸，而非退出。[17]至於是否存在某種設計優良的電玩遊戲，能對大腦社交神經迴路達到與正念相同的效果，尚有待觀察。[18]

加州大學洛杉磯分校的精神病學家丹尼爾．席格（Daniel Siegel）描述，正念練習所強化的是一種「共鳴迴路」（resonance circuit），這種神經迴路可以將我們的自我連結與對他人的連結銜接在一起。[19]席格博士認為，一個關係良好的人生，就始於大腦前額葉的執行中心和正念有關的神經迴路，這種神經迴路身兼二職：當我們與他人建立共鳴時，背後也是這種神經迴路在運作。

正念強化了前額葉的執行區域與杏仁核之間的連結，特別是能對衝動說「不」的神經迴路——這正是人們活出美好人生的重要技能（正如我們在本書第二部看到的）。[20]

強化的執行功能可以擴大衝動與行動之間的間隔，部分原因來自後設覺察的建立。藉由後設覺察，我們可以觀察我們的心理決策過程，而不只是被牽著鼻子走。這就產生了我們過去從未有過的決策點：我們能鎮壓住惹麻煩的衝動，而不像以往總是按衝動行事。

職場的正念

谷歌是高ＩＱ人士群聚的大本營。據傳，除非你能以測驗分數證明你的智力在最高的一％以內，否則連面試的機會都沒有。因此，許多年前，當我在谷歌進行一場關於ＥＱ方面的講座時，我很訝異地發現聽眾擠爆了谷歌總部最大的會議室，還得用螢幕在人滿為患的房間裡播送我的演說。也就是這種熱忱，導致後來谷歌大學（Google University）開設了以正念為基礎的ＥＱ課程，名為「搜尋內在的關鍵字」（Search Inside Yourself，又名「ＳＩＹ正念情商暨領導力課程」）。

為了創建該課程，谷歌第一〇七號員工陳一鳴（Chade-Meng Tan）與我的老友穆拉拜・布西（Mirabai Bush）——社會冥思之心中心（Center for Contemplative Mind in Society）的創辦人——組成團隊來設計一種能增強自我覺察的體驗，例如，運用身體掃描冥想來連結自身的感覺。在谷歌，內心的指南針有很大的幫助，因為該公司有一項政策，是允許員工每週有一天可以自由從事他們的興趣專案，這也是谷歌許多商業創新的來源。但正如人們所熟知的，陳一鳴有著更大的願景：他希望將這項課程推廣至谷歌以外的地方，特別是傳播給企業領導者。[21]

後來，「正念領導力訓練所」（Institute for Mindful Leadership）於明尼亞波利斯市成立，目前已訓練過來自於目標百貨（Target）、嘉吉（Cargill）、漢威聯合航太（Honeywell Aerospace）以及其他世界各地企業的領導者。另一處勝地是位於麻州伍斯特（Worcester）麻州大學醫學院的「正念減壓中心」，其中包括了針對高階主管的培訓中心。此外，亞利桑那州的豪華度假村米拉瓦爾（Miraval）數年來提供企業執行長專屬的年度正念營，由卡巴金負責指導。卡巴金藉由他創立的中心，成功帶動了正念運動的浪潮。

正念的各種訓練課程已廣為流傳，被相當多元的組織團體所採用，其中包括美國陸軍的隨行神職人員、耶魯大學法學院、通用磨坊（General Mills）食品公司，估計已有超過三百位企業主管運用了正念的領導方法。

這些正念訓練能帶來什麼不同？有一家實施谷歌「搜尋內在的關鍵字」計畫的生物科技公司，其初步資料顯示，正念同時增強了自我覺察與同理心。負責評估這項訓練計畫之效果的史丹佛大學心理學家菲利浦・葛爾汀（Philippe Goldin）表示，那些參與此訓練的人，呈現出特定正念技巧的提升，包括個人擁有更強的觀察力與描述自身經歷的能力，也更能根據個人的覺察來行動。

「參與者表示，在注意力被挾持的時刻，他們更能成功使用自我調節的策略。例如，在負擔極大的情況下，將注意力重新引導至比較沒那麼討人厭的點上。」葛爾汀補充：「他們學習鍛鍊注意力調度的肌肉，使自己能夠選擇要關注哪個層面的體驗。這是一種以意志力更改注意力走向的行為；而他們也能在真正需要時，更有效地使用這些注意力技巧。」

「我們同時發現，人們對其他人的同理心有所增加，也更能傾聽他人。」葛爾汀說：「其一是態度，其餘則是實際的技巧，也就是注意力的肌肉。這些在職場都是十分重要的。」

通用磨坊公司的一位部門主管，因為壓力過大而接受正念呼吸的訓練。她帶著正念的體會回到工作崗位，接著，她要求直屬部屬在找她去開會前，先暫停下來想一想。暫停的目的是先問問自己，這場會議是否真的需要部門主管把寶貴時間花在上面。結果顯示：過去從朝九到晚五有開不完的會議，現在她每天有三小時的自由空檔。

以下這些項目可幫助你反思你的正念水準：[22]

- 你是否覺得回想某人剛剛與你談話時的內容有些困難？
- 你是否沒有關於早上通勤時的記憶？
- 你是否常常食不知味？
- 比起就在身旁的人，你是否更專注於你的電子裝置？
- 你是否飛快地瀏覽這本書？

你回答愈多的「是」，代表你恍神的可能性愈高於專心。正念讓我們在專注力方面的選擇有更大的自由。

心不在焉（mindlessness）是思緒漫遊的形式，可能是職場上注意力的頭號浪費大敵。要專注於我們當下的體驗——像是處理手邊的任務、與人談話，或在一次會議中建立共識——就需要我們調低腦中那些與當下無關的、只與自己有關的喃喃自語。[23]

正念可以開發我們身上的一種能力，以客觀、不做出反應的方式，觀察自己每一刻至下一刻（moment-to-moment）的體驗。試著練習放掉關於任何事物的想法，並將專注力開放給進入心中的一連串覺察，但不迷失在如洪流般的想法中。這項訓練是隨時隨地通用的，因此，當我們在工作中需要把注意力放在「這個」，並放下關於「那個」的思緒時，我們可以揮別其中一個，專注於另一個。

正念訓練可以降低以自我為中心之神經迴路的活動，這些迴路位於前額葉皮質內側。而隨著自我對話的減少，我們就能在當下體驗到更多。[24]隨著人們從事正念練習的資歷愈長，他們的大腦愈能解開兩種自我覺察之間的聯繫，並啟動帶來當下存在感的神經迴路，得以專注於手邊的任務，擺脫腦中喋喋不休的自我交談。[25]

對於那些每次遭逢挫折、傷害、失望，就會不自覺地陷入永無止境芻思的人而言，建立執行控制力對他們尤其有助益。透過改變與思緒本身的關係，正念讓我們能夠打破那些可能導致沉迷於悲傷的思緒流。比起被這一連串的思緒帶走，我們能暫停這一切，然後體悟到「這只是一些想法」，接著選擇要不要根據這些想法去行動。

簡單來說，正念練習能強化專注，特別是執行控制、工作記憶的容量，以及維持專注的能力。最短只要四天、每天二十分鐘的練習，就能看到部分成效（當然，訓練時間愈長，效果愈能維持）。[26]

接著要說到多工作業，也就是效率的殺手。「多工作業」真正的意思，是切換填充在工作記憶中的內容——工作時的例行干擾，可能會打斷原本的專注任務，導致損失若干分鐘；而重新回到完全專注的狀態，更是可能要花上十至十五分鐘。

當人力資源的專業人士接受正念訓練時，為了測試效果，因此模擬了他們日常混亂的工作狀況——替與會者安排會議、找出有空檔的會議室、提出會議議程等，外加接收隨機出現的、帶來各種資訊和建議的電話、文字訊息、電子郵件。結果是：正念訓練明顯改善了他們的專注力，他們甚至能持續工作更長的時間，且更有效率。[27]

有一次，我到「超越聲音」（More Than Sound）公司的辦公室參加會議（該出版公司由我兒子經營），而我們的注意力都開始漫遊：有平行的對話在同時進行，還有人小心翼翼地查看電子郵件。這種共同專注的分崩離析，與其他數以百計的會議情況頗為相似——這是一個團體效率正在下降的信號。但突然間有人說：「正念的時間到了！」然後站起來，敲響了手中的小鑼。

我們全坐在那裡沉默了幾分鐘，鑼聲又響了，會議繼續——能量也重新補滿了。那是一個讓我覺得不可思議的時刻，但該公司的人習以為常；這個團隊似乎用不定時的中場休息時間來分享幾分鐘的正念，以敲響那個小鑼作為信號。他們說，整個團隊的暫停，可以使他們的頭腦清空，同時給予他們一股充飽電的全新專注。

這家小型出版公司體認到正念的價值，並不讓人意外；我造訪該公司時，他們才剛剛出版了《職場的正念》（*Mindfulness at Work*），這是穆拉拜・布西製作的有聲書，她就是那位將正念介紹給谷歌的女士。

看到更大的格局

由於系統複雜化的加速，使企業領導者的壓力不斷增加，其中包括市場、供應商、企業組織的全球化；資訊科技的飛快進化；愈來愈短的產品週期……這些問題足以讓人暈頭轉向。

「大多數領導者就是不肯暫停一下，」一位經驗老到的領導力教練告訴我，「但你需要一些時間來深思。」

身為超大型投資管理公司的負責人，他的老闆這麼形容：「如果我不確保擁有那樣一段時間，我真的會完蛋。」

美敦力（Medtronic）的前執行長比爾．喬治（Bill George）同意這種看法。「現今的領導者都被困住了，他們的行程表是以十五分鐘的區間排滿一整天，還有數千種干擾與分心事物。在一天中，你需要一些安靜的時間，只思考就好。」

每日或每週定期撥出一些思考的時間，可以幫助我們超越每日擔任救火隊的心態，也能清查過去累積的問題、保有前瞻性。從美國眾議員提姆．瑞安（Tim Ryan），到哥倫比亞大學經濟學家傑佛瑞．薩克斯（Jeffrey Sachs）等不同領域的思想家，都呼籲以正念作為幫助領導者看到更大格局的方法。[28]他們建議：我們不但需要正念的領導者，同時也需要正念的社會。正念的社會需要我們專注在三件事：我們自身的福祉、他人的福祉，以及形成我們生命之整體系統的良好運作。

經濟學家薩克斯認為，「正念」本身包括更準確地解讀什麼能讓我們真正快樂。全球經濟資料顯示，一旦一個國家達到正常水平所得，足以應付基本生活需求，則快樂與財富之間就毫無關連性。與我們所愛的人建立溫暖連結、從事有意義的活動等無形的事物，使人的快樂程度遠超過購物或工作。

但是，我們可能誤判某些事物會讓自己有較好的感覺。薩克斯認為，如果我們在花錢時更加有所覺察，就不大可能落入誘惑性廣告的圈套、買下那些不會讓我們更快樂的商品。正念會讓我們對物質擁有適度的欲望，並花更多的時間和精力，滿足我們對於更深層、更充實的意義和人際關係的需求。

薩克斯表示，在社會層次上對他人的正念，意味著去關注窮人的苦難，以及去關注在美國與其他許多先進國家仍破敗不堪的社會安全網。他認為，目前窮人接受的幫助只夠勉強生存，這是在製造跨世代的貧窮。我們該做的，是為一整個世代最窮的孩子提升教育與健康，使他們能帶著高水準的技能走過人生，不再需要接受與他們原生家庭一樣的支援及幫助。

為了達到這個目的，我建議用正念一類的教育計畫來增強孩子的執行控制。在達尼丁的研究中，那些因機緣巧合而能在兒童時期改善自我控制的孩子，與那些原本就能延遲滿足的孩子一樣，在他們往後的人生中享有相同水準的所得與健康。但這些衝動控制的提升來自巧合，而非靠規劃達成的。教導每個孩子這些技能，豈不是更合理嗎？

接著，將目光放大至全球層次的系統意識，例如人類對這個星球的影響。解決系統層次的問題，需要的是對系統的專注。我們對未來的正念，則意味著考慮到我們自身行為的長遠後果，對我們的下一代及其子子孫孫所帶來的影響。

Part

6

具良好專注力的領導者

Chapter 18 領導者如何引導注意力？

「死於 PowerPoint」指的是以這個軟體來解說內容，無形中似乎鼓勵一種沒完沒了、漫無止境的陳述。當這些陳述反映的是缺乏焦點的思維以及對重點的毫無概念時，聽眾就會痛苦萬分。是否擁有精確抓住重點的能力，有一個明顯的判斷方式，端看如何回答以下這個簡單的問題：「你的重點是什麼？」

據說，當有會議要舉行時，微軟（可怕的 PowerPoint 之誕生地）執行長鮑默（Steve Ballmer）會大力禁止這種冗長的介紹。相反地，他會要求事先過目資料，使他在面對面開會時，能直接切入重點並提出最重要的問題，而非經過長途跋涉才抵達那裡。如同他所說的：「這讓我們的專注焦點更加明確。」[1]

將眾人的注意力引導至需要的所在，是領導者最重要的任務。這種才能可以把注意力於對的時刻轉移至對的地方，感覺出趨勢所在以及即將到來的現實，然後抓住機會。然而，造就或毀滅一間企業的，不僅是決策者個人的專注，還有公司群體注意力的整體頻寬與機靈的反應能力。[2]

企業所有成員共同累積的注意力，遠超過一個人的注意力所能擴及的幅度；分工制度更使得每個人關注不同領域。這種多元且相乘的專注，可以為企業解讀與因應複雜體系的注意力注入動力。

企業的注意力與個人的注意力相同，都是一種有限的能力。企業同樣必須選擇將注意力配置於何處；只專注於某一處，就會忽略其他地方。一個企業的核心功能——財務、行銷、人力資源等——便代表了個別群體的專注目標。

所謂「企業的注意力缺失症」的徵兆，包含：資料不足所導致的錯誤決策、不重視反思檢討、無法在市場上吸引消費者的注意、無法在需要時和需要的地方集中注意力等。

以在市場上要如何得到矚目為例。在市場中，顧客的注意力是最寶貴的資產。吸引消費者注意的門檻持續地升高，上個月還光鮮亮麗的新產品今天已經讓人厭煩了。有一種吸引人們目光的策略，是透過出人意料、強迫性抓住注意力的科技效果，來支配我們由下而上的系統，但除此之外，還有一種老方法的復興——述說一個好故事。[3]故事不僅會攫住我們的視線，還會留在我們的腦海中，這門學問在媒體、電視、電影、音樂、廣告等「注意力產業」中從未被遺忘過——這些產業針對我們的注意力玩零和遊戲，一方的勝利就是另一方的損失。

注意力傾向專注於那些有意義的事物，也就是重要的事物。領導者所說的故事，可以把一種特別的專注感染給企業的所有成員，讓他們產生共鳴，同時也暗示他們應該選擇把注意力與精力放在何處。[4]

「領導」這件事，取決於能否有效地捕捉與引導集體的注意力。引領注意力需要以下要素：首先，集中你自己的注意力，再吸引與指導他人的注意力，接著是獲得與維持員工、同業、顧客或委託人的注意力。

一位具良好專注能力的領導者，可以平衡對公司內部氛圍和文化的關注、對競爭環境的關注，以及對塑造公司環境的外部現實的關注。

領導者的注意力所在，亦即他所專注的特定問題與目標，不論他是否刻意表明，都將引領其追隨者的注意力。人們會根據自己對領導者重視的事物的認知，去選擇他們該專注在什麼地方。這種漣漪效應賦予領導者額外的責任：他們引領的不僅是自己的注意力，大多數情況下，也在引領所有其他人的注意力。[5]

以策略為例。企業組織的策略，代表了組織「希望擁有」的注意力模式，每個部門以其個別的特定方式共享一定程度的專注。[6]一個既定的策略，會對「忽略什麼」和「重視什麼」做出抉擇：市場占有率或利潤？現有的競爭者或潛在的競爭者？哪一種新科技？當領導者在選定策略時，其實就是在引領注意力的方向。

策略是從哪裡來的？

日本的禪宗弓道大師乙川弘文，曾應邀前往伊莎蘭學院（Esalen Institute）展示他的技術。這個著名的成人學習中心位於加州大蘇爾（Big Sur），從舊金山禪學中心塔沙哈拉靜修院（Tassajara retreat）沿路開車下去就可抵達。

當天，位於太平洋邊緣高聳懸崖、綠草如茵的小圓丘頂豎立了一個箭靶。乙川弘文站在離箭靶相當遠的地方，雙腳擺出傳統弓箭手的架式。他將背脊挺直，非常緩慢地拉開弓，停了一會兒，然後把箭射出。

那枝箭遠遠地飛過箭靶，以弧形劃過天空，墜落在太平洋中。每個在旁邊觀看的人都驚駭不已。

接著，乙川弘文高興地大喊：「正中紅心！」

哲學家叔本華（Arthur Schopenhauer）曾說過：「天才方能射中別人看不見的目標。」

乙川弘文是蘋果電腦傳奇執行長史蒂夫・賈伯斯的禪學老師。在看不見的目標中，賈伯斯射中的是當年被視為激進的觀念，設計出不只是科技宅、而是任何人都能輕易了解與使用的電腦——一個不知為何當年每家電腦公司都沒想到的做法。首先是蘋果桌上型電腦，接著，他的團隊將使用者友善的做法轉移到 iPod、iPhone 和 iPad，每一種都是我們原先不知道我們需要——或事先根本想像不到——直到我們看見才知道的好用產品。

賈伯斯於一九九七年回到蘋果後（他曾於一九八四年被迫離開蘋果），發現公司擁有一大堆產品——電腦和各式各樣的電腦周邊產品，光是麥金塔（Macintosh）電腦就有十二種不同的款式。蘋果電腦陷入了困境，而賈伯斯的策略很簡單：專注。

蘋果拋棄擁有多種產品的做法，預計只專注在四種產品上：兩種桌上型電腦、兩種筆記型電腦，各自供應兩種市場——消費者與專業人士。正如賈伯斯的禪學修行——認知到你已經分心，將有助於你專心；他看到的是「決定**不做**什麼與決定做什麼，同等重要」。[7]

賈伯斯在個人生活和職業生涯中，都非常堅持篩選掉他認為不重要的事物，但他知道，為了有效地簡化，你需要理解你正在減少的複雜性。有一個單一的簡化決策，充分體現了賈伯斯的名言：讓蘋果產品的使用者於三次以下的點擊完成任何一件事。這個策略背後，需要深入了解必須放棄的指令與按鈕的功能，並找出簡潔優雅的替代方法。

早在蘋果電腦出現的一個世紀前，另一個激進的願景使勝家（Singer）縫紉機在全球大獲成功。他們顛覆性的假設，是家庭主婦能操作機械裝置——這在婦女還要很久之後才會獲得投票權的十九世紀，是一種激進的思想。同時，勝家透過提供信用貸款給婦女，使她們更容易買下這台機器——這是另一項創新。

單是一八七六年，勝家就賣出二十六萬兩千三百一十六台機器，這在當時是一個天文數字。其中一位創辦人興建了達科他（Dakota）公寓，這棟公寓大樓現已成為紐約曼哈頓的地標，也是小野洋子與約翰．藍儂（John Lennon）等名流曾經居住的地方。於一九〇八年興建的高達四十七層的勝家大樓，是當時全球最高的建築物。

我的母親生於一九一〇年（她在接近一百歲時過世），她在十多歲時就擁有一台勝家縫紉機。我還記得小時候常陪她到當地的縫紉材料店；她那個年代的女性多半自己動手縫製全家人的衣服。但由於我是她接近晚年才生下的第三個孩子，到那時我的衣服都是用買的了。

文化的轉變會持續帶來許多可能性，像是家庭主婦開始使用縫紉機，接著因為來自外國廉價勞工的產品愈來愈多，她們就開始購買成衣給家人。其他新的可能性，諸如新的消費者客群、購買方式、衍生的需求、科技、銷售通路、資訊系統等，每一次的進展，都為許多潛在的成功策略提供了機會。

蘋果與勝家在雪地中留下新踩的足跡，讓他們的競爭對手疲於奔命地追趕。現今，有一群小型產業的顧問，專門為企業提供標準策略選擇的指導，但那些書架上的現成策略只是微調組織的策略而已，無法改變遊戲規則。

策略（strategy）這個字的原意來自戰場，意思是「領導者的藝術」。以當時的情況而言，領導者意指將軍，策略指的是如何部署資源，戰術則是如何攻打。如今的領導者，需要制定的是在其運作的更大系統中具有意義的策略——這是對外專注的任務。

一種新的策略，意味著你將從現在開始改變以往的營運方式，轉移至一種全新的專注。也就是說，若想要創造激進且創新的策略，就必須察覺到一個新穎的觀點，一個競爭對手沒有看到的觀點。制勝策略對每個人來說都觸手可及，只是大多數人都視而不見。

顧問大軍會提供策略調整的詳盡分析工具，但當他們必須要回答這個大哉問的時候，只會呆若木雞：制勝策略最初究竟從何而來？一篇有關策略的經典論文，只漫不經心也不多加說明地留下這句評論：要發現制勝策略，「需要創造力與洞察力」。[8]

上述兩種要素，同時需要對內的專注與對外的專注。當賽富時公司創辦人暨首任執行長馬克·貝尼奧夫發現雲端計算的潛力時，他是密切關注著能改變系統的科技之演進——一種對外的專注——同時依據他自身的直覺來判斷，一家提供這種服務的公司該怎麼做。賽富時公司運用雲端協助各家企業管理客戶關係，在這個競爭激烈的領域中早早占據了一席之地。

最好的領導者具有系統意識，有助於他們回答這些持續性的問題：我們應朝向何處發展？該怎麼做到？自我掌控（self-mastery）與社交技巧（此兩者是建立於對自己與他人的關注之上）相結合之後，形成了能驅動人類到達所欲目標的ＥＱ。一位領導者必須核對潛在的策略選項與所有已知的事物；一旦選定策略，領導者需應用認知同理心和情緒同理心，滿懷熱忱、善用技巧來與他人溝通。但如果領導者缺乏策略上的智慧，光是擁有這些個人技能，也一樣會失敗。

「如果你以系統的方式思考，」拉瑞．布里安特指出，「這會引導你處理價值、願景、使命感、策略、目標、戰術、評估、可行之事，以及重新啟動整個過程的反饋迴路。」

地平線上的重要細節

至二〇〇五年左右，黑莓機（BlackBerry）已成為企業界資訊科技部門的最愛。企業界愛用的原因是，該系統是在封閉的網路中運作，可靠、速度快，安全性也高。不少企業組織數以千計地大量購買並發放給員工使用，「crackberry」（形容上癮的黑莓機用戶）這個字應運而生，進入了英語詞庫。讓黑莓機製造商一舉躍升至市場龍頭地位的是四項關鍵優勢：便於打字、出色的安全性、充足的電池續航力，以及無線數據壓縮。

黑莓機一度是具領導地位的科技，改變了遊戲規則，並取代了競爭對手（此指個人電腦與筆記型電腦的部分功能，以及那個年代的行動電話的一切功能）。但即使黑莓機掌控了企業市場，很快在消費者間蔚為風潮，世界也正在改變；iPhone的出現引領了一個新紀元，愈來愈多員工自行購買想要的智慧型手機（未必是黑莓機），企業也讓員工自己的手機加入企業網路來調整因應。突然間，黑莓機鎖定的企業市場不復存在，他們必須與其他人競爭。

總部位於加拿大的黑莓機製造商行動研究公司（Research in Motion，簡稱RIM）追趕的腳步持續落後，例如，當RIM推出第一款觸控面板的機型時，已敵不過那些上市很久的對手產品。黑莓機的封閉網路曾一度是資產，現在反倒成了累贅。因為在現今的世界裡，iPhone與使用Android作業系統的各種手機本身，已成為應用程式（app）的作業平台。

RIM當時由兩位工程師擔任共同執行長，該品牌最初的成功是奠基於優越的工程技術。兩位執行長被董事會逼下台後，雖然該公司大部分的成長來自消費者，但RIM仍宣布將再度以「企業」作為主要市場。

正如新任執行長桑史登・海恩斯（Thorsten Heins）所說，RIM已經錯過該公司所處之生態利基中的重大典範轉移。他們忽略了美國第四代（4G）無線網路的進展，未能為4G打造產品，即使競爭對手已搶占市場；他們也嚴重低估iPhone觸控螢幕的潛力，選擇固守於鍵盤。

「如果產品擁有很棒的觸控介面，人們實際上會願意犧牲電池壽命，」海恩斯說，「我們以為這種情況不會發生。安全性方面也一樣。」因為企業改變了標準，允許員工用自己的智慧型手機加入公司的網路。[9]

黑莓機一度被視為具有革命性，而現在，正如一名分析者所說的，他們「似乎對顧客想要什麼毫無頭緒」。[10]

雖然RIM仍在諸如印尼等地的市場具領先地位，但是，在黑莓機曾掌控美國市場的五年後，其股票價值已經縮水了百分之七十五。在我撰寫本書時，RIM已宣布以一款全新手機作為奪回市場的最後一搏；只是他們可能已經進入企業生命週期中的危急存亡階段——「死亡之谷」。

「死亡之谷」這個用語是來自英特爾（Intel）的傳奇執行長安迪·葛洛夫（Andy Grove），他用此來描述英特爾歷史上一個瀕臨死亡的時刻。英特爾早期的業務內容是為當時羽翼未豐的電腦產業製造矽晶片；根據葛洛夫所述，高階經理人忽視了來自公司銷售人員的訊息——他們的客戶正成群結隊地轉往日本採購較低廉的晶片。

如果英特爾沒有恰巧從事微處理器的副業——後來成為筆記型電腦全盛時期無所不在的「Intel Inside」——這家公司早就滅亡了。但葛洛夫也承認，當年英特爾從生產記憶體晶片（其首個業務成功案例）轉移至設計微處理器的過程中，遭遇了所謂的「策略失調」。

葛洛夫著作的英文書名《只有偏執狂能活下來》（*Only the Paranoid Survive*，中文譯本書名爲《10倍速時代》）默示了警覺心的必要性，必須隨時警覺地掃描地平線上的重要細節。在科技業尤其如此，時效甚短的產品週期（與電冰箱之類的產品相比），使創新的腳步變得非常迅速且殘酷。

科技業中如連珠炮似的產品創新週期，成為了個案研究的便利來源（有點類似短命且總是瘋狂繁殖的果蠅在遺傳學中的角色）。在電玩遊戲業中，任天堂的Wii一把搶走了索尼PlayStation 2的市場；谷歌把Yahoo遠遠甩在後頭，成為最受歡迎的入口網站；一度在行動電話作業系統坐擁四二%市占率的微軟，眼睜睜看著iPhone的淨利如雨後春筍般扶搖直上，使微軟的總營收變得微不足道。總而言之，創新總是將我們對「不可能」的定義打掉重練。

蘋果推出 iPod 之後，微軟花了四、五年的時間才推出 Zune，也就是微軟版本的數位多媒體播放器，然後又花了六年才停產這個失敗的產品。[11] 分析者認為，微軟過度執迷於他們的搖錢樹 Windows 軟體系列，導致他們無法對抗蘋果透過 iPod、iPhone、iPad 所取得的市場優勢。

對於這種注意力無法從舒適圈脫離所導致的失敗，社會媒體專家克雷・薛基的觀察是：「首先，舊系統的負責人並沒有注意到改變的發生。當他們注意到以後，又假定這只會有微不足道的影響。然後又假定只是一個利基，接著再假定只是一時風潮。等到他們終於理解世界真的改變了的時候，因應改變所需的時間已經所剩無幾了。」[12]

不同凡「想」

RIM 那段經營不善的艱辛歲月，為「組織僵化」提供了教科書級的案例。這間公司因率先推出新科技而蓬勃發展，卻因為執著於舊的「新」事物，而落後於持續前進的科技浪潮。一個朝向內部專注的企業組織也許在執行方面十分出色，但若沒有去適應與解讀外部的大環境，再出色的執行也只是在推動錯誤的策略。

任何商學院的策略課程都會告訴你兩種方法：「利用」（exploitation）與「探索」（exploration）。有些人——以及像RIM這樣的企業——是透過「利用」的策略取得成功，他們提煉並學習如何改善一種現有的能力、產品或商業模式；另外一些企業的成功之道則是透過探索，也就是嘗試與目前不同的創新方案。

一般來說，握有制勝策略的公司通常傾向於改善、精煉目前的營運和產品，而不會對現有的產品做出劇烈改變。在探索新事物的同時充分利用現有的優勢，這種心理平衡的技巧並不是會自然而然出現的能力，而那些能兼顧利用與探索的公司（像是三星在智慧型手機方面）就被形容具有「雙元能力」（ambidextrous）：他們依照此兩種策略分別成立不同單位，各自擁有極為不同的營運方式和組織文化。與此同時，他們亦擁有由資深領導者共同緊密合作的團隊，隨時注意對內、對外、對其他公司的專注。[13]

在企業組織中行得通的方式，在個人的大腦中也行得通。大腦的執行功能，即主宰我們的注意力何去何從的仲裁者，一手管理著「利用」所需的集中型專注，以及「探索」所需的開放性專注。

「探索」意味著從目前的專注焦點中脫離，轉而尋找新的可能性，並允許彈性、發現和創新。「利用」是持續專注於目前正在做的事，能夠精進效率、提升表現。

那些善於利用的人能找到通往利潤的穩當途徑，而那些善於探索的人，則有可能在下一個新事物上找到更卓越的成功——但招致失敗的風險較高，遠在天際的回報也十分遙遠。利用就像烏龜，探索則是兔子。

這兩個策略之間的緊張關係，在每位決策者的心中來回拉扯。舉例來說，你應該固守公司那項愈來愈擅長創造經濟效益的電池技術嗎？或者，你該追求研發一種新的能源儲存技術，使電池被淘汰（或者不會被淘汰）？這些都是會造就或毀滅一家公司的實質戰略決策，如同史丹佛大學策略理論專家詹姆士·馬區（James March）多年來的主張。[14]

最好的決策者能在兩者間的平衡上擁有雙元性，他們知道何時該從其中一種切換到另一種，並且領導能夠換位打擊的企業組織。舉例來說，他們擅長透過同一時間的創新與控制成本來成長，而創新與控制成本是兩種非常不同的運作模式。像柯達（Kodak）雖然在類比攝影上表現一流，卻在數位相機的新競爭中失足。

處於景氣衰退期，對企業來說是危機四伏的，他們理所當然地會藉由削減成本以求生存、達到帳面上的目標，只是其代價通常是犧牲員工福祉或跟不上世界的腳步。一旦進入只求生存的模式，我們的注意力就會變得狹隘。

不過，景氣的興旺也不代表企業就會擁有雙元能力。對於被英特爾的葛洛夫稱為陷入「成功陷阱」的人而言，這種切換可能是最困難的。葛洛夫觀察到每家公司遲早會面對一個時刻，屆時必須做出大刀闊斧的改變才能生存，更別說要提高績效了。「一旦錯過那個時刻，」他警告，「你的企業就會開始一路走下坡。」

葛洛夫表示，長久以來，英特爾都讓最頂尖的開發人才把重心放在記憶體晶片上——就連後來公司已轉為仰賴微處理器而生存時也沒改變；微處理器在往後十年成為英特爾大幅成長的動力來源。英特爾當時就是在從利用到探索的切換上遇到了困難。

蘋果公司的口號「不同凡想」（Think different）呼籲著轉往探索的方向：前往一處新的疆域，而非據守原地以尋求提高效率。這兩者可不只是姿態和立場上的差異；在大腦的層次上，這代表兩種完全不同的心智功能與神經機制。對於需要進行此種轉換的決策者來說，注意力的控制至關重要。

在以下實驗中，一共有六十三位經驗豐富的企業決策者接受大腦掃描。他們在掃描期間，要於一個模擬遊戲中選擇利用或探索策略，或者在這兩種策略間切換；這揭露了此兩種不同專注所使用的特定神經迴路。[15]利用策略伴隨的是大腦預期與獎勵的神經迴路活動——在有利且熟悉的例行公事中前進，使人感覺良好；而探索策略則動員了大腦的執行中心與控制注意力的部分。如此看來，為一個現有的策略搜尋替代方案，需要刻意的專注。

朝向新領域的第一步，使人從愉快的例行程序中脫離，同時也要對抗一路走來所造就的慣性；這項小小的注意力行動，要求著神經科學所謂的「認知努力」。執行控制的這一小步努力，釋放了注意力，得以四處漫步、追尋全新的道路。

是什麼讓人無法進行這一步神經細胞的小小努力？像是心理的超載、壓力、睡眠的剝奪（更不用提喝酒了）等等，皆會耗盡執行神經迴路進行認知轉換所需的能量，而使心理維持一成不變的狀態。因此，負擔超載所導致的壓力、睡眠不足、服用鎮定藥物，這些狀況在高要求的工作中都再常見不過了。

Chapter 19 領導者的三種專注

史堤夫・杜特曼（Steve Tuttleman）年僅十一歲時，就開始與祖父一同閱讀《華爾街日報》；這個習慣在四十年後轉移到了平板電腦上。他每天固定會檢視二十多個網站，再加上由RSS閱讀器整理好的新聞與評論。從他起床的那一刻開始，他一天會查看五、六次即時新聞，主要是用《紐約時報》、《華爾街日報》、谷歌新聞等網站。他會使用網路應用軟體，將目前訂閱的二十六種雜誌內容整理好，儲存有用的文章，以便之後閱讀。杜特曼表示：「如果某一篇文章具有高度重要性，需要進一步研究，或需要保存以供參考，那我會等到有空的時候再回來精讀。」

除此之外，還有針對個別產業的出版品，每一種都與他特定的投資利益有關。《全國餐館新聞》（*National Restaurant News*）與他投資甜甜圈連鎖店Dunkin' Donuts的股份有關；《保齡球人》（*Bowler's Journal*）讓他跟上管理 Ebonite 公司所需的最新消息——他擁有的這家公司專門製造保齡球與相關用品。《實用地產規劃期刊》（*Journal of Practical Estate Planning*）以及其他五、六種類似刊物，讓他能獲取有助於他擔任 Hirtle Callaghan 公司董事的資訊，該公司專門為慈善機構、大學以及高淨值個人等管理資產。《私人股票投資者》（*Private Equity Investor*）則有助於他在 Blue 9 Capital 投資公司的總經理職位，利於掌握公司投資的狀況。

「這是相當龐大的瀏覽量，這點是一定的。」杜特曼告訴我，「有時候我覺得這樣花掉了太多時間，但我總是會將所讀的東西和與我相關的事物聯繫起來，這為我的工作提供了基礎。」

杜特曼於二〇〇四年被邀請投資一家名為 Five Below 的零售連鎖店，他說：「他們與我分享一家示範店的財務預測數據，成本與毛利的數字都很不錯。」

不過，杜特曼選擇越過那些紙上數字，實地拜訪該連鎖店六家分店的其中一家，他在那裡核對心中的訊號與其他人對商店的反應。「他們提供了吸引人的商品選擇，具有自己的想法。他們的目標客群是十二至十五歲，而你在商店裡看到的多半是母親帶著孩子；但最主要是我親眼見到人們喜歡這家店，同時**我**也十分喜歡。」

在未來幾年內，杜特曼把更多資金投入Five Below。這間連鎖企業在二〇〇四年原本只有六家店面，截至二〇一二年底已成長到二百五十家，同時也完成了成功的初次公開發行（IPO）。Five Below的公開上市是在臉書的IPO慘敗後沒多久，但仍有很好的表現。

「人們會持續不斷把投資機會帶給我，」杜特曼說，「他們會給我一本『書』，詳細說明市場中一家公司的數字，但我必須在整個環境背景中權衡這些數字，包括社會、文化、經濟各層面。我永遠在瀏覽掃描廣闊的世界中發生了哪些事；你需要更大的視野。」

時間回到一九八九年，杜特曼買進了星巴克、微軟、家得寶（Home Depot）和沃爾瑪（Wal-Mart）的股票，目前他仍然持有這些股票。當時他為什麼會購買這些股票？「我買**我**喜歡的，」他解釋，「我是跟著直覺走。」

當我們像這樣下一個決定時，皮質下系統會在我們的意識覺察之外運作，彙整那些引領我們與儲存我們人生智慧的決策原則，並且以一種「直覺」來提供它們的意見。這是一種微妙的啟發，讓人覺得「感覺對了」，甚至在我們將該決定付諸言語前，它早已確定方向了。

最成功的企業家在收集一項關鍵決策的相關資料時，其範圍會比多數人所認為的相關範圍大得多，同時會考慮到來源的多元性。但他們同時也了解，面對重大決定時，直覺也是一種資料。

在我們找到詞彙來描述之前，包括杏仁核與腦島在內的皮質下神經迴路，早已知道此種直覺上的真相。一項關於直覺的學術回顧之結論是：運用感覺作為資訊，是「一般合理的判斷策略」，而非像狂熱的理性主義者可能會主張的那樣、永遠是錯誤的根源。[1]以感覺作為資訊來源，能夠挖掘出大腦在我們無意識的情況下所收集的大量決策原則。

杜特曼對直覺的使用方式，很可能源自早年與祖父一同閱讀《華爾街日報》的時光。他的祖父是在雜貨店工作的俄國移民，後來買下了那家雜貨店，接著又買下供貨給這家雜貨店的供應商。最後祖父賣掉了那家供應商，並成為股市投資人。

就像他的父親與祖父一樣，杜特曼笑說：「我一直都知道我將成為一位投資人。在我的成長過程中，我們的晚餐對話永遠都和商業話題有關；我在這一行也有近三十年的時間了，手中總是持有一些公司股票的投資組合。每家公司都有各自要面對的、我一直在關注的問題。直至今日，我仍然持續建立我心中的資料庫。」

因此，要找到聰明決策中的甜蜜點（sweet spot），不僅要成為該領域的專家，同時也要擁有高度的自我覺察。如果你了解自身的程度不亞於所處的企業，就能更精明地解讀事實（同時希望能藉此防止內在偏誤影響你的判斷）。[2]

如果不這麼做，我們就只能用冷酷的理性去權衡所有相關因素的利弊得失，就像決策樹（decision trees，預期效用理論〔expected utility theory〕的應用）那樣。這會導致一個問題：現實生活的安排很難如此完美；還有另一個問題——我們大腦由下而上的系統儲存了至關重要的資訊，但我們由上而下的系統並不能直接使用，更別說是放進決策樹了。紙上談兵時看起來很棒的東西，在現實中未必一樣美好。未受監管的次級房貸衍生性金融商品市場、美國入侵伊拉克，都是血淋淋的例子。

「最成功的領導者會持續不斷地尋求新資訊，」合益集團（Hay Group）的領導力與人才訓練部門全球總監露絲．馬洛伊（Ruth Malloy）表示，「他們希望了解他們經營的領域。他們需要對新趨勢有所警覺，並發現可能對他們有重大影響的新興模式。」

當我們說一位領導者「聚焦」，指的通常是企業營運成果或獨特策略的一個焦點。但這樣一個焦點是否足夠？注意力的其他本領又該怎麼施展？

杜特曼的商業抉擇，整合了數字與來自外部廣泛掃描的訊息，以及理解自身的直覺反應和解讀他人的感覺。領導者需要全面性的對內、對他人、對外的專注，才能出類拔萃；杜特曼就是絕佳的例子。然而，上述任何一個方面的弱點都可能使領導者失衡。

激勵人心的領導者

且讓我們試著檢視兩位領導者。一號領導者在一家建築工程公司擔任高階主管。二〇〇〇年代初，亞利桑那州的房產市場欣欣向榮（離後來的崩盤還遠得很），他的工作一個換過一個，每次都能爬上更高的職位。不過，他激勵人心的能力遠遠比不上在職位階梯往上爬的敏捷度。有人請他為公司指引未來的願景陳述時，他狼狽地完成這項任務：「比我們的競爭對手更好！」這是他所能拿出的最好表現了。

二號領導者負責管理一家非營利組織，在美國西南部為西班牙裔社區提供健康與社會服務。他的願景陳述自然地流瀉而出，直截了當地專注於更偉大的目標：「為多年來孕育了我們公司的社區創造一個良好的環境，致力於共享利潤……並受益於我們的產品。」他的願景積極正面，抓住了一種更廣泛的利害關係人視角。

在接下來幾週內，上述兩位領導者的員工分別以匿名方式，為老闆激勵人心的程度評分。在五十位評分對象當中，一號領導者屬於分數最低的區間，二號領導者則落在分數最高的區間。

更有趣的是，兩位領導者也接受了對大腦「連貫性」（coherence）的測量。所謂的「連貫性」，指的是在一個區域內的神經迴路交互連接與協調活動的程度。連貫性所在的特定區域位於大腦右側前額葉區，這個區域在整合想法與情緒方面十分活躍，其中也包括了解他人的想法與情緒。實驗結果顯示，能激勵人心的領導者，在對內與對他人之覺察的關鍵區域，顯示出高度的連貫性；而沉悶的領導者在此區域的連貫性則非常低。[3]

激勵人心的領導者能鏗鏘有力地分享價值觀，引起共鳴並激勵整個群體。人們喜歡和這些領導者共事，因為他們會刻劃出能觸動每一個人的願景。但是，領導者說話時要發自內心，才能觸動人心。也就是說，領導者在開口前首先必須清楚自己的價值觀，而這需要自我覺察。

激勵人心的領導者必備的條件，是能調節自己內心的情感現實與所激勵對象的情感現實，這同時也是EQ的要素，而根據我們對「專注」的新理解，我們不得不重新思考一下。

在EQ的世界裡，只有用「自我覺察」一詞間接地討論到注意力，自我覺察是自我管理的基礎；另一個間接談論注意力的詞是「同理心」，即有效人際關係的基石。然而，我們對自身與對他人的覺察，及其管理內在世界與人際關係的應用，這些正是EQ的基本要素。

注意力的各種行為緊密地編織在名為EQ的布料中，因為在大腦結構的層次上，情緒與注意力並沒有清楚的界線。供注意力使用的神經迴路，與供感覺使用的神經迴路，以多種方式重疊，共享神經路徑或相互作用。

由於大腦中注意力的神經迴路與EQ的神經迴路是交織的，這些共享的神經迴路也使得EQ的相關技能，與較具學術性質、用IQ衡量的技能區分開來。[4]這意味著，即使領導者非常聰明，但也未必會擁有伴隨EQ而來的專注力技能。

以同理心為例，領導者身上常見的冷漠是欠缺傾聽的藝術，以下是一位執行長坦白地評估自身同理心的問題：「我的大腦隨時在飛速運轉，因此，即使我認真聽進某人所說的話，但除非我表現出我正在消化對方的話語，否則人們還是會認為我沒在聽。有時候，我是真的因為大腦的忙碌運轉而沒在聽。如果你真的希望人們拿出最佳表現，就必須真正好好地聆聽他們說話，同時讓他們感覺到被傾聽。因此我必須學著放慢腳步，在這個方面多加琢磨，這是為了使我變得更好，也為了使我周遭的人變得更好。」[5]

一位在倫敦工作的高階主管教練告訴我：「當我向人們提供他人的回饋時，通常都是說某位主管從不注意聽人說話。而當我指導他們如何更注意聽別人說話時，我常常聽到這些主管說『我能做到』。」

我聽到這位教練的話，便指出：「你『能』，但問題是你有沒有『經常』這麼做。」於我們而言的重要時刻，我們會格外小心注意。但由於工作環境中的喧囂與分心，我們難以專注地聆聽別人說話，這已成為一種流行病。

然而，注意傾聽是有回報的。一位執行長告訴我，有一次，他的公司與政府部門就購買一片遼闊的森林土地的事爭執不下，因而陷入僵局。與其將這個問題留給律師，這位執行長選擇與該部門首長約時間見面。

在會議中，該部門首長長篇大論地抱怨這位執行長的公司，同時宣稱這片土地需要保護、不該被開發；這位執行長專注地聆聽了十五分鐘。聽完後，他發現公司與政府部門的需求可以並行不悖。於是，他提出一項折衷方案，他的公司僅開發一小部分的土地，將其餘大部分土地交給保護信託基金，進行永久保護。

會議結束時，雙方握手，達成協議。

獎賞讓他們視而不見

她是一家大型律師事務所的合夥人，而且快將她的團隊給逼瘋了。她採取微管理，總是要事後質疑，自行重寫不符合她認定標準的報告，即使這些報告根本沒什麼毛病；她永遠都能找到一些地方來批評，但從來找不到值得讚揚的地方。她堅定地專注於負面的部分，使她的團隊士氣低落，其中一名優秀的成員已經辭職不幹，其他人也紛紛尋求調職的機會。

如同上述這位批評過度的律師，那些擁有高成就與超級專注風格的人被稱為「領跑者」（pacesetters），意思是他們喜歡透過以身作則來領導別人，總是設定快速的步調，並假定別人會加以模仿。領跑者傾向使用「命令與強迫」的領導策略，單純只是下達命令，然後預期別人服從。

假如領導者表現出領跑者或命令的風格，或同時身兼兩種、卻沒有其他風格，將會產生一種有害的工作環境，一種會讓底下的成員士氣低落的環境。雖然透過個人英雄主義，這類型的領導者或許能得到短期效果，但卻會以犧牲公司的成長為代價。

〈失控的領導〉（Leadership Run Amok）是《哈佛商業評論》中探討領跑者黑暗面的一篇文章，由合益集團的史考特・司培爾（Scott Spreier）與同事共同撰寫。「他們太過專注於獎賞，」司培爾說，「這讓他們看不見自己對辦公室裡其他人的影響。」

司培爾的文章以上述那位吹毛求疵的律師事務所合夥人，作為領跑者最糟糕樣貌的主要範例。文中表示，這類型的領導者不會傾聽，更不用談透過共識做決策。他們不會花時間去了解每天與他們共事的人，而是將這些人視為平面角色。他們不會協助人們發展新的強項或是精進能力，而是將人們學習的需求視為一種失敗。他們到後來會變得傲慢、缺乏耐心。

這種人正變得愈來愈多。一項追蹤研究發現，自一九九〇年代以來，在各式各樣的企業裡，這類過度追求成就的領導者人數，呈現穩定上升的現象。[6]此一時期的經濟成長創造了一種氛圍，就是不計代價、追求績效的英雄主義備受吹捧。而這種風格不利的一面卻經常被漠視，如缺乏職業道德、愛抄捷徑、不顧他人、一意孤行等等。

以安隆的倒閉與網際網路泡沫*為起點，接著是一連串的急轉直下與幻想破滅。這種相較清醒冷靜的商業現況，凸顯出領跑者一心追求財務績效，卻犧牲了其他基本的領導原則。在二〇〇八年金融危機期間與往後的時間裡，「許多公司提拔了由上而下指揮的強勢領導者，因為這些人擅於危機處理，」柏林的一位管理顧問喬治・維爾麥（Georg Vielmetter）告訴我，「但這麼做等同改變了公司的核心精神。兩年後，這批領導者創造了一種風氣，讓信任與忠誠消失得無影無蹤。」

此處的失敗不在於有無達成營運目標，而在於上位者與人們的連結。這種「不計代價地完成任務」的模式，讓殘酷無情凌駕於人道關懷之上。

每個組織都需要員工具有以下幾項特質：敏銳地專注於重要目標；持續學習如何能做得更好的才能；摒除分心事物的能力。創新、生產力與成長，都有賴於這些高績效者。

不過，凡事要適可而止。野心勃勃的收入目標或成長方針，並非衡量組織健康狀況的唯一標準；假如這些目標是以犧牲其他基本原則為代價，那麼長期來看，像是流失優秀員工之類的不良影響，將會蓋過短期的成功，並導致往後的失敗。

當我們過度執著於一個目標，任何與那個專注焦點有關的事物，都會得到優先權。「專注」不僅是選擇正確的事物，也是對錯誤的事物說「不」，但對於正確的事物也說「不」時，這種專注就太過頭了。當「分心事物」的範疇擴大到包含他人的合理關注、聰明想法與關鍵資訊時，就代表對目標的單一關注已經演變為過度追求，更別提還會忽視他人的士氣、忠誠和幹勁。

這方面研究的根源，可追溯至哈佛大學教授大衛・麥克利蘭（David McClelland）的研究，他深入探討以健康的驅動力來追求目標、如何促進了企業家精神。但他從一開始就注意到，一些高成就的領導者「太過執著於找出達成目標的捷徑，使他們不太關心為達成目的所使用的手段」。[7]

＊編注：此指一九九五至二〇〇一年間，於歐美和亞洲多國的股市中發生的投機泡沫事件，與資訊科技、互聯網有關。

「兩年前，我獲得一些讓我如夢初醒的回饋，」一家全球性商辦房地產公司的執行長吐露，「我的專業能力很不錯，但若談到激勵人心的領導力與同理心，我就很缺乏。我以為我還不錯，因此一開始否認我有這個問題。接著，我反省了一番後發現，當人們沒有好好完成工作時，我就會關閉我原本具有的同理心。我會變得非常冷酷、甚至尖酸刻薄。我發現最大的恐懼是失敗，而那成為驅動我的動力。因此，當團隊裡的人讓我失望，那種恐懼就會襲上心頭。」

當恐懼劫持了他，便使這位執行長掉回領跑者的檔次。「當你被達成目標的驅動力蠱惑時，如果你缺乏自我覺察，」擔任資深領導者顧問的司培爾說，「那你就會失去同理心，開始盲目地行動。」

對抗這種症狀的解方是：了解你需要去傾聽、激勵、影響與合作。這些人際關係的技巧都是領跑者不習慣使用的。「領跑者的最糟症狀就是缺乏同理心。」瑞士國際管理學院（IMD）的領導學專家喬治・柯爾雷瑟（George Kohlrieser）這麼告訴我。柯爾雷瑟教導全球各地的領導者如何成為「安心堡壘」（secure base）風格的領導者，這類領導者以情緒上的支持、具同理心的風格，激發下屬的最佳工作狀態。[8]

「我們這裡的人都是領跑者，」全球最大金融機構之一的執行長有些懊惱地承認。不過，擁有一整批領跑者，不見得會傷害士氣。如果每個人都因才華出眾且渴望成功而被挑選出來，也就是說，具有領跑者的特質，那麼這樣的情況是行得通的。

但正如一位金融分析師對某家銀行的描述（他們的領跑者文化導致了對待顧客的無禮態度）：「我不會將我的錢存在那裡，但我會推薦買進這間銀行的股票。」

管理你的影響力

二〇一〇年春天，英國石油公司（BP）災難性的石油外洩事件於墨西哥灣爆發的數週後，無數的海洋生物與鳥類瀕臨死亡、灣區居民大聲譴責這場浩劫之際，英國石油的主管成了危機管理不及格的教科書範例。

他們愚蠢表現的高峰，是英國石油公司執行長東尼・海沃德（Tony Hayward）一句惡名昭彰的發言：「沒有人比我更希望這件事早點結束。我只想要重新回到我的正常生活。」

他沒有表現出任何一點對石油外洩事件受害者的關心，卻因為這樣的不方便而氣惱。他還不罷休，繼續宣稱這次災難並非英國石油公司的錯，轉頭歸咎於該公司的承包商，把責任推得一乾二淨。[9]經由媒體廣泛流傳的照片顯示，他在危機的巔峰時刻還駕著遊艇愉快地外出度假。

正如英國石油公司的媒體關係主管所形容的：「東尼．海沃德每次開口都是為了說錯話。他不了解媒體如野獸般的本質，也不了解大眾的觀感。」[10]

芯妮．史賓賽（Signe Spencer）曾與人共同撰寫過早期的職場能力相關書籍，她告訴我，最近她在一些高階領導者身上發現一種新能力，稱為「管理你對他人的影響力」，即有技巧地透過領導者的能見度與身分角色帶來正面的影響。[11]

東尼．海沃德看不見自己對別人的影響力，更別提洞悉社會大眾對英國石油公司的觀感，因此最後引發一場敵對情緒的風暴。報紙的頭版文章質問：「為什麼海沃德還沒有被開除？」甚至連美國總統歐巴馬也公開表示，如果是他，早就開除海沃德了。英國石油公司在次月宣布了海沃德離開的消息。

這次災難迄今已造成英國石油公司高達四百億美元的債務，有四位主管遭控怠忽職守的罪名，同時，美國政府也以「缺乏企業誠信」為由，禁止英國石油公司往後的業務，包括墨西哥灣的新石油探勘租約。

東尼·海沃德成為一個教科書級的案例，讓我們知道領導者在專注力方面的缺陷會帶來什麼代價。「為了預期人們將如何反應，領導者必須觀察人們對你的反應，」史賓賽說，「這需要由自我覺察與同理心構成的自我增強循環。然後，你會變得更能意識到自己在他人眼中的模樣。」

史賓賽認為，有了高度的自我覺察，就能更輕易發展出良好的自我管理。「如果自我管理得更好，你的影響力也會更出色。」在石油外洩危機中，海沃德在上述方面均告失敗——在管理個人言行這方面也不及格。

這三種方面的專注，需要注意力的居中協調。無法做到這點的領導者，將使自己及其所在的組織蒙受其害。

Chapter 20 是什麼造就了領導者？

許多年前，當我還是哈佛大學麥克利蘭教授的研究生時，他在這個學界的重要期刊《美國心理學家》（*American Psychologist*）發表了一篇具爭議性的文章，掀起一場小小的風波。麥克利蘭藉由文獻回顧，對一個神聖的假設表達質疑：在學校表現好，就足以預測事業上的成功嗎？

他認可ＩＱ是高中畢業生最後能擔任哪種類型工作的最佳預測指標；該項數值能適切反映出人們在職場角色上的分類。學術能力（以及從中大致顯示出的ＩＱ）代表某人能應付何種程度的認知複雜性，等同於他適合哪一類型的工作。例如，要成為專業人士或高階主管，你的智力必須高於平均水準（ＩＱ為一一五）約一個標準差。

然而，鮮少被討論（至少在學術界較不明顯）的是，一旦你共事的同事是一群跟你差不多聰明的人，則單憑認知能力，並不足以讓你出類拔萃——特別是作為領導者而言。當一個團體中所有人都處於等高的水準時，就會形成ＩＱ的地板效應（floor effect）。

麥克利蘭認為，進入職場工作之後，自律、同理心、說服力等特定能力，會在通往成功的路上，形成一股更強大的力量（比學業成就更為有力）。他提出的方法後來成為「職能模型」（competence modeling），現在已被世界級的企業組織普遍採用。職能模型的用途，是在特定的組織中辨認出使一個人擁有亮眼表現的關鍵能力。

該篇文章〈測試能力，而非智力〉（Testing for Competence Rather Than Intelligence）深受那些每天實際在評估員工在職表現的企業界人士的認同；他們必須決定擢升哪些人、誰是最有成效的領導者，以及針對有潛力的人才，必須培養他們的何種才能。他們擁有嚴格的企業量化工具來衡量成敗，同時也知道，人們的學業成績與是否就讀名校，跟實際的工作表現只有一點點關聯，或者可說是毫無關係。

某家大型銀行的前負責人告訴我：「我聘請的全都是最優秀、最聰明的人，但我仍然在他們的表現中看見常態分布的鐘型曲線。我覺得很奇怪，為什麼會這樣？」麥克利蘭的文章就解釋了其中的原因。

不過，這篇文章在學者之間的看法不一，有些人無法理解為什麼在學校課業表現很好，會與學生進入職場後的表現沒什麼關聯性（除非那份工作是擔任大學教授之類的）。[1]

那篇頗具爭議的文章發表後經過了數十年，如今的「職能模型」已經能做出清晰明確的解釋：在傑出領導者的養成中，同理心等非學術能力的重要性，通常遠高於純粹的認知能力。[2]合益集團（該集團吸收了麥克利蘭成立的 McBer 公司，更名為麥克利蘭學院研究部）進行的一項研究顯示，當領導者擁有八種以上的非認知職能，便能創造出具高度活力、高水準表現的工作氛圍。[3]

不過，合益集團位於英國的領導力與人才訓練部董事伊馮娜・賽爾（Yvonne Sell）發現，這類型的領導者是相當罕見的：只有百分之十八的高階主管達到這個水準，而四分之三的領導者只具備三項或更少的人際關係技巧，並創造了負面的工作氛圍，使下屬感到漠不關心、漫無目標。蹩腳的領導者似乎太過普遍——半數以上的領導者都落在這個低影響力的群組。[4]

其他一些研究也指出了同樣的「軟實力」（soft skills）困境。埃森哲（Accenture）管理顧問公司採訪了一百位執行長，詢問成功經營一家公司所需的技巧。該公司整理出合計十四種能力，從具備全球思維、創造激勵人心的共同願景，到擁抱變革、掌握科技等等。[5]沒有任何一人能擁有全部的能力，但有一種「超級」能力出現在眾人視野中——自我覺察。執行長需要運用這項能力來評估自己的長處與短處，藉此在身邊組織一個團隊，使團隊成員在經營公司的核心能力上，皆與領導者自身互補。

然而，在企業用以分析旗下高績效者強項的那張職能清單上，卻很少出現自我覺察。[6]這種微妙的專注力類型，有時十分難以捉摸，但是，反映了高度認知控制的能力（包括毅力、韌性和達成目標的驅動力），就是建立在自我覺察的基礎之上。

同理心的各種形式經常出現在領導力職能的研究中，從簡單的傾聽，到解讀組織裡影響力的路徑。高績效領導者擁有的職能大多較為人所知，且以同理心為基礎：影響力、說服力、團隊精神及合作性等人際關係方面的強項。但這些最顯著的領導能力不只建立在同理心上，同時也在於管理自己，並察覺到自己的所作所為是如何影響他人。

使我們能了解整個系統的獨特專注能力，依不同組織與不同職能模型，而有不同的名稱，例如：縱觀全局（big-picture view）、模式識別（pattern recognition）、系統思考等。這種能力包括：得以想像出整個複雜系統的動態，能預見在某一個點上的決策將會展開分支並於遠處產生效應；或者說，能察覺到今天的所作所為將如何影響之後五週、幾個月、幾年、甚至幾十年後的未來。

領導者的真正挑戰，不在於同時擁有三種專注力的優勢。關鍵在於找出平衡，在正確的時刻使用正確的專注力。善於聚焦的領導者，能夠平衡每一種專注所提供的資訊流，將這些一縷縷的資訊編織成天衣無縫的行動。如果能結合關於注意力、ＥＱ及績效表現的資料，這三種專注力就會成為邁向卓越的隱形推手。

發現正確的平衡

假如詢問任何一個工作團隊的成員：「請問誰是領導者？」他們可能會回答一位有著主管頭銜的人名。

現在改問他們：「在你的小組中，最具影響力的人是誰？」這個問題的答案極有可能找出非正式的領導者，並讓人得知小組的實際運作情況。

一般而言，這些非正式的領導者比他們的隊友更能夠自我覺察。他們對自身能力的評價，與他人對其評價之間，往往有著最小的差距。[7]從事此研究的新罕布夏大學心理學家凡妮莎．杜思凱特（Vanessa Druskat）說：「非正式領導者經常是暫時浮現，並且不時更替。我們在此研究中問的是：『你認為在大部分的時間裡，誰是非正式領導者？』」

該項研究顯示，如果那位非正式領導者的同理心很強，且與他的其他能力達到平衡，那這個團隊的績效通常較高。「假如領導者擁有低度的同理心、高水準的成就驅動力，」杜思凱特告訴我，「那麼這位領導者的目標導向態度，會拖累整個團隊的績效。但要注意的是，如果領導者擁有高度的同理心、低水準的自我控制，績效同樣會降低，因為太多的同理心會阻礙領導者點出人們的不良行為。」

有位銀行職員告訴我：「我在金融服務業工作，我的工作字典裡從來沒有『同理心』這個詞——直到現在才改變。有效善用同理心的關鍵，是將同理心與我們的策略綁在一起：員工的敬業度、良好的顧客體驗等。同理心是使我們有別於其他競爭對手的方式，而其關鍵在於傾聽。」

這位行員待的是家好公司。從兩家全球首屈一指的醫療機構——梅約診所（Mayo Clinic）與克里夫蘭診所（Cleveland Clinic）——的執行長口中，我也聽到了相同的訊息。

全球最大基金管理公司之一的執行長告訴我，有許多頗具野心的商學院畢業生前來應徵他公司的工作，他們往往是著眼於高薪。他感嘆道，其實他一直在尋找的人，是能「關心那些一生的積蓄都由我們管理的寡婦和退休的消防員」——換句話說，他尋找的人才必須具有同理心的關注能力，能關懷那些在經濟上不穩固的人們。

另一方面，只一心一意地關注人們是不夠的。以一位在某間全球性的製造業公司任職多年的高階主管為例，他當初是從堆高機操作員做起，後來一路打拚，成為亞洲區製造部門主管。雖然他的職位很高，但最讓他感到舒適的，還是待在工廠裡與工人聊天。他知道他應該做的是策略思考，但他更喜歡親近人們。

「這個領導者在對他人的專注與對外的專注之間，沒有取得適當的平衡，」司培爾說，「他失焦了，沒有好好進行策略發想。他並不喜愛這項工作。理智上來說，他知道他應該要喜歡才對，但在情感上他就是無法參與。」

在專注於達成目標與感知他人反應之間，若要取得適當的平衡，可能存在神經上的挑戰。與我長久共事的同事理查．波雅齊斯說，他在凱斯西儲大學的研究顯示，在我們專注於一個目標時會啟動的神經網路，與社交掃描所啟動的神經迴路不同。「它們會相互抑制，」波雅齊斯補充，「最成功的領導者能在數秒內來回穿梭於這兩者之間。」

當然，公司需要聚焦於能取得更佳成果的領導者。然而，當領導者並不只是告訴人們該做什麼或親自去做，而是擁有一種對他人的專注、有著去幫助他人成功的動機，則長期而言，營運的優良成果將更加穩固。

舉例來說，他們會了解到，假如今天某人缺乏特定的能力，那他們可以在這點上一起努力。領導者必須花時間給予指導和建議，以下是實踐的方法：

- 傾聽內心的聲音。闡述真正的整體方向願景，此願景設定了明確的期望，但仍使他人受到激勵。
- 成為部屬的教練。傾聽部屬的人生計畫、事業藍圖與對目前工作的期望。多方注意人們的感覺與需求，展現出關切的態度。
- 聽取建議和專業知識。與他人合作，在適當時刻達成共識，以做出決策。
- 慶祝勝利、一同歡笑。明白與眾人共度美好時光並非浪費時間，而是建立情感資本的方式。

同步運用或在適當的時刻運用上述的領導風格，將擴大領導者的專注，以吸收來自內心、外界與他人的資訊。放到最大的頻寬，能夠提供更廣泛的理解和靈活的反應，而這也會有所回報。麥克利蘭學院針對上述領導風格所做的研究顯示，較老練的領導者，會根據情況選擇適當風格——每一種都代表了獨特的專注及其應用。領導者風格的多樣性愈廣泛，組織氛圍就愈有活力，也會獲得愈好的營運成果。[8]

光圈

一家健康公司的負責人正在評估四十多位經理人，預計指派他們前往新的工作崗位。在一次會議中，每個人輪流站起來發言，他密切觀察其他經理人對發言者的注意力。當A經理人說話時，所有的人都看著他、真正專心地聆聽。但他看到，當B經理人站起來後，人們的目光都低下頭去看桌面——這是他已失去人心的明確信號。

情緒的光圈，意指在一個團體中察覺出上述微妙線索的能力，其運作方式有點像照相機。不論場景是一間教室或一個工作小組，我們能把鏡頭拉近，聚焦於某人的感受；也能把鏡頭拉遠，讓整體情況進入視野。

對領導者而言，光圈可確保更準確的觀察，例如，大家對某一項提案的支持或反對。擁有良好的觀察能力，可能會造成決定性的差異，這會讓提案遭到否決，或是在中途得到有益的調整。[9]

洩露情緒的線索包括聲調、臉部表情，而整個團隊的聲調與臉部表情，能讓你知道其中有多少人感到恐懼或生氣，有多少人感到期待與積極，或輕視與漠不關心。比起直接詢問他們有何感覺，這些線索能讓你更快速、更正確地評估整個團隊的感覺。

在職場上，集體情緒（有時也被稱為組織氛圍）會在一些方面造成巨大的差異，如顧客服務、出缺勤及團體表現等。

假如領導者能更細緻地感覺到團隊中的情緒幅度，例如有多少人感到恐懼、期待或其他各種情緒，將有助於領導者制定相關決策，能將恐懼轉為期待，或將輕視轉為積極。

此種廣角的視野有個障礙，就是我們往往習慣了專業精神要求我們在工作時忽略自身的情緒。有些人將這種情緒盲點歸咎於西方國家職場中、根深蒂固的工作倫理觀念，即認為工作是一種道德義務，因而必須壓抑我們對人際關係及自身感受的關注。在這種再常見不過的觀點之下，關注這些人性層面會損害企業的效益。

然而，根據過去數十年的企業組織研究提供的充足證據顯示，這是個被誤導的假設。最專業的團隊成員或領導者，往往使用寬廣的光圈來收集所需的情緒資訊，以便善加處理團隊夥伴或部屬的情緒需求。

我們注意的是整座情緒森林或只是其中的一棵樹，這取決於我們的光圈。例如，當人們看到描繪一個人微笑著、被一群皺眉的人圍繞的卡通圖畫時，追蹤眼球的裝置顯示，絕大多數觀看者會將注意力縮小到只看微笑的臉，忽略其他人。[10]

這似乎是一種偏誤（至少在西方國家的大學生中是如此，他們是這類心理學研究的主要對象），忽略了更廣泛的集體群眾。相較之下，東亞社會中的人們在團體中往往會自然地選擇廣角的模式，即寬廣的光圈更容易被採用。

領導力專家華倫・班尼斯（Warren Bennis）以「一流觀察者」（first-class noticers）來形容那些在任何情境中都具有高度敏銳的觀察力的人，他們總是對當下發生的事感到著迷，有時還會感染身邊的人。好的傾聽者就屬於「一流觀察者」的一種類型。

有兩項主要的心理習慣會危及觀察力：未經質疑的假設，以及對經驗法則的過度依賴。此兩者都必須針對不斷變化的現實，一次又一次地驗證並調整。要做到這點，可透過哈佛大學心理學家埃倫．蘭格所稱的「環境的正念」（environmental mindfulness）：不斷地質疑、傾聽、詢問、探查、反思——總之就是要收集他人的洞見及觀點。如此積極的參與，會引導人們提出更聰明的問題、獲得更好的學習效果，以及對於即將到來的變化更靈敏的預警雷達。

系統思考的大腦

在一項針對政府職位的研究調查中，一些主管的追蹤紀錄使他們被認可為創新且成功的領導者，而這位主管就是其中之一。[11]

他為海軍服務的第一份工作是在船上的無線電室，而且很快就精通了無線電系統，他表示：「我比船上的任何一個人都更了解無線電，出問題時，大家就會來找我。但我發現如果我想成功，就必須精通整艘船。」於是，他開始學習船上各部分如何共同運作，以及每個部分如何與無線電室互動等。在他晚年的職涯中，當他晉升到更高的職位，成為海軍的文職人員時，他說：「如同我精通無線電室、接著是整艘船一樣，我知道現在自己必須精通整個海軍的運作方式。」

我們之中或許有一些人對系統相當熟練，但對於許多或大部分的領導者來說——就如同上述的主管——這是一種必備的能力。不過，若缺乏自我覺察與同理心，光有系統意識也不足以構成卓越的領導力。我們需要平衡這三種專注，而非僅仰賴其中一種。

現在讓我們來看看勞倫斯．桑默斯（Larry Summers）的矛盾：毫無疑問地，他擁有天才的ＩＱ與出色的系統思考能力。畢竟，他是哈佛大學史上最年輕就獲得終身職的教授之一。但是，多年以後，桑默斯卻在擔任哈佛大學校長時被迫離職，實質上等於被哈佛的教職員開除了；他們對於他毫無敏感度的各種失誤已經忍無可忍，尤其是在駁斥女性的科學研究能力這方面。

此模式似乎符合牛津大學賽門．拜倫─柯漢（Simon Baron-Cohen）的研究。他發現一種極端的大腦形式：在系統分析方面冠絕群倫，但其同理心以及對社會脈絡的敏感度卻是一塌糊塗。[12]

拜倫─柯漢的研究發現，在數量稀少（但顯著）的一群人中，他們的優勢伴隨著一種盲點：看不見他人的感受和想法，沒有解讀社會情境的能力。有鑑於此，雖然一個擁有優越系統理解能力的人是組織的資產，但若缺乏必備的EQ時，則他不見得會是有效的領導者。

一位銀行主管向我解釋，該銀行已經為這類人才建構了一種職涯階梯，讓他們藉由身為出色系統分析師的個人才華，在薪資和職位上一步步升遷，而非去攀登領導者的階梯。如此一來，銀行能留住這批有才華的人，讓他們在事業上取得進展，同時從另一處招募領導者。這些領導者也能在需要時，向他們請益系統方面的專業知識。

有良好專注力的團隊

一家國際性企業只憑技術性的專業知識來招聘人才，完全不問其他個人與人際能力（包括團隊合作）。可預見的是，一個擁有上百名成員的團隊開始分崩離析，人與人之間的磨擦和工作延宕如同家常便飯。

「這個團隊的負責人永遠沒有機會停下來與成員一同思考。」應邀為這家公司提供協助的領導力教練告訴我，「他沒有任何一個可以坦率地談天的朋友。我給他一個反思的機會，我們從他的夢想開始談起，接著是他的問題。」

「當我們退一步檢視他的團隊，他才理解到自己是透過一個很小的鏡頭來看一切——他們是如何不斷地讓他失望——但他從未想過**為什麼**他們會有這樣的表現。他沒有換位思考能力，無法從團隊成員的角度看事情。」

這名團隊領導者將他的思考聚焦在成員的問題上，聚焦在他們犯的某項錯誤，聚焦在他們破壞了他工作績效的憤慨。他發現自己很容易把事情歸咎於部屬們的短處。

一旦他改為從團隊的觀點來分析問題出在哪，他的判斷也為之改變了。他發現團隊成員之間充斥對彼此的不滿：理論派的科學家藐視實務派的工程師，工程師排斥他們認為只會空想的研究人員。

此團隊中還有一種衝突，是由國族主義所引起的。這個龐大的團隊就像是小型的聯合國，成員來自世界各國，其中許多國家還處於敵對狀態，這種對抗延伸到團隊成員間，造成關係的緊張。

該團隊的粉飾說法是這些分歧並不存在（所以我們「想討論這個問題也沒辦法」），

但事實上，該團隊負責人認為他必須開誠布公地討論這個問題。「這裡就是他開始導正一切的起點。」他的教練說。

杜思凱特的研究發現，高績效的團隊會遵循一些能提升集體自我覺察的規範，例如讓內部混亂的狀況浮出檯面，並在一發不可收拾之前加以平息。

有一項用以處理團隊情緒的對策：挪出時間與空間來討論人們心中在想什麼。在與史帝芬．渥爾夫（Steven Wolff）共同完成的研究中，杜思凱特發現非常多團隊並不會這麼做，是他們研究的行為規範中最少見的一個。「但如果一個團隊能做到這點，」她說，「將帶來巨大的正面回報。」

「我當時在北卡羅萊納州與一個團隊共事，我們協助他們討論充滿大量情緒之議題的方法，是用一隻巨大的陶瓷大象，」杜思凱特說，「他們一致同意採用一個規範，即任何人、任何時候都能舉起這隻大象，並且說：『我想舉起一隻大象。』」意思就是要開始談論令他們煩惱不安的事。

「在座者全是高階主管，其中馬上有個人站起來做了這件事。」他開始說明自己是如何被事情淹沒，而團隊裡的其他人有多麼不了解他的困境，在他有限的時間裡提出太多要求。他告訴他們：「你們必須理解這是我最忙的旺季。」他的同事則回覆道，他們完全不知情，也一直納悶為何常常找不到他人在哪兒，有些人還以為是在針對他們。接著是多如洪水的發言，人們將壓在胸口的事情一吐為快，陰霾一掃而空。不到一個小時，這個團隊就像脫胎換骨一般。

「要發掘團體的集體智慧，需要兩樣東西：用心的現場參與（mindful presence）以及安全感。」[13]團隊情緒智商顧問公司（GEI Partners）的負責人史帝芬・渥爾夫說，「你需要讓人們感覺這裡是安全空間並開啟心靈的分享模式，而非『若我說錯話，我的個人檔案就會被記上一筆』。人們需要覺得自己能暢所欲言。」

「參與現場，」渥爾夫說明，「意味著察覺到發生了什麼事，並且深入調查。我已經學會感謝負面的情緒，這並不是說我喜歡它們，而是這些負面情緒告訴我，假如我能和它們一起待在現場，那麼在彩虹的盡頭將是一桶黃金。當你感覺到負面情緒，請停下來問自己：『這裡發生了什麼事？』如此便能開始了解隱藏在感覺背後的問題，接著讓團隊看見你所發現的事。不過，前提是這個團隊必須是一個安全空間，才能讓人暢言實際的情況。」

這種自我覺察的集體行為，使得充滿情緒雜音（emotional static）的氣氛一掃而空。「我們的研究顯示這是高績效團隊的標誌之一，」渥爾夫補充，「他們樂於撥空提出、探討團隊成員的負面感受。」

如同個人，頂尖的團隊在三種專注上也都很優秀。對團隊而言，自我覺察意味著了解團隊成員的需要，讓問題浮上水面，刻意設定有幫助的規範——像是「舉起大象」這類設定。有些團隊在進行例行會議前，都會撥出時間進行每天的「情緒登記」（check-in），一一詢問每個人的近況如何。

一個團隊的同理心不僅適用於團隊成員間的體貼，同時也適用於了解與這個團隊打交道的其他人及其他團體的觀點與感覺，這就是所謂團體層次的同理心。

最佳的團隊亦能有效解讀企業組織的動態。杜思凱特與渥爾夫發現，這種類型的系統意識與團隊正向表現的關係密不可分。

團隊的專注能以兩種形式呈現，一是針對廣泛的組織中需要幫助的人，以及去哪裡取得團隊達成目標所需的資源與注意力；二是去了解組織裡可能影響團隊能力之其他人的關注所在，或去思考這個團隊正打算做的事是否符合整個組織較遠大的策略與目標。

頂尖的團隊會定期反思他們作為一個團體的運作狀態，並進行必要的調整。這種團體的自我覺察練習，允許來自內部的坦誠回饋。針對這一點，杜思凱特告訴我：「特別是剛開始做這件事的時候，絕對能提升這個團隊的績效。」

他們也會創造出一種正面的氣氛；樂趣是一種共享心流的訊號。創新顧問公司IDEO的執行長提姆．布朗（Tim Brown）稱其為「認真的玩耍」（serious play）。他說：「玩耍等於信任，是一個人們願意冒險的空間。唯有願意冒險，才能得到最有價值的新點子。」

Part 7 大格局

Chapter 21 為長遠的未來領導

我已故的舅舅阿爾文・溫伯格（Alvin Weinberg）是核子物理學家，特別的是，過去他經常扮演著這個產業的良心。他不停地談論反應爐的安全性與核廢料的危險性，使得他在橡樹嶺國家實驗室（Oak Ridge National Laboratory）擔任二十五年的負責人後突然被開除；同時，他亦反對使用替武器生產原料的反應爐，因而引起爭議。[1]身為能源分析學院（Institute for Energy Analysis）的發起人，他首創了美國替代能源的研發單位；他也是警告二氧化碳與全球暖化威脅的首批科學家之一。

阿爾文曾私下向我吐露，他對由營利導向的公司負責核能發電廠運轉的疑慮。他擔心他們將在利潤動機之下削減安全措施；此種不祥的預感後來在日本福島核災中成真。[2]

他尤其煩惱核能產業從未找到核廢料處理問題的解決之道，因此，他敦促他們尋找一個能持續到核廢料的輻射性消失的解決方案。例如，設立專責機構監管廢料，讓人們在數百年、甚至數千年後都能安全無虞。[3]

通常，進行如此長久的決策會引來一些疑問。我們現在所做的，在一百年後或甚至五百年後，對我們孫子的孫子以及他們的孫子來說，真的還重要嗎？

畢竟在那個遙遠的未來，我們現在的行動細節也許已像被遺忘的祖先，其遠去的影子那樣隨風而逝。得以存續下去的成果將是我們設立的規範，一種組織化的行動原則，在創始人都已經消失後，仍然能長久地存續下去。

有許多智庫、民間企業與政府的團隊都在深思未來的可能情景。來看看以下由美國國家情報委員會（National Intelligence Council）對二〇二五年的推測：[4]

- 人類活動的生態影響，將導致資源短缺，例如缺乏可耕地。
- 對能源、食物、水的經濟需求將凌駕現有資源，其中水資源短缺已迫在眉睫。
- 這些趨勢將對我們的生命、經濟、政治等體系造成衝擊與破壞。

這份報告出爐後，美國聯邦政府忽視了這些可能的後果；沒有任何政府機構、單位或特定的政府職位準備長期因應這些問題。相反地，政客專注於短期目標，特別是要怎麼爭取連任；幾乎沒有人關注現在要做什麼，方能保護未來的世代。對大多數政客而言，保住他們的飯碗一事吸引了他們的注意力，遠超過拯救這個星球或窮人。

但不僅僅是政客，我們大多數人都偏好立即的解決方案。認知心理學家發現，人們下決定時往往傾向於偏好現在，像是「我現在要吃派，也許之後再節食減肥」。

這同時也和我們的目標有關。「我們關注的是現在，關注現在的成功需要什麼，」哥倫比亞大學認知科學家艾爾克·韋伯說，「但這對有遠見的目標是不利的，因為長遠目標在人們心中沒有相同的優先等級。對未來的關注變成一種奢侈，總要等眼前的需求先滿足再說。」

二〇〇三年，紐約市長彭博（Michael Bloomberg）下令禁止在酒吧裡抽菸，當時他的命令遭到強烈反對，酒吧業者說這會毀掉他們的生意，吸菸者也恨死這條規定。但彭博堅定地說：「現在你可能不喜歡它，但二十年後你們會感激我。」

要花多久的時間，才能使大眾的反應轉為正面呢？韋伯檢視彭博的吸菸禁令，並與其他類似的決策相比較後，他回答：「我們進行了一些個案分析，研究從一開始不受歡迎到變成被接受的新現狀，要花多久的時間。我們的資料顯示，範圍落在六到九個月之間。」

那麼吸菸禁令呢？「過了一段時間，就連吸菸者也喜歡上這道禁令，」韋伯補充，「他們喜歡與其他吸菸者在戶外一同吞雲吐霧。而每個人都喜歡沒有嗆鼻菸臭味的酒吧。」

另一項個案研究的例子：英屬哥倫比亞省政府開徵碳排放稅。值得一提的是，這個稅是中立的，亦即所有稅收將平均分配給省內公民。當初這種新稅遭到龐大的反對聲浪，但經過一段時間後，人們開始高興地收到退稅支票。十五個月後，這種稅已普遍受到歡迎。[5]

「政治人物要為我們謀福利，」韋伯說，「他們必須知道，人們以後會因為現在的艱難決定而感謝他們。這就像撫養青少年一樣，雖然短期內看不到他們的感恩之心，但是時間長了，自然有所回報。」

重塑系統

珊迪颶風重創紐約市部分地區後不久，我與強納生·羅斯（Jonathan F. P. Rose）進行了一場談話，他是綠色社區（green community）規劃行動的創始人，當時正在撰寫一本將城市視為系統的書。[6]「我們正處於一個轉捩點，要相信氣候變遷是我們必須處理的、長期且嚴重的問題。」遭珊迪颶風破壞最嚴重的是華爾街地區，這些日子以來，那裡幾乎聽不見否認氣候暖化的言論。以華爾街的文化而言，一季就算是很長的時間了，但珊迪颶風可能已經讓他們開始思考久遠以後的時空。

「假如我們今天開始減少溫室氣體的產生，仍至少要三百年才能讓氣候冷卻下來，或許還要更久。」羅斯補充，「我們對目前所需有著強烈的認知偏誤，對遙遠未來的想法則很薄弱。但至少我們已經開始認知到，我們已將人類與自然系統置於危險之中。現在，我們需要的是領導能力。偉大的領導者必須擁有系統性的洞見，才能具備必要的遠見。」

以企業為例。為長遠的未來重塑事業，意味著找到所有利害關係人共同支持的價值觀，包括股票持有人、員工、消費者，乃至於企業運作地的社區等。有些人稱此為「自覺資本主義」（conscious capitalism），將公司的績效定向於造福所有利害關係人，而不是只把目標放在讓股東開心的每季獲利數字（針對全食超市〔Whole Foods〕與薩波斯〔Zappos〕這類公司的研究顯示，事實上，擁有這類寬廣視角的企業，財務表現甚至超越了純粹以盈利為導向的競爭對手）。[7]

倘若領導者想有效地清楚說明由眾人分享的價值觀，首先必須捫心自問，找出真正能觸動人心的願景；與之相反的，則是主管口中空洞的使命聲明，這些聲明通常與公司（及他們本人）的行動不符。

即使是一間卓越企業的領導者，假如他的時間框架太過狹隘，也可能受制於對長期後果的盲點。想要達到真正的偉大，領導者必須將視野擴及遙遠的地平線，甚至超越數十年以後；同時將他們的系統性洞見聚焦到更精細的層面。他們的領導能力必須重塑系統本身。

這讓我想起聯合利華（Unilever）執行長保羅・波爾曼（Paul Polman），當時我們一同參與在瑞士達沃斯（Davos）舉辦的世界經濟論壇，他著實讓我感到驚訝。保羅利用該次機會宣布聯合利華已定下的目標：他們預計於二〇二〇年將公司的生態足跡減半——當時是二〇一〇年，距離目標還有十年之久。這項舉動是值得讚賞的，但不怎麼稀罕：許多負起社會責任的企業，早已宣布過類似的全球暖化目標。[8]

不過，他接下來所說的，確實讓我震驚不已：聯合利華承諾將向小型農場直接採購農產品原料，目標是連結到全球約五十萬家的小型農場主。[9]這些農民主要種植茶葉，但初步採購行動也包括可可、棕櫚油、香草、椰子、糖等農作物，以及各種蔬菜與水果。參與其中的農場將遍及非洲、東南亞、拉丁美洲，還有一些在印尼、中國、印度。

聯合利華不但將這些小型農場連結至他們的供應鏈，同時也希望與雨林聯盟（Rainforest Alliance）之類的團體合作，協助他們提升種植技術，在全球市場中成為可靠的來源。[10]

對聯合利華而言，採購多樣化可降低在動盪世界裡的風險，而食品安全已成為眾所矚目的未來議題。對農民來說，這意味著更多的收入與更穩定的未來。

波爾曼指出，這項供應鏈的變革將產生一系列的效益，例如將更多資金留在地方性的農場社群，用以改善健康與教育。世界銀行指出，支持小農場主的種植，是刺激經濟成長與降低鄉村貧窮最有效的方式。[11]

聯合利華向小農場採購的行動部門主管譚雪莉（Cherie Tan）表示：「在新興市場中，每四位低所得的人民中，就有三人直接或間接仰賴農業過活。」而全球百分之八十五的農場都屬於這種小農場主的等級，「因此這代表極佳的機會。」她補充道。

若將公司視為一部會賺錢的機器，我們就忽略了在那裡工作的人們、該公司運作地的社區、該公司的顧客與委託人，還有整個社會以及這一切相連而成的網路。眼界較廣的領導者，會將這些關係帶入關注的範圍裡。

當然，賺錢很重要，但擴大光圈的領導者的注意力會涉及「如何」賺錢，因此做出不一樣的選擇。其決策運作的邏輯，並不會缺少單純的利潤／虧損計算，而是超越了經濟學的語言。他們會將財務報酬與公共福祉互相平衡。[12]

在這個觀點之下，一個好的決策可兼顧目前的需要與範圍更廣的人們——包括未來的世代。這種領導者可以激勵人心：他們清楚地說明一個共同的大目標，賦予了意義感，凝聚了所有人的工作內容，更能透過價值觀讓人們有情感上的參與，使人們對自身工作感到驕傲——這不但能帶來動機，也能讓人們在道路上持續前行。

假如更廣泛地關注人們進一步的需要，那麼專注於社會需求本身，便能促進創新。一家全球消費產品公司的印度區經理人，有一次無意間看到鄉村的男性被理髮師生鏽的剃刀弄到流血，於是想辦法製造了平價的新剃刀，讓每個村民都買得起。[13]

這類計畫造就了組織的氛圍，讓工作變得有意義、激發人們的熱情，例如，開發出便宜剃刀的團隊，他們的勞動更可能變成「好工作」：人們熱情參與、致力追求卓越，並在他們的作為中找到意義。

大格局的領導者

想像看看，如果把班傑利（Ben & Jerry's）冰淇淋公司多年來所做的事，擴張為更大的規模會怎麼樣？班傑利冰淇淋最熱門的口味之一，巧克力軟糖布朗尼，是將布朗尼打碎後混進冰淇淋而製成。班傑利冰淇淋是從格雷斯通烘焙坊（Greyston Bakery）採購這些可口糕餅，一卡車一卡車地買走。這家烘焙坊位於紐約布朗克斯（Bronx）的貧困地區，專門訓練與雇用那些求職失利的人，其中包括一對曾無家可歸的父母及其子女，如今一家人住在附近的低成本住宅。這家烘焙坊的座右銘是：「我們不是為了烘烤布朗尼而雇用人，我們是為了雇用人而烘烤布朗尼。」

這種態度正代表了面對棘手困境所需的全新思考。但是，在任何真正的解決方案中都有一項隱藏的要素，即付出更多的注意力與理解——對我們自己、對他人、對我們的社區與社會。

領導者會影響或指引人們朝著共同目標前進，就此意義而言，領導力是分散於四處的。不論是在家庭、社群媒體、組織或社會整體中，我們都是某種形式的領導者。

適任的領導者，在惠及單一團體的既存系統中運作，執行受指派的任務，承擔當下的問題。相較之下，偉大的領導者自己定義任務，在許多層次上有所行動，處理最大的問題。偉大的領導者不會勉強接受既有的系統，而是看出系統可能變成什麼模樣，然後致力於將系統轉型成更好的狀態，惠及最大的範圍。

接著是極罕見的一群人，他們將純粹的職能轉化為智慧，同時為了整個社會（而非僅為特定政治團體或企業）而運作。他們能自由思考極遙遠的未來，其光圈涵蓋人類普遍的福祉。他們看待人類的方式是「我們」，而不是「他們」。同時，他們為未來的世代留下遺產——這些領導者是我們在一個世紀或更久遠的以後，仍會銘記於心的。想想傑佛遜與林肯，甘地與曼德拉，釋迦牟尼與耶穌。

如今的一個惡性問題是「人類世」的矛盾：人類系統對孕育生命的全球系統造成影響，似乎正在使其走向一場慢動作的系統崩潰。尋找解決方案需要人類世的思維，理解這些系統動態中的槓桿作用，以便重新設定通往更光明未來的路徑。這種複雜性加深了當今領袖所面臨的其他層面問題，因為挑戰升級成了一場混亂。

舉例來說，透過我們生活型態對健康與生態的影響，全球最富裕的人們正為全球最貧窮的人們創造不成比例的痛苦。我們必須改造經濟體系，加進人類的需求的考量，而非只追求經濟成長。

全世界最富裕、最具權勢者，與全世界最窮困者之間差距的持續擴大，就是一個例子。那些富人掌握權力之後，正如我們所見，其身分地位可能會使他們對貧者真正的處境視而不見，對其苦難漠不關心。那麼，又有誰能對權勢說出真相呢？

拉瑞・布里安特說：「評斷文明的標準，不該是他們如何對待最接近權力的人們，而是在於他們如何對待離權力最遙遠的人們——不論種族、宗教、性別、財富、階級——並且恆久如此。一個偉大的文明應對這些人具有同情與愛心。」

當強大的經濟帶來了無比誘人的紅利與享樂，糖尿病、心臟病等文明病也隨之而來。日常工作的嚴酷與壓力，不僅造就了這種生活型態，更惡化了這些疾病（當然還要加上經濟的「奇蹟」——垃圾食物）。此外，由於我們在世界大多數地方並沒有辦法給所有人平等的醫療服務，也使得問題加劇。

接著是經年累月的教育與機會不公；優待某一菁英群體並壓迫其他人的國家和文化；衰落而分崩離析、陷入武裝衝突的國家——還有更多源源不絕的問題。

這些複雜且急迫的問題，需要一種面對問題的途徑——必須融合我們的自我覺察與行動方針、我們的同理心與同情心，以及對所涉及系統的細微理解。要著手處理這團混亂，我們需要領導者專注於數個系統：地緣政治、經濟、環境等。但對這個世界來說，很不幸的是，有太多領導者忙於今日即刻性的問題，致使他們缺乏人類當前面臨之長期挑戰所需的寬廣眼界。[14]

任教於麻省理工史隆管理學院的彼得．聖吉，其所發展的「學習型組織」（learning organization），將系統理解的概念帶進企業。[15]「想要了解整個系統，最重要的是你的時間視野，」聖吉告訴我，「如果時間視野太短，你將忽略重要的反饋迴圈，轉而提出短期的解決方案，但這以長期來說是行不通的。然而，若你的眼界夠遠，便有機會看到在背後運作的關鍵系統。」聖吉補充道：「你的眼界愈遠，就能看到愈大的系統。」

但是，「要改造一個大規模的系統是很難的，」利百嘉．韓德森（Rebecca Henderson）在麻省理工學院舉行的全球系統會議中表示。韓德森在哈佛商學院教導倫理學與環境，她運用一種系統架構來尋求解決方案，例如，她指出資源回收代表「毛利率的改變」，而完全拋棄石化燃料則代表整個系統的轉變。

韓德森在哈佛商學院教授一門出乎意料地受歡迎的課程——「資本主義的再想像」（reimagining capitalism），提倡用透明度（transparency）精確地訂定如二氧化碳排放的價格，這將使市場偏好任何得以減少這些排放的手段。

在韓德森演說的同一場會議中，達賴喇嘛表示：「我們必須影響決策者，使其關注長期影響人類的議題，」像是環境危機與所得分配的不平等，而「不僅僅是他們的國家利益。」

「我們擁有思考未來幾個世紀的能力，」達賴喇嘛補充，「現在就開始著手，即使在你的一生內無法實現。這個世代有責任去重塑世界。如果我們努力，就有完成的可能。即使現在看來並無希望，但永遠不要放棄。我們要提供一個正面的願景，伴隨著熱忱與喜悅，還有樂觀的展望。」

三種專注力也許可以幫助我們取得成功，但目標在何方呢？我們必須捫心自問：我們使用自己所擁有的任何才能，是為了什麼而奉獻？如果我們的專注力僅止於個人目的——自我利益、立即的報酬，以及我們所處的小團體——那麼長期而言，我們作為一個物種，終將注定滅亡。

我們最廣泛的關注焦點涵蓋了全球系統；思及每個人的需求，包括弱勢者與貧困者，以及我們遙遠未來的世代。不論我們現在正在做什麼，或我們正在決定什麼，達賴喇嘛建議用下列問題來檢視我們的動機：

這麼做是為了自己，還是為了別人？

是為了裨益少數人，還是多數人？

是為了現在，還是未來？

致謝

本書集結了源自許多來源的引導，其中有很多都是我與人交談時所得到的。他們的洞見豐富了我的思考，我在書中提過這些慷慨的人。除了在書中提到的人之外，也感激以下人士提供的引導、小片段、故事、電子郵件、隨興的建議、觀察等等：

Polaris Venture Partners 的 Steve Arnold、Champlain College 的 Rob Barracano、Weill Cornell Medical Center 的 Bradley Connor、Cleveland Clinic 的 Toby Cosgrove、Oxford Change Management 的 Howard Exton-Smith、BlackRock 的 Larry Fink、AG International Law 的 Alan Gerson、Zen Peacemakers 的 Roshi Bernie Glassman、Idealab 的 Bill Gross、The Academy at Charlemont 的 Nancy Henderson、BI Norwegian Business School 的 Mark Kriger、Institute for Mindful Leadership 的 Janice Maturano、Boston University 的 David Mayberg、The Future of Storytelling 的 Charles Melcher、Whole Foods Market 的 Walter Robb、Jones Lang LaSalle 的 Peter Miscovich、Mayo Clinic 的 John Noseworthy、Unilever

的 Miguel Pestana、UCLA 的 Daniel Siegel、Undercurrent 的 Josh Spear、MDG Health Alliance 的 Jeffrey Walker、Fifth Third Bank 的 Lauris Woolford、Cognitive Therapy Center of New York 的 Jeffrey Young。特別感謝 Tom Roepke，他是在一一二公立學校親切接待我的人；以及 Mind and Life Institute 的 Wendy Hasenkamp 所提供的具洞察力的回饋。對於這份名單中不小心漏掉的人，我也心存感激。

感謝世界經濟論壇領導理事會的成員和劍橋正念領導（Cambridge Mindful Leadership）小組的同僚提供各種周到的見解。另一個關鍵要素的來源，是我與情緒智商研究協會（Consortium for Research on Emotional Intelligence in Organizations，我共同指導的一個全球學術研究人員和組織實踐者的全球網絡）熱烈的討論。

此外，我也從合益集團的合作夥伴那裡收集了尚未發表的數據，該公司與我共同開發了情緒和社交能力（ESCI）的領導力發展評估。非常感謝倫敦合益集團的 Yvonne Sell 對於該工具的研究，以及波士頓合益集團的 Ruth Malloy。還要感謝南非的 Garth Havers、波士頓的 Scott Speier 和柏林的 Georg Veilmetter。

一如既往，我要特別感謝我的老朋友——提供最新神經科學資料、有耐心解釋並回答我無止境問題的 Richard Davidson。我的助手 Rowan Foster 堅定不移地尋找深藏的研究文章，並確保這本書走在正軌上。

我的妻子 Tara Bennett-Goleman 則是無限的包容與洞見、靈感和愛的來源。

Sisodia, *Conscious Capitalism* (Boston: Harvard Business Review Press, 2013)。這個觀點已經抓住時代的潮流。見 Rosabeth Moss Kanter, "How Great Companies Think Differently," *Harvard Business Review*, November 2011, pp. 66-78。

13. 這支五盧比的剃刀不是全印度最便宜的，但落在大多數印度人能負擔的水準。Ellen Byron, "Gillette's Latest Innovation in Razors: The 11-Cent Blade," *Wall Street Journal*, October 1, 2010.
14. 已故的顧問艾略特・傑奎斯（Elliott Jacques）曾主張，工作的層級似乎與時間視野大致相關。他指出，售貨員或警察這類工作，鼓勵其時間視野從一天到三個月；領班與小企業主通常會思考三個月到一年。小公司執行長與大企業部門主管，最遠可能想到十年後，而全球性企業的執行長，應該要看到數十年後的未來。見 Art Kleiner, "Elliott Jacques Levels with You," *Strategy + Business*, First Quarter, 2001。
15. 彼得・聖吉（Peter Senge）最著名的書是《第五項修練：學習型組織的藝術與實務》(*The Fifth Discipline: The Art and Practice of the Learning Organization*)。

（附注請從第 381 頁開始翻閱。）

Groups," *Harvard Business Review*, March 2001, pp. 80-90.

第 21 章 為長遠的未來領導

1. 阿爾文・溫伯格偏好的是以釷為基礎的反應爐，因為這種反應爐不會重演福島類型的意外；其消耗的燃料半衰期遠短於鈾。此外，釷與鈾不同，不能用來製造核子武器。目前已有重啟釷反應爐以取代鈾反應爐的運動出現。
2. 我不曉得阿爾文是否曾經以此觀點作為公開的立場。而就我來說，希望有一天我們的能源需求能夠由非核能、非燃煤和非石油的系統來滿足。
3. Alvin Weinberg, "Social Institutions and Nuclear Energy," *Science*, July 7, 1972, p. 33.
4. National Intelligence Council, "Global Trends 2025: A Transformed World," November 2008.
5. 此兩個例子都很適合發展成個案研究（但不是），出自 Ronald Heifetz and Marty Linksy, *Leadership on the Line* (Boston: Harvard Business Review Press, 2002)。海飛茲的適應性領導理論，敦促領導人採取不為大多數人所偏好的立場，例如以公共利益為出發點的政策，並建議用各種機智靈巧的方式，處理無可避免的反對聲浪。
6. Jonathan Rose, *The Well-Tempered City: What Modern Science, Ancient Civilizations, and Human Nature Teach Us About the Future of Urban Life* (New York: Harper Wave, 2016).
7. 柯林斯（Jim Collins）在經典之作《從 A 到 A+》（*Good to Great*）中有類似觀點。柯林斯所謂的「第五級」（Level Five）領導者採取的是長期觀點，創造永續性的改變。他們尋求數十年的繁榮，而非一季的獲利數字；他們讓許多利害關係人（不只是股東）參與這樣的願景，激發出自豪且忠誠的員工。他們的承諾包括引人注目的願景，以及整個企業廣大無比的專注與意志力，但他們本身仍然謙虛。柯林斯主張，這些企業領導者不只優秀，更是偉大。
8. 埃森哲調查了全球 750 位執行長，發現其中超過 90%的人支持以永續性作為企業目標。http://www.accenture.com.
9. 聯合利華不是直接向農民購買，而是透過供應商。該公司將擴張其供應商的網路，以便納入與小型農場網路關係密切的供應商。
10. 這代表較佳的利潤，細節將依不同農作物與不同季節而定。
11. World Bank, "The Future of Small Farms: Synthesis Report," World Development Report 2008, http://worldbank.org/.
12. 全食超市的共同執行長約翰・麥基（John Mackey），在此觀點上一向是非常重要的發言人，他認為這是「自覺資本主義」的一部分。例如，麥基的薪水只有公司裡最低薪員工的 14 倍；該公司販售的魚類經過精心挑選，使海洋不致喪失生物多樣性——這只是該公司一長串原則中的一項。見 John Mackey and Raj

評審期刊發表）。同時，其他心理學家（大多數為產業／組織的專家）仍持續創造職能模型，這些模型在企業界被廣泛使用。這顯示出學界與業界之間的巨大分歧，不過這個問題遠遠超越了此處的辯論。

2. Gerald Mount, "The Role of Emotional Intelligence in Developing International Business Capability: EI Provides Traction," in Vanessa Druskat et al., eds., *Linking Emotional Intelligence and Performance at Work* (Mahwah, NJ: Lawrence Erlbaum, 2005). 很少有這種公開發表的職能模型，部分原因是這些模型通常是專屬的。
3. 這是根據 404 位企業領導者的樣本，包括情緒智商能力（EI competency）、領導風格與組織氛圍等數據，由倫敦合益集團的伊馮娜・賽爾所分析。
4. 顯然，這些領導者過度仰賴狹隘的領導風格——尤其是設定步調與命令控制。領導風格會展現出基於 EQ 的領導能力，而領導風格也會影響組織氛圍；根據合益集團的資料分析，組織氛圍約占了企業績效的 30%。
5. Alastair Robertson and Cathy Wail, "The Leader Within," *Outlook* 2 (1999): 19-23.
6. 羅格斯大學「組織 EQ 研究協會」（Rutgers Consortium for Research on Emotional Intelligence in Organizations）的卓尼斯（Cary Cherniss）告訴我這些事，他曾調查過許多職能模型。
7. 凡妮莎・杜思凱特、史帝芬・渥爾夫與他們的同事——巴塞隆納的 ESADE 商學院的巴提斯塔－佛格（Joan Manuel Batista-Foguet）博士——使用這種方法。Vanessa Druskat, Joan M. Batista-Foguet, and Steven Wolff, "The Influence of Team Leader Competencies on the Emergence of Emotionally Competent Team Norms," paper presented at the Annual Academy of Management Conference, San Antonio, TX, August 2011.
8. 數據在此：領導人風格占組織氛圍的 50 至 70%。反過來說，因為領導者的緣故，組織氛圍會影響 30%的企業績效。企業領導者的 EQ 能力愈強，就會有更多的領導風格供選擇。（問題是：只有 10%以下的領導者有此能耐。多數領導者只有一種優勢風格。展現出三種或更多風格的比例雖高，但十分罕見。）對於那些自我覺察高的領導者，追隨者評價組織氛圍為正面的比例為 92%；至於那些自我覺察低的領導者，正面比例只有 22%。
9. Jeffrey Sanchez-Burks and Quy Nguyen Huy, "Emotional Aperture and Strategic Change: The Accurate Recognition of Collective Emotions," *Organization Science* 20, no. 1 (2009): pp. 22-34.
10. T. Masuda et al., "Placing the Face in Context: Cultural Differences in the Perception of Facial Emotion," *Journal of Personality and Social Psychology* 94 (2008): 365-81.
11. Partnership for Public Service, "Critical Skills and Mission Critical Occupations, Leadership, Innovation," research report, 2011, http://ourpublicservice.org/.
12. Simon Baron-Cohen, *The Essential Difference: Men, Women, and the Extreme Male Brain* (London: Allen Lane, 2003).
13. Vanessa Urch Druskat and Steven B. Wolff, "Building the Emotional Intelligence of

策略，與大腦的多巴胺網路及腹內側前額區的活動有關；探索則與執行功能及注意力控制的區域有關。

第 19 章　領導者的三種專注

1. Rainer Greifeneder et al., "When Do People Rely on Affective and Cognitive Feelings in Judgment? A Review," *Personality and Social Psychology Review* 15, no. 2 (2011): 107-41.
2. Gird Gigerenzer et al., *Simple Heuristics That Make Us Smart* (New York: Oxford University Press, 1999).
3. David A. Waldman, "Leadership and Neuroscience: Can We Revolutionize the Way That Inspirational Leaders Are Identified and Developed?" *Academy of Management Perspectives* 25, no. 1 (2011): 60-74.
4. 大腦各區域對 EQ 來說十分重要，而它們也在各類注意力中扮演關鍵角色：前扣帶迴、顳頂交界區、眼窩額葉皮質與腹內側區域。以大腦的區域而言，注意力與 EQ 是共通的。見 Posner and Rothbart, "Research on Attention Networks as a Model for the Integration of Psychological Science"; R. Bar-On et al., "Exploring the Neurological Substrate of Emotional and Social Intelligence," *Brain* 126 (2003): 1790-1800。這個故事無疑地會變得更複雜，且注意力與 EQ 的連結甚至會更強烈，因為有更多這類研究是運用更廣泛的 EQ 測量與神經科學方法來完成。
5. Steve Balmer, CEO of Microsoft, in Bryant, "Meetings, Version 2.0."
6. Scott W. Spreier, Mary H. Fontaine, and Ruth L. Malloy, "Leadership Run Amok: The Destructive Potential of Overachievers," *Harvard Business Review*, June 2006, pp. 72-82.
7. 麥克利蘭在文獻中被引述，同前。
8. George Kohlrieser et al., *Care to Dare* (San Francisco: Jossey-Bass, 2012).
9. 據估計，英國石油公司因深水地平線（Deepwater Horizon）石油外洩事件的賠償接近 400 億美元；四位英國石油公司的主管則面臨怠忽職守的刑事控訴。
10. Elizabeth Shogren, "BP: A Textbook Example of How Not to Handle PR," NPR, April 21, 2011.
11. Lyle Spencer and Signe Spencer, *Competence at Work* (New York: Wiley, 1993). 芯妮・史賓賽是合益集團能力評估（Capability Assessment）的全球實務領導人。

第 20 章　是什麼造就了領導者？

1. 這項辯論仍在持續的另一個原因：職能模型通常是專屬的資訊，由一家企業組織委任以獲取競爭優勢，因此通常不會公開分享，更不會在同行評審的期刊上發表。因此，許多學術型的心理學家不考慮這項證據（但仍有許多模型在同行

The Price of Civilization (New York: Random House, 2011).

第 18 章 領導者如何引導注意力？

1. 亞當・布萊安特（Adam Bryant）採訪史帝夫・鮑默（Steve Ballmer），請見 "Meetings, Version 2.0, at Microsoft," *New York Times*, May 16, 2009。
2. Davenport and Back, *The Attention Economy*.
3. 例如請見「Future of Story-Telling」高峰會：http://futureofstorytelling.org。
4. Howard Gardner with Emma Laskin, *Leading Minds: An Anatomy of Leadership* (New York: Basic Books, 1995).
5. 戴文波特與貝克（Back）在《注意力經濟》（*The Attention Economy*）一書中，引述一家小型公司的資料，顯示領導者專注的事物與員工專注的事物有非常高（雖較不強烈）的相關性。對跨國企業來說，情況也是一樣的。
6. 凱洛管理學院（Kellogg School of Management）的歐卡西歐（William Ocasio）主張，應從注意力流動的角度來觀察企業，而商業策略就是組織的注意力模式，即公司在面臨特定議題、問題、機會與威脅時，付出時間與努力的重心為何。William Ocasio, "Towards an Attention-Based View of the Firm," *Strategic Management Journal* 18, S1 (1997): 188.
7. Steve Jobs quoted in Walter Isaacson, "The Real Leadership Lessons of Steve Jobs," Harvard Business Review, April 2012, pp. 93-102. 在賈伯斯因肝癌病危之際，當時即將接任谷歌執行長的佩吉（Larry Page）前去探視。賈伯斯給佩吉的建議是：與其什麼都做，不如專注在少數幾種產品上。
8. Michael Porter, "What Is Strategy?" *Harvard Business Review*, November-December, 1996, pp. 61-78.
9. Ian Marlow, "Lunch with RIM CEO Thorsten Heins: Time for a Bite, and Little Else," *Globe and Mail*, August 24, 2012.
10. James Surowiecki, "BlackBerry Season," *New Yorker*, February 13 and 20, 2012, p. 36.
11. 蘋果的第一台 iPod 於 2001 年上市，微軟的 Zune 於 2006 年上市。微軟於 2012 年停產 Zune，並將相關軟體併入 Xbox。
12. Clay Shirky, "Napster, Udacity, and the Academy," November 12, 2012, www.shirky.com/weblog.
13. Charles O'Reilly III and Michael Tushman, "The Ambidextrous Organization," *Harvard Business Review*, April 2004, pp. 74-81.
14. James March, "Exploitation and Exploration in Organizational Learning," *Organizational Science* 2, no. 1 (1991): 71-87.
15. Daniella Laureiro-Martinez et al., "An Ambidextrous Mind," working paper, Center for Research in Organization and Management, Milan, Italy, February 2012. 利用的

大片海洋中、肥料集中的區域都開始「死亡」。由氮推動的植物成長對全球水域帶來致命的衝擊。

17. Richard J. Davidson et al., "Alterations in Brain and Immune Function Produced by Mindfulness Meditation," *Psychosomatic Medicine* 65 (2003): 564-70.
18. 正念（短時間、定期的時段學習，不須每天花冗長的時間）可以避免電玩遊戲與生俱來的危險性，這種危險可能剝奪年輕人的大量時間，而這些時間他們本可用來和其他人一起聊天、遊玩、鬼混。那些是人生的學習實驗室，也是社交與情緒神經迴路成長之處。
19. Daniel Siegel, *The Mindful Brain* (New York: Norton, 2007).
20. 但另一方面，正念並不能治療所有問題。對那些於自己的情緒無感，或無法感受他人的痛苦和困難的人來說，或許能藉由學習不同方式的專注以獲得幫助。此處刻意聚焦於我們自身的壓力與他人的痛苦，可能意味著更深入我們的情緒，並且在我們的意識中維持那些感覺。像是完形治療法（gestalt therapy），結合我們自身感受的正念，可能會強化與腦島共鳴的神經迴路。
21. 請見 http://www.siyli.org。
22. 我已改編過這些問題，來自 Gill Crossland-Thackray, "Mindfulness at Work: What Are the Benefits?" *Guardian Careers*, December 21, 2012, http://careers.guardian.co.uk/careers-blog/mindfulness-at-work-benefits。
23. 通常，這種以自我為中心的心思模式整天來來去去（一整晚也是如此——睡眠研究發現，如果你在夜晚的任何時間搖醒人們，問他們剛剛在想什麼，他們永遠會有新的想法可以告訴你）。
24. Norman Farb et al., "Attending to the Present: Mindfulness Meditation Reveals Distinct Neural Modes of Self-Reference," *Social Cognitive Affective Neuroscience* 2, no. 4 (2007): 313-22. 另外請見 Aviva Berkovich-Ohana et al., "Mindfulness-Induced Changes in Gamma Band Activity," *Clinical Neurophysiology* 123, no. 4 (April 2012): 700-10.
25. 以下是技術性的語言：「在經過訓練的參與者裡，EF 導致內側前額葉皮質更顯著且普遍的減少，同時增加右側網路的接觸；這個網路包括單側前額葉皮質與內臟體（viscerosomatic）區，如腦島、體感皮質與頂下小葉（inferior parietal lobule）。功能性連結（functional connectivity）分析進一步顯示，初學者的右腦島與內側前額葉皮質會有強連結，但正念小組卻解開了此種連結。」引自 Farb et al., "Attending to the Present"。
26. Feidel Zeidan et al., "Mindfulness Meditation Improves Cognition: Evidence of Brief Mental Training," *Consciousness and Cognition* 19, no. 2 (June 2010) 597-605.
27. David M. Levy et al., "Initial Results from a Study of the Effects of Meditation on Multitasking Performance," *Proceedings of CHI '11 Extended Abstracts on Human Factors in Computing Systems*, 2011, pp. 2011-16.
28. Tim Ryan, A Mindful Nation (Carlsbad, CA: Hay House, 2012), and Jeffrey Sachs,

3. 理查・戴維森是這麼告訴我的，內容來自心理健康調查中心目前仍進行中的一項研究。
4. Joseph A. Durlak et al., “The Impact of Enhancing Students’ Social/Emotional Learning: A Meta-Analysis of School-Based Universal Interventions,” *Child Development* 82, no. 1 (2011): 405-32.
5. Nathaniel R. Riggs et al., “The Mediational Role of Neurocognition in the Behavioral Outcomes of a Social-Emotional Prevention Program in Elementary School Students: Effects of the PATHS Curriculum,” *Prevention Science* 7, no. 1 (March 2006): 91-102.
6. 當然，有些孩子的意志力來自平常的練習，不論是透過如何為下週的考試做準備，或把錢省下來買電子產品。
7. Philip David Zelazo and Stephanie M. Carlson, “Hot and Cool Executive Function in Childhood and Adolescence: Development and Plasticity,” *Child Development Perspectives* 6, no. 4 (2012): 354-60.
8. Rueda et al., “Training, Maturation, and Genetic Influences on the Development of Executive Attention.”
9. 除非那個任性的小惡魔「衝動引導」(impulse priming)，吸引你來讀這條附注。
10. 馬克・葛林柏格於電子郵件中所說。
11. 到目前為止，在兒童的專注技巧方面，正念的效果少有研究，但已有幾項研究正在進行中。例如，在一項首次以三十位學齡前兒童為對象的研究中，將正念加上「仁慈的訓練」(kindness training)，理查・戴維森的小組發現注意力與仁慈的改善。截至撰寫本書為止，則是以二百位學齡前兒童為樣本進行相同的研究；見 https://centerhealthyminds.org/science/studies/kindness-curriculum-study-with-pre-kindergarten-students。
12. Smallwood et al., “Counting the Cost of an Absent Mind.”
13. Stephen W. Porges, *The Polyvagal Theory* (New York: Norton, 2011).
14. 我首次聽說這份資料，是芭芭拉・佛列德里克森於 2010 年 5 月 16 日在威斯康辛大學心理健康中心（Center for Healthy Minds）的開幕式研討會上所提出。她在其著作《Love 2.0》裡報告這項結果。
15. Judson Brewer et al., “Meditation Experience Is Associated with Differences in Default Mode Network Activity and Connectivity,” *Proceedings of the National Academy of Sciences* 108, no. 50 (2011): 20254-59. 當我們從事任何專注的任務時，預設模式的活動會減少；其在冥想期間的活動減少，則是人們預期的效果。經驗豐富的冥想者在這類心理任務的表現優於新手對照組，顯現出訓練可帶來效果。
16. 另一個非有機的類比帶來了無意造成的後果，想想農業的綠色革命。1960 年代，印度等地引進的廉價化學肥料，推翻了當時全世界食物即將告罄的預測。但這種以科技解決饑荒的預防手法，導致始料未及的負面後果：河流、湖泊與

但經過上千次的遊戲後，所獲得的些微技巧優勢，能夠獲得回報。線上撲克贏家的特點之一，可以說是無懼於冒險的能耐；當你一眨眼就可能輸掉數十萬美元時，這種態度是必不可少的。

3. Marc Smith was quoted in the *Boston Globe*, July 28, 2012, p. A6.
4. Daphne Bavelier et al., “Brains on Video Games,” *Nature Reviews Neuroscience* 12 (December 2011): 763-68.
5. Gentile，引用同前。
6. 同上。
7. 根據 136 項獨立研究（其中包含 30,296 位遊戲玩家或對照組），攻擊性增強是目前最全面的後設分析（meta-analysis）的發現。Craig A. Anderson, “An Update on the Effects of Playing Violent Video Games,” *Journal of Adolescence* 27 (2004): 113-22. 亦見於 John L. Sherry, “Violent Video Games and Aggression: Why Can’t We Find Effects?” in Raymond Preiss et al., eds., *Mass Media Effects Research: Advances Through Meta-Analysis* (Mahwah, NJ: Lawrence Erlbaum, 2007), pp. 245-62。
8. 關鍵部分：前扣帶迴。見 M. R. Rueda et al., “Training, Maturation, and Genetic Influences on the Development of Executive Attention,” *Proceedings of the National Academy of Sciences* 102, no. 41 (2005): 1029-40。
9. 與注意力缺失症相關的另一個大腦因素是：管理注意力、執行功能與自我控制的前額葉區域不夠活躍。M. K. Rothbart and M. I. Posner, “Temperament, Attention, and Developmental Psychopathology,” in D. Cicchetti and D. J. Cohen, eds., *Handbook of Developmental Psychopathology* (New York: Wiley, 2006), pp. 167-88.
10. O. Tucha et al., “Training of Attention Functions in Children with Attention Deficit Hyperactivity Disorder,” *Attention Deficit and Hyperactivity Disorders*, May 20, 2011.
11. Merzenich in Bavelier et al., “Brains on Video Games.”
12. Gus Tai, quoted in Jessica C. Kraft, “Digital Overload? There’s an App for That,” *New York Times*, Sunday, July 22, 2012, Education Supplement, p. 12.

第 17 章　呼吸夥伴

1. 他們聽到的是我的聲音，那是我為琳達・藍提瑞的《打造 EQ》(*Building Emotional Intelligence*) 所唸的旁白。我唸的文稿由琳達撰寫，乃根據她在紐約公立學校與其他地方和孩童合作的作品。
2. Linda Lantieri et al., “Building Inner Resilience in Students and Teachers,” in Gretchen Reevy and Erica Frydenberg, eds., *Personality, Stress and Coping: Implications for Education* (Charlotte, NC: Information Age, 2011), pp. 267-92.

茱莉亞學院結識。四十多年來，帕爾曼十分珍惜她嚴格的批評，並視她為另一只耳朵。

4. 此外，請記住：一旦某種例行公事變得自動化後，試著思考該如何執行，可能會干擾執行。由上而下可以取代由下而上，但不是很有效。
5. K. Anders Ericsson, "Development of Elite Performance and Deliberate Practice," in J. L. Starkes and K. Anders Ericcson, eds., *Expert Performance in Sports: Advances in Research on Sport Expertise* (Champaign, IL: Human Kinetics, 2003).
6. 雖然圖登．金巴在劍橋大學讀書與教書，但他告訴我，他的口音實際上是他年輕時收聽英國廣播公司在印度的廣播中學來的。
7. 我為《紐約時報》採訪了司馬賀。見 Goleman, "Peak Performance: Why Records Fall"。
8. Wendy Hasenkamp et al., "Mind Wandering and Attention During Focused Attention," *NeuroImage* 59, no. 1 (2012): 750-60.
9. 對經驗豐富的冥想者來說，休息狀態下的連結性，在與脫離注意力有關的內側區和頂葉區之間增加了，表示控制脫離的區域可根據與自身相關的思緒漫遊，來掌控內側前額葉皮質，而練習可以使連結性變得更強，則說明了神經可塑性的效果。Wendy Hasenkamp and Lawrence Barsalou, "Effects of Meditation Experience on Functional Connectivity of Distributed Brain Networks," *Frontiers in Human Neuroscience* 6, no. 38 (2012): 1-14.
10. 賴瑞．大衛對洋基球場民眾的反應曾被報導，見 "The Neurotic Zen of Larry David," *Rolling Stone*, August 4, 2011, p. 81。
11. Taylor Schmitz et al., "Opposing Influence of Affective State Valence on Visual Cortical Decoding," *Journal of Neuroscience* 29, no. 22 (2009): 7199-7207.
12. Barbara Fredrickson, *Love 2.0* (New York: Hudson Street Press, 2013).
13. Davidson and Begley, *The Emotional Life of Your Brain*.
14. Anthony Jack et al., "Visioning in the Brain: An fMRI Study of Inspirational Coaching and Mentoring," submitted for publication, 2013.
15. M. Losada and E. Heaphy, "The Role of Positivity and Connectivity in the Performance of Business Teams: A Nonlinear Dynamics Model," *American Behavioral Scientist* 47, no. 6 (2004): 740-65.
16. B. L. Fredrickson and M. Losada, "Positive Affect and the Complex Dynamics of Human Flourishing," *American Psychologist* 60, no. 7 (2005): 678-86.

第 16 章　大腦與電玩遊戲

1. 丹尼爾．凱茲的故事是由傑伊．卡斯皮安．康（Jay Kaspian Kang）所講述，請見 "The Gambler," *New York Times Magazine*, March 27, 2011, pp. 48-51。
2. 當然，撲克不只是一種技巧；連續出現的滿手爛牌能讓最棒的玩家處於劣勢。

11. 學校裡的孩子會贈送包覆毯給整個社區的家庭，同時做個約定：每棟得到包覆毯的房子，前九個月省下的錢要捐給學校，然後就不必再捐獻了。總共應該能籌募到 15,000 美元。學校將留下 5,000 美元進行運動場改善之類的工程，其餘 10,000 美元則用來買更多包覆毯，贈送給其他兩所學校，以複製相同的過程。
12. 每一種汙染排放的細節都不同——某些排放物的回收成本時間點是幾個月內，有些則需要好幾年。例如，微粒排放主要有兩個等級，兩種都會深入我們的肺部。它們的削減率（reduction rate）不同，但手印會將所有汙染類型對健康與生物多樣性的總體損害，以單一得分列表。
13. Will Wright, quoted in Chris Baker, "The Creator," *Wired*, August 2012, p. 68.
14. Celia Pearce, "Sims, Battlebots, Cellular Automota, God and Go," *Game Studies*, July 2002, p. 1.
15. 在中國，戶外的空氣汙染導致 120 萬人早逝；全球總數為 320 萬人。見 "Global Burden of Disease Study 2010," *The Lancet*, December 13, 2013。
16. 拙著《生態素養》（*Ecoliterate*），是與生態素養中心（Center for Ecoliteracy）的貝內特（Lisa Bennett）和巴洛（Zenobia Barlow）共同撰寫。該書主張將學生的情緒融入環境教育中，但不包括此處描述的課程。
17. Paul Hawken, "Reflection," *Garrison Institute Newsletter*, Spring 2012, p. 9.

第 15 章　一萬小時的迷思

1. 讓「一萬小時法則」聲名大噪的最大推手，是葛拉威爾（Malcolm Gladwell）不墜的暢銷書《異數》（*Outliers*）。我也曾對其知名度略盡綿薄之力：1994 年，我在《紐約時報》撰文解釋這項研究的來源——這是安德斯·艾瑞克森的研究，他是佛羅里達州立大學的認知科學家。他的研究發現，最佳音樂學院的頂尖小提琴家，已經練習這項樂器達 10,000 小時；那些只練習 7,500 個小時的人，正如字面上所說，往往是第二小提琴手。Daniel Goleman, "Peak Performance: Why Records Fall," *New York Times*, October 11, 1994, p. C1.
2. 我為了 1994 年《紐約時報》那篇文章採訪了安德斯·艾瑞克森。
3. Anders Ericsson et al., "The Role of Deliberate Practice in the Acquisition of Expert Performance," *Psychological Review* 47 (1993): 273-305. 以伊扎克·帕爾曼（Itzhak Perlman）為例，他以 13 歲神童之姿，到茱莉亞學院（極頂尖的表演藝術殿堂）向小提琴教師狄蕾（Dorothy DeLay）學習了八年。狄蕾的教學紀律非常嚴格，學生每天必須練琴五小時，而她會隨時給學生回饋與鼓勵。當帕爾曼離開學校時，至少已經勤練了 12,000 個小時。但當你走上這條路，這種水準的練習，是否就足以讓你一帆風順？在職業表演者中，擁有終身指導老師者屢見不鮮：歌唱家習慣仰賴聲樂教練，就像頂尖運動員依賴他們的教練一樣。沒有人可以在缺少大師級教師的情況下登上世界級的巔峰。即使是帕爾曼仍然有位教練：他的妻子托比（Toby），她本身是具演奏會水準的小提琴家，兩人在

第 14 章　遙遠的威脅

1. Nassim Nicholas Taleb, *The Black Swan: The Impact of the Highly Improbable* (New York: Random House, 2010).
2. Johan Rockstrom et al., "A Safe Operating Space for Humanity" *Nature* 461 (2009): 472-75.
3. Will Steffen et al., "The Anthropocene: Are Humans Now Overwhelming the Great Forces of Nature?" *Ambio: A Journal of the Human Environment* 36, no. 8 (2007): 614-21.
4. 中國的碳經濟是根據世界銀行的數據，報導來自 Fred Pearce, "Over the Top," New Scientist, June 16, 2012, pp. 38-43。另一方面請見 "China Plans Asia's Biggest Coal-Fired Power Plant," http://phys.org/news/2011-12-china-asia-biggest-coal-fired-power.html。
5. 當一家全球性消費者產品公司使用 LCA 分析其二氧化碳足跡時，結果發現最大的因素是消費者為了使用溫水洗潔精而把水加熱（很簡便地將責任推到消費者身上——讓人好奇究竟第二名至第十名的因素會是什麼）。
6. 德國的社會理論學者尼克拉斯．盧曼（Niklas Luhmann）主張每一個大型的人類體系都圍繞著某一個原則。對經濟而言，這個原則是金錢；對政治而言，是權力；對社交世界而言，是愛。因此，在這些領域，最優雅的抉擇變成了簡單的二選一：有錢／沒錢；有權／無權；有愛／無愛。或許我們的大腦在每個決策時刻採用原始的二擇一決策原則並非巧合；當我們在剎那間注意到某些事物時，情緒中心會加總我們過去的相關經驗，然後標示「喜歡」或「不喜歡」。盧曼社會系統理論的作品是以德文撰寫，尚未翻譯成英文，但在東歐地區已經有高度影響力。我只讀過二手報告，並聽過喬治．維爾麥的重點簡報，他的論文有一部分是根據盧曼的理論。
7. 正在設計中的簡化版生命週期分析軟體可以做到這件事。
8. Jack D. Shepard et al., "Chronically Elevated Corticosterone in the Amygdala Increases Corticotropin Releasing Factor mRNA in the Dorsolateral Bed Nucleus of Stria Terminalis Following Duress," *Behavioral Brain Research* 17, no. 1 (2006): 193-96.
9. 此為拙著《綠色 EQ》的假設前提。
10. 美國能源部資料顯示，熱水器占全國家用能源的 18 至 20%。在新英格蘭地區，四口之家每年熱水器加熱費用為 500 至 800 美元，按使用的燃料而定。根據家用能源消費調查的資料，只有 12%的美國家庭的熱水器裝有絕緣的包覆毯，雖然這種毯子只要 20 美元，但一年就能省下 70 美元的能源費用，而且可以持續用到熱水器的使用年限（平均約 13 年）。只要裝上這種包覆毯並將溫度調整至華氏 120 度，就能使全美家庭能源消耗減少 2%，附帶氣候、生物多樣性、人類健康及經濟等多方面的正面效益。

第 12 章　模式、系統、雜亂無章

1. K. Levin et al., “Playing It Forward: Path Dependency, Progressive Incrementalism, and the ‘Super Wicked’ Problem of Global Climate Change,” *IOP Conference Series: Earth and Environmental Science* 50, no. 6 (2009).
2. Russell Ackoff, “The Art and Science of Mess Management,” *Interfaces*, February 1981, pp. 20-26.
3. Jeremy Ginsberg et al., “Detecting Influenza Epidemics Using Search Engine Query Data,” *Nature* 457 (2009): 1012-14.
4. 是哈佛商學院的湯瑪斯・戴文波特告訴我這些的。
5. 然而，把人納進資訊方程式，可能會使情況複雜化：對於誰控制資料的嫉妒、內鬥和組織政治，可能會阻止資訊共享、導致囤積資料，或者根本忽視資料。
6. 湯瑪斯・戴文波特正在撰寫的書，書名暫訂為《Keeping Up with the Quants》，請見 Steve Lohr, “Sure, Big Data Is Great: But So Is Intuition,” *New York Times*, December 30, 2012, Business, p. 3。
7. 請見 Lohr, “Sure, Big Data Is Great”。

第 13 章　系統盲目性

1. 當然，被納入討論的「系統」，只是一個較大的連鎖系統的一部分，例如正從印刷轉換到數位格式的資訊散布系統（information dispersal system）。
2. John D. Sterman, *Business Dynamics: Systems Thinking and Modeling for a Complex World* (New York: McGraw-Hill, 2000).
3. 請見拙著《綠色 EQ》（*Ecological Intelligence*），以參閱供應鏈、排放以及人造物品的真正環境成本等更多細節。或見安妮・雷納德（Annie Leonard）二十分鐘的影片：“The Story of Stuff,” http://www.storyofstuff.org。
4. 原本由耶魯大學心理學家法蘭克・凱爾（Frank Keil）的團隊提出，這種錯覺已從純粹的機械或自然體系延伸至社會、經濟與政治面。見 Adam L. Alter et al., “Missing the Trees for the Forest: A Construal Level Account of the Illusion of Explanatory Depth,” *Journal of Personality and Social Psychology* 99, no. 3 (2010): 436-51。那種錯覺或許在本書中也軋了一腳，也就是當我描述各式各樣的認知、情緒、社會與神經的系統時，範圍太廣之故。這是科學報導與生俱來的風險。這也是為什麼本書有大量附注給那些想進一步理解的人。恭喜讀到這條附注的人。
5. 例如請見 Elke Weber, “Experience-Based and Description-Based Perceptions of Longterm Risk: Why Global Warming Does Not Scare Us (Yet),” *Climatic Change* 77 (2006): 103-20。

23. John Couhelan et al., "'Let Me See If I Have This Right...': Words That Build Empathy," *Annals of Internal Medicine* 135, no. 3 (2001): 221-27.
24. 例如請見 W. Levinson et al., "Physician-Patient Communication: The Relationship with Malpractice Claims Among Primary Care Physicians and Surgeons," *Journal of the American Medical Association* 277 (1997): 553-69。
25. Jean Decety et al., "Physicians Down-Regulate Their Pain-Empathy Response: An ERP Study," *Neuroimage* 50, no. 4 (2010): 1676-82.
26. William Osler quoted in Decety, ed., *Empathy: From Bench to Bedside*, p. 230.
27. Jodi Halpern, "Clinical Empathy in Medical Care"，同前。
28. M. Hojat et al., "The Devil Is in the Third Year: A Longitudinal Study of Erosion of Empathy in Medical School," *Academic Medicine* 84, no. 9 (2009): 1182-91.
29. Helen Riess et al., "Empathy Training for Resident Physicians: A Randomized Controlled Trial of a Neuroscience-Informed Curriculum," *Journal of General Internal Medicine* 27, no. 10 (2012): 1280-86.
30. Helen Riess, "Empathy in Medicine: A Neurobiological Perspective," *Journal of the American Medical Association* 304, no. 14 (2010): 1604-1605.

第 11 章　社交敏感度

1. Prince Philip quoted in Ferdinand Mount, "The Long Road to Windsor," *Wall Street Journal*, November 14, 2011, p. A15.
2. Kim Dalton et al., "Gaze Fixation and the Neural Circuitry of Face Processing in Autism," *Nature Neuroscience* 8 (2005): 519-26. 理查・戴維森指出，自閉症患者未能了解什麼行為在社交情況下是適當的，是因為缺乏社交直覺。
3. 此點仍有待商榷，部分研究顯示有這種效果，但也有持否定意見的研究。
4. 例如請見 Michael W. Kraus et al., "Social Class Rank, Threat Vigilance, and Hostile Reactivity," *Personality and Social Psychology Bulletin* 37, no. 10 (2011): 1376-88。
5. Michael Kraus and Dacher Keltner, "Signs of Socioeconomic Status," *Psychological Science* 20, no. 1 (2009): 99-106.
6. Gerben A. van Kleef et al., "Power, Distress, and Compassion," *Psychological Science* 19, no. 12 (2008): 1315-22.
7. Michael Kraus, Stephane Cote, and Dacher Keltner, "Social Class, Contextualism, and Empathic Accuracy," *Psychological Science* 21, no. 11 (2010): 1716-23.
8. Ryan Rowe et al., "Automated Social Hierarchy Detection Through Email Network Analysis," Proceedings of the 9th WebKDD and 1st SNA-KDD 2007 Workshop on Web Mining and Social Network Analysis, 2007, 109-117.

(2010): 14425-30.

12. 社交大腦的神經迴路解讀著他人的情緒、意向與行動，同時啟動我們大腦中的相同區域，讓我們的內心感知他人的感受。伴隨著鏡像神經元，腹內側前額葉皮質之類的神經迴路是關鍵。見 Jean Decety, "To What Extent Is the Experience of Empathy Mediated by Shared Neural Circuits?" *Emotion Review* 2, no. 3 (2010): 204-207。在研究數百位觀賞痛苦片段的人之後，迪瑟第發現他們的大腦反應並無性別差異，但在社交回應上有重大區別：女性將自己評為遠比男性更具同理心。
13. P. L. Jackson et al., "To What Extent Do We Share the Pain of Others? Insight from the Neural Bases of Pain Empathy," *Pain* 125 (2006): 5-9.
14. 辛格發現，眼窩額葉皮質的另一種神經迴路對令人愉快的感覺（像是來自某人的輕觸）有反應，而腦島則會記錄疼痛、痛苦與負面的效應。Tania Singer et al., "A Common Role of Insula in Feelings, Empathy and Uncertainty," *Trends in Cognitive Sciences* 13, no. 8 (2009): 334-40; C. Lamm and T. Singer, "The Role of Anterior Insular Cortex in Social Emotions," *Brain Structure & Function* 241, nos. 5-6 (2010): 579-91.
15. C. J. Limb et al., "Neural Substrates of Spontaneous Musical Performance: An fMRI Study of Jazz Improvisation," *PLoS* ONE 3, no. 2 (2008).
16. Jean Decety and Claus Lamm, "The Role of the Right Temporoparietal Junction in Social Interaction: How Low-Level Computational Processes Contribute to Meta-Cognition," *Neuroscientist* 13, no. 6 (2007): 580-93.
17. Jean Decety, presentation to the Consortium for Research on Emotional Intelligence in Organizations, Cambridge, MA: May 6, 2011.
18. Sharee Light and Carolyn Zahn-Waxler, "The Nature and Forms of Empathy in the First Years of Life," in Decety, ed., *Empathy: From Bench to Bedside*.
19. 例如請見：卡爾所著的《網路讓我們變笨？》。
20. C. Daniel Batson et al., "An Additional Antecedent to Empathic Concern: Valuing the Welfare of the Person in Need," *Journal of Personality and Social Psychology* 93, no. 1 (2007): 65-74. Also, Grit Hein et al., "Neural Responses to Ingroup and Outgroup Members' Suffering Predict Individual Differences in Costly Helping," *Neuron* 68, no. 1 (2010): 149-60.
21. 研究對象目擊他人在金錢遊戲以不公平的方式獲利或外部團體（outgroup）成員受苦時，前腦島皮質（anterior insula cortex）、前扣帶皮質並未顯示慣常的同理心反應，反而是伏隔核顯示更多的活躍現象，此區域與處理獎勵有關。Tania Singer et al., "Empathic Neural Responses Are Modulated by the Perceived Fairness of Others," *Nature* 439 (2006): 466-69.
22. Chiara Sambo et al., "Knowing You Care: Effects of Perceived Empathy and Attachment Style on Pain Perception," *Pain* 151, no. 3 (2010): 687-93.

"Facial Expressions During Marital Conflict," *Journal of Family Conflict* 1, no. 1 (2001): 37-57.

3. F. Ramseyer and W. Tschacher, "Nonverbal Synchrony in Psychotherapy: Relationship Quality and Outcome Are Reflected by Coordinated Body-Movement." *Journal of Consulting and Clinical Psychology* 79 (2011): 284-95.
4. Justine Cassell et al., "BEAT: The Behavior Expression Animation Toolkit," *Proceedings of SIGGRAPH '01*, August 12-17, 2001, Los Angeles, pp. 477-86.

第 10 章　同理心三位一體

1. 三種同理心都有自己的神經元建構單元（neural building block）與發展過程。所有同理心的面向都利用了大量的大腦結構。相關分析請見 Jean Decety, "The Neurodevelopment of Empathy," *Developmental Neuroscience* 32 (2010): 257-67。
2. 每種同理心的神經迴路之細節，請參閱 Ezequiel Gleichgerrcht and Jean Decety, "The Costs of Empathy Among Health Professionals," in Jean Decety, ed., *Empathy: From Bench to Bedside* (Cambridge, MA: MIT Press, 2012)。
3. Alan Mulally, CEO Ford Motor Company, quoted in Adam Bryant, *The Corner Office* (New York: Times Books, 2011), p. 14.
4. John Seabrook, "Suffering Souls," *New Yorker*, November 10, 2008.
5. 「同理心的殘酷」（empathic cruelty）發生於當某人在大腦中鏡射他人的不幸，但同時也在痛苦中享受愉悅。D. de Quervain et al., "The Neural Basis of Altruistic Punishment," *Science* 305 (2004): 1254-58.
6. Cleckley quoted in Seabrook, "Suffering Souls."
7. 在社會病態者身上，情緒與認知的處理是脫節的，例如請見 Kent Kiehl et al., "Limbic Abnormalities in Affective Processing by Criminal Psychopaths as Revealed by Functional Magnetic Resonance Imaging," *Biological Psychiatry* 50 (2001): 677-84; Niels Bribaumer et al., "Deficient Fear Conditioning in Psychopathy," *Archives of General Psychiatry* 62 (2005): 799-805。
8. Joseph Newman et al., "Delay of Gratification in Psychopathic and Nonpsychopathic Offenders," *Journal of Abnormal Psychology* 101, no. 4 (1992): 630-36.
9. 例如請見 Loren Dyck, "Resonance and Dissonance in Professional Helping Relationships at the Dyadic Level" (Ph.D. diss., Department of Organizational Behavior, Case Western Reserve University, May 2010)。
10. 情緒同理心的神經線路包括杏仁核、下視丘、海馬迴，以及眼窩額葉皮質（orbitofrontal cortex）。情緒同理心與其他同理心的神經，細節請見 Decety, "The Neurodevelopment of Empathy"。
11. Greg J. Stephens et al., "Speaker-Listener Neural Coupling Underlies Successful Communication," *Proceedings of the National Academy of Sciences* 107, no. 32

以及他們自己進行評估。

9. June Tangney et al., "High Self-Control Predicts Good Adjustment, Less Pathology, Better Grades, and Interpersonal Success," *Journal of Personality* 72, no. 2 (2004): 271-323.
10. Tom Hertz, "Understanding Mobility in America," Center for American Progress, 2006.
11. 感謝山姆・安德森（Sam Anderson），他的文章〈為分心辯護〉（In Defense of Distraction）給了我這個想法。見 New York, May 17, 2009, http:/nymag.com/news/features/56793/index7.html。
12. Jeanne Nakamura, "Optimal Experience and the Uses of Talent," in Mihalyi and Isabella Csikszentmihalyi, eds., *Optimal Experience* (New York: Cambridge University Press, 1988).
13. Davidson and Begley, *The Emotional Life of Your Brain*.
14. Adele Diamond et al., "Preschool Program Improves Cognitive Control," *Science* 318 (2007): 1387-88.
15. Angela Duckworth and Martin E. P. Seligman, "Self-Discipline Outdoes IQ in Predicting Academic Performance of Adolescents," *Psychological Science* 16, no. 12 (2005): 939-44.
16. B. J. Casey et al., "Behavioral and Neural Correlates of Delay of Gratification 40 Years Later," *Proceedings of the National Academy of Sciences* 108, no. 36 (September 6, 2011): 14998-15003, http://www.pnas.org/cgi/doi/10.1073/pnas.1108561108.
17. Jeanne McCaffery et al., "Less Activation in the Left Dorsolateral Prefrontal Cortex in the Reanalysis of the Response to a Meal in Obese Than in Lean Women and Its Association with Successful Weight Loss," *American Journal of Clinical Nutrition* 90, no. 4 (October 2009): 928-34.
18. Walter Mischel, quoted in Jonah Lehrer, "Don't!" *New Yorker*, May 18, 2009.
19. 此故事出自 Buddhaghosa, *The Path to Purification*, trans. Bhikku Nanomoli (Boulder, CO: Shambhala, 1979), I, p. 55。

第 9 章　知道太多的女人

1. Justine Cassell et al., "Speech-Gesture Mismatches: Evidence for One Underlying Representation of Linguistic and Nonlinguistic Information," *Pragmatics & Cognition* 7, no. 1 (1999): 1-34.
2. 婚姻衝突中的臉部表情已經被「特定情緒編碼系統」（Specific Affect Coding System，簡稱 SPAFF）編碼完成，可準確預測未來四年內會分居的月份數。特別是稍縱即逝的輕蔑的臉部表情，似乎有高度的預測性。John Gottman et al.,

4. Michael J. Newcombe and Neal M. Ashkanasy, "The Role of Affective Congruence in Perceptions of Leaders: An Experimental Study," *Leadership Quarterly* 13, no. 5 (2002): 601-604.
5. Daniel Kahneman, *Thinking Fast and Slow*, p. 216.
6. John U. Ogbu, *Minority Education and Caste: The American System in Cross-Cultural Perspective* (New York: Academic, 1978).

第 8 章　自我控制的良方

1. M. K. Rothbart et al., "Self-Regulation and Emotion in Infancy," in Nancy Eisenberg and R. A. Fabes, eds., *Emotion and Its Regulation in Early Development: New Directions for Child Development* No. 55 (San Francisco: Jossey-Bass, 1992), pp. 7-23.
2. 許多科學學科將自我控制視為人類福祉的關鍵。行為遺傳學家檢視了這種能力中，有多少是來自我們的基因，有多少則來自我們成長的家庭環境因素。發展心理學家觀察當兒童成熟時，是如何精通自我控制，在延遲滿足、管理衝動、情緒的自我調節、規劃、盡責等方面愈做愈好。健康專家認為自我控制與壽命有關，而社會學家則把低度的自我控制視為失業與犯罪的預測指標。精神科醫生觀察的是兒童時期的診斷，像是注意力不足和過動症，以及之後人生的精神障礙、吸菸、不安全性行為和酒駕。最後，經濟學家猜測自我控制可能是財務健全與降低犯罪的關鍵。
3. Posner and Rothbart, "Research on Attention Networks as a Model for the Integration of Psychological Science." 供警覺系統使用的網路是由視丘、右額葉及頂葉皮質組成的，並由乙醯膽鹼（acetylcholine）調節。方向感是由上部頂葉（superior parietal）、顳頂交界區、額葉眼動區（frontal eye field）、上丘（superior colliculus）等結構編織而成，由正腎上腺素調節。執行注意力則與前扣帶、腹壁前額（lateral ventral prefrontal）、基底核有關，由多巴胺調節。
4. 選擇性注意力似乎有一定的遺傳性，但警覺性則幾乎沒有遺傳性。警覺性指的是維持一種準備好的狀態，以待任何事的來臨。見 J. Fan et al., "Assessing the Heritability of Attentional Networks," *BMC Neuroscience* 2 (2001): 14。
5. Lawrence J. Schweinhart et al., *Lifetime Effects: The High/Scope Perry Preschool Study Through Age 40* (Ypsilanti, MI: High/Scope Press, 2005).
6. J. J. Heckman, "Skill Formation and the Economics of Investing in Disadvantaged Children," *Science* 312 (2006): 1900-1902.
7. Terrie E. Moffitt et al., "A Gradient of Childhood Self-Control Predicts Health, Wealth and Public Safety," *Proceedings of the National Academy of Sciences* 108, no. 7 (February 15, 2011): 2693-98, http://www.pnas.org/cgi/doi/10.1073/pnas.1010076108.
8. 在 3、5、7、9 與 11 歲的時候，他們會分別由老師、父母、經訓練的觀察人員

14. 威廉・伏爾克在 2012 年 8 月 10 日發表於《周刊》(*The Week*)第 3 頁。
15. Stephen Kaplan, "Meditation, Restoration, and the Management of Mental Fatigue," *Environment and Behavior* 33, no. 4 (July 2001): 480-505, http://eab.sagepub.com/content/33/4/480.
16. Marc Berman, Jon Jonides, and Stephen Kaplan, "The Cognitive Benefits of Interacting with Nature," *Psychological Science* 19, no. 12 (2008): 1207-12.
17. 同上。
18. Gary Felsten, "Where to Take a Study Break on the College Campus: An Attention Restoration Theory Perspective," *Journal of Environmental Psychology* 29, no. 1 (March 2009): 160-67.

第 6 章 內心的方向舵

1. 有種稱為「聚焦」(focusing)的技術，透過感知「感覺」的內部細微變化，指引人們如何開發這種意識之外(out-of-awareness)的生命體智慧。見 Eugene Gendlin, *Focusing* (New York: Bantam, 1981)。
2. John Allman, "The von Economo Neurons in the Frontoinsular and Anterior Cingulate Cortex," *Annals of the New York Academy of Sciences* 1225 (2011): 59-71.
3. Lev Grossman and Harry McCracken, "The Inventor of the Future," *Time*, October 17, 2011, p. 44.
4. A. D. Craig, "How Do You Feel? Interoception: The Sense of the Physiological Condition of the Body," *Nature Reviews Neuroscience* 3 (2002): 655-66.
5. Arthur D. Craig, "How Do You Feel—Now? The Anterior Insula and Human Awareness," *Nature Reviews Neuroscience* 10, no. 1 (January 2009): 59-70.
6. G. Bird et al., "Empathic Brain Responses in Insula Are Modulated by Levels of Alexithymia but Not Autism," *Brain* 133 (2010): 1515-25.
7. 軀體標記：其神經迴路包括右側體感島葉皮質(insular cortex)和杏仁核等。Antonio Damasio, *The Feeling of What Happens* (New York: Harcourt, 1999).
8. Farb et al., "Attending to the Present."

第 7 章 從他人眼中看見自己

1. Fabio Sala, "Executive Blindspots: Discrepancies Between Self-Other Ratings," *Journal of Consulting Psychology: Research and Practice* 54, no. 4 (2003): 222-29.
2. Bill George and Doug Baker, *True North Groups* (San Francisco: Berrett-Koehler, 2011), p. 28.
3. Nalini Ambady et al., "Surgeon's Tone of Voice: A Clue to Malpractice History," *Surgery* 132, no. 1 (2002): 5-9.

Neuroscience 2 (2007): 313-22.

4. 或者這是把我們人類投射到動物身上。
5. E. D. Reichle et al., "Eye Movements During Mindless Reading," *Psychological Science* 21 (July 2010): 1300-1310.
6. J. Smallwood et al., "Going AWOL in the Brain—Mind Wandering Reduces Cortical Analysis of the Task Environment," *Journal of Cognitive Neuroscience* 20, no. 3 (March 2008): 458-69; J. W. Y. Kam et al., "Slow Fluctuations in Attentional Control of Sensory Cortex," *Journal of Cognitive Neuroscience* 23 (2011): 460-70.
7. Cedric Galera, "Mind Wandering and Driving: Responsibility Case-Control Study," *British Medical Journal*, published online December 13, 2012, doi: 10.1136/bmj.e8105.
8. 這表示這些大腦神經迴路並非永遠以對立的方式運作。
9. K. D. Gerlach et al., "Solving Future Problems: Default Network and Executive Activity Associated with Goal-Directed Mental Simulations," *Neuroimage* 55 (2011): 1816-24.
10. 相反地，我們愈是沒注意到自己的心思已經飄移，潛在神經區域的活動就愈活躍，而且它們對於進行中的任務也愈有破壞力。至少有兩個前額葉的大腦區域參與，也是它們最能讓我們發現自己已經偏離正軌：背外側前額葉和背側前扣帶迴（dorsal anterior cingulate）。
11. Christoff et al., "Experience Sampling During fMRI Reveals Default Network and Executive System Contributions to Mind Wandering." 技術性的附注：此研究在調查思緒漫遊時是以十秒鐘為單位；就心智活動而言，十秒是一段長時間。因此，執行神經迴路與內側神經迴路兩者都有參與的結論，其實有可議之處。此外，作者指出，這項結論是以反向推論（reverse inference），假定如果大腦的某個區域在一項心理任務中啟動，它就是該任務的神經基礎。以較高層次的認知能力來說，這項假定可能站不住腳，因為同樣的區域能被多個非常不同的心理歷程啟動。若屬實，這項發現就挑戰了執行與預設神經網路永遠相互反向運作的假設——也就是一個活躍時，另一個則靜默。的確，這也許是非常特定的心智運作，例如強烈專注於手邊的任務。但在大部分的精神生活中，這種方式可能有助於混合高度的專注力與開放性的白日夢，當然也有助於在長途駕駛時打發時間。亦見於 M. D. Fox et al., "The Human Brain Is Intrinsically Organized into Dynamic, Anticorrelated Functional Networks," *Proceedings of the National Academy of Sciences* 102 (July 5, 2005): 9673-78。
12. Catherine Fassbender, "A Lack of Default Network Suppression Is Linked to Increased Distractibility in ADHD," *Brain Research* 1273 (2009): 114-28.
13. 開放覺知的測試被稱為「注意力暫失」（attentional blink）。見 H. A. Slagter et al., "Mental Training Affects Distribution of Limited Brain Resources," *PLoS Biology* 5 (2007): e138。

域是前扣帶皮質與背外側前額葉皮質（dorsolateral prefrontal cortex）。預設的區域是前額葉皮質內側與相關的神經迴路。

5. J. Wiley and A. F. Jarosz, "Working Memory Capacity, Attentional Focus, and Problem Solving," *Current Directions in Psychological Science* 21 (August 2012): 258-62.
6. Jonathan Schooler et al., "Meta-Awareness, Perceptual Decoupling, and the Wandering Mind," *Trends in Cognitive Science* 15, no. 7 (July 2011): 319-26.
7. 引用自 Steven Johnson, *Where Good Ideas Come From* (New York: Riverhead, 2010).
8. Holly White and Priti Singh, "Creative Style and Achievement in Adults with ADHD," *Personality and Individual Differences* 50, no. 5 (2011): 673-77.
9. Kirsten Weir, "Pay Attention to Me," *Monitor on Psychology*, March 2012, pp. 70-72.
10. Shelley Carson et al., "Decreased Latent Inhibition Is Associated with Increased Creative Achievement in High-Functioning Individuals," *Journal of Personality and Social Psychology* 85, no. 3 (September 2003): 499-506.
11. Siyuan Liu et al., "Neural Correlates of Lyrical Improvisation: An fMRI Study of Freestyle Rap," *Scientific Reports* 2, no. 834 (November 2012).
12. 羅伯特·歐德修（Robert L. Oldershaw）於 2012 年 5 月 21 日發表在《自然》（*Nature*）雜誌上的評論，引用了愛因斯坦的話。
13. Jaime Lutz, "Peter Schweitzer, Code Breaker, Photographer; Loved Music; at 80," *Boston Globe*, November 17, 2011, p. B14.
14. 使用的資料來自 238 位具知識性的工作者，共超過 12,000 筆的日記。見 Teresa Amabile and Steven Kramer, "The Power of Small Wins," *Harvard Business Review*, May 2011, pp. 72-80。

第 5 章　找尋平衡

1. iPhone 的一個應用程式，透過在白天中隨機響鈴，已問過數千人這個問題。人們的心思幾乎有半數時間會從他們正從事的活動中飄走。哈佛心理學家吉林斯沃茲（Matthew Killingsworth）與吉伯特（Daniel Gilbert）開發出這種軟體，分析來自 2,250 名美國男性與女性的報告，看他們的心思有多常飄移到別處，以及他們的心情如何。見 Matthew Killingsworth and Daniel Gilbert, "A Wandering Mind Is an Unhappy Mind," *Science*, November 12, 2010, p. 932。
2. 將內側前額葉皮質視為「我」有些過度簡化，但許多認知神經科學家認為這樣很方便。較複雜的「我」版本，是基於許多神經迴路活動的湧現現象（emergent phenomenon），內側前額葉是這些神經迴路之一。見 J. Smallwood and J. W. Schooler, "The Restless Mind," *Psychological Bulletin* 132 (2006): 946-58。
3. Norman A. S. Farb et al., "Attending to the Present: Mindfulness Meditation Reveals Distinct Neural Modes of Self-Reference," *Social Cognitive and Affective*

9. Christian Merz et al., “Stress Impairs Retrieval of Socially Relevant Information,” *Behavioral Neuroscience* 124, no. 2 (2010): 288-93.
10. “Unshrinkable,” *Harper’s Magazine*, December 2009, pp. 26-27.
11. Yuko Hakamata et al., “Attention Bias Modification Treatment,” *Biological Psychiatry* 68, no. 11 (2010): 982-90.
12. 治療社交焦慮症的人們時，心理學家會鼓勵人們將目光投向群眾裡那些表情中性或友善的臉孔，不要注視那些面帶輕蔑的臉孔。結果有三分之二的人，其焦慮煙消雲散。Norman B. Schmidt et al., “Attention Training for Generalized Social Anxiety Disorder,” *Journal of Abnormal Psychology* 118, no. 1 (2009): 5-14.
13. Roy Y. J. Chua and Xi Zou (Canny), “The Devil Wears Prada? Effects of Exposure to Luxury Goods on Cognition and Decision Making,” Harvard Business School Organizational Behavior Unit Working Paper No. 10-034, November 2, 2009, http://ssrn.com/abstract=1498525 or http://dx.doi.org/10.2139/ssrn.1498525.
14. Gavan J. Fitzsimmons et al., “Non-Conscious Influences on Consumer Choice,” *Marketing Letters* 13, no. 3 (2002): 269-79.
15. Patrik Vuilleumier and Yang-Ming Huang, “Emotional Attention: Uncovering the Mechanisms of Affective Biases in Perception,” *Current Directions in Psychological Science* 18, no. 3 (2009): 148-52.
16. Arne Ohman et al., “Emotion Drives Attention: Detecting the Snake in the Grass,” *Journal of Experimental Psychology*: General 130, no. 3 (2001): 466-78.
17. Elizabeth Blagrove and Derrick Watson, “Visual Marking and Facial Affect: Can an Emotional Face Be Ignored?” *Emotion* 10, no. 2 (2010): 147- 68.
18. A. J. Schackman et al., “Reduced Capacity to Sustain Positive Emotion in Major Depression Reflects Diminished Maintenance of Fronto- Striatal Brain Activation,” *Proceedings of the National Academy of Sciences* 106 (2009): 22445-50.
19. Ellen Langer, *Mindfulness* (Reading, MA: Addison-Wesley, 1989).

第 4 章　心思飄移的價值

1. Eric Klinger, “Daydreaming and Fantasizing: Thought Flow and Motivation,” in K. D. Markman et al., eds., *Handbook of Imagination and Mental Stimulation* (New York: Psychology Press, 2009), pp. 225-40.
2. Kalina Christoff, “Undirected Thought: Neural Determinants and Correlates,” *Brain Research* 1428 (January 2012): 51-59.
3. 同上，p. 57。
4. Kalina Christoff et al., “Experience Sampling During fMRI Reveals Default Network and Executive System Contributions to Mind Wandering,” *Proceedings of the National Academy of Sciences* 106, no. 21 (May 26, 2009): 8719-24. 關鍵的執行區

揮鏈運作，人們通常必須影響沒有隸屬關係的某人才行得通。弱聯繫累積起來會成為社會資本，這種關係能幫助你或提供建議。如果你和其他必須影響的部門沒有任何自然的人際聯繫，成功的機會將十分渺茫。

17. 請見湯瑪斯·馬龍（Thomas Malone）在 Edge.org 的訪談：http://edge.org/conversation/collective-intelligence。
18. Howard Gardner, William Damon, and Mihalyi Csikszentmihalyi, *Good Work: When Excellence and Ethics Meet* (New York: Basic Books, 2001); Mihaly Csikszentmihalyi, *Good Business* (New York: Viking, 2003).
19. Mihaly Csikszentmihalyi and Reed Larson, *Being Adolescent: Conflict and Growth in the Teenage Years* (New York: Basic Books, 1984).
20. 當我們處於這樣的狀態時，預設網路甚至可能有中等的活躍水準。Michael Esterman et al., "In the Zone or Zoning Out? Tracking Behavioral and Neural Fluctuations During Sustained Attention," *Cerebral Cortex*, http://cercor.oxfordjournals.org/content/early/2012/08/31/cercor.bhs261.full, August 31, 2012.

第 3 章　注意力的頂層與底層

1. 引自 Arthur Koestler, *The Act of Creation* (London: Hutchinson, 1964), pp. 115-16。
2. 有些認知科學家稱呼這些系統為各自分開的「腦」（minds）。我在《SQ-I-You 共融的社會智能》一書裡，將這種「由上而下」的系統稱為「高路」（high road），「由下而上」則稱為「低路」（low road）。丹尼爾·康納曼在《快思慢想》（*Thinking Fast and Slow*）中的用語是「系統一」與「系統二」，他稱之為「闡述的虛構」（expository fictions）。我發現這樣很難分得清，就像童書《戴帽子的貓》（*The Cat in the Hat*）裡的「Thing One」與「Thing Two」一樣。所以人們愈是深入探究神經線路，「上」與「下」的稱呼就愈無法讓人滿意；但這兩個用語還算堪用。
3. Kahneman, *Thinking Fast and Slow*, p. 31.
4. 人類的脊椎是另一個在演化中夠好、但不完美的設計之一：建立在較古老的系統上，單排的骨頭堆疊合格地運作——雖然三排的三腳架設計會強壯得多。任何患有椎間盤突出或頸椎關節炎的人，都能為這種不完美作證。
5. Lolo Jones in Sean Gregory, "Lolo's No Choke," *Time*, July 30, 2012, pp. 32-38.
6. Sian Beilock et al., "When Paying Attention Becomes Counter-productive," *Journal of Experimental Psychology* 18, no. 1 (2002): 6-16.
7. 努力放鬆很可能會出差錯，特別是在我們力求表現的時刻。見 Daniel Wegner, "Ironic Effects of Trying to Relax Under Stress," *Behaviour Research and Therapy* 35, no. 1 (1997): 11-21。
8. Daniel Wegner, "How to Think, Say, or Do Precisely the Worst Thing for Any Occasion," *Science*, July 3, 2009, pp. 48-50.

Cognitive Science 15, no. 7 (July 2011): 319-26.

2. Ronald E. Smith et al., "Measurement and Correlates of Sport-Specific Cognitive and Somatic Trait Anxiety: The Sport Anxiety Scale," *Anxiety, Stress & Coping: An International Journal* 2, no. 4 (1990): 263-80.
3. 嘗試專注於一件事並忽略其他所有的事，對大腦來說代表一種衝突。調停這種心理衝突的是前扣帶皮質，它會發現這些問題並動員大腦的其他部分來解決。為了全神貫注於注意力的中心，前扣帶皮質召集前額葉區域進行認知控制，共同壓制讓人分心的神經迴路，並放大那些讓人完全專注的迴路。
4. 這些基本要素中的每一項，都反映出我們的探討中所描述的注意力觀點。Richard J. Davidson and Sharon Begley, *The Emotional Life of Your Brain* (New York: Hudson Street Press, 2012).
5. Heleen A. Slagter et al., "Theta Phase Synchrony and Conscious Target Perception: Impact of Intensive Mental Training," *Journal of Cognitive Neuroscience* 21, no. 8 (2009): 1536-49.
6. 當前額葉皮質附近的頂葉皮質指向某個特定目標時，是前額葉皮質維繫著我們的注意力。當我們的注意力開始分散，這些區域會沉靜下來，而我們的注意力將變得毫無方向，掠過一個又一個吸引我們的事物。
7. 在這些研究中，注意力不足過動症（ADHD）者的大腦，其前額葉區域顯示出遠比一般人更少的活動，鎖相同步性也較低：A. M. Kelly et al., "Recent Advances in Structural and Functional Brain Imaging Studies of Attention-Deficit/Hyperactivity Disorder," *Behavioral and Brain Functions* 4 (2008): 8。
8. Jonathan Smallwood et al., "Counting the Cost of an Absent Mind: Mind Wandering as an Underrecognized Influence on Educational Performance," *Psychonomic Bulletin & Review* 14, no. 12 (2007): 230-36.
9. Nicholas Carr, *The Shallows* (New York: Norton, 2011).
10. Martin Heidegger, *Discourse on Thinking* (New York: Harper & Row, 1966), p. 56. 卡爾在《網路讓我們變笨？》（*The Shallows*）一書中用「網際網路對我們的大腦做了什麼？」來提出警告時，引用了海德格的話。
11. George A. Miller, "The Magical Number Seven, Plus or Minus Two: Some Limits on Our Capacity for Processing Information," *Psychological Review* 63 (1956): 81-97.
12. Steven J. Luck and Edward K. Vogel, "The Capacity for Visual Working Memory for Features and Conjunctions," *Nature* 390 (1997): 279-81.
13. Clara Moskowitz, "Mind's Limit Found: 4 Things at Once," *LiveScience*, April 27, 2008, http://www.livescience.com/2493-mind-limit-4.html.
14. David Garlan et al., "Toward Distraction-Free Pervasive Computing," *Pervasive Computing* 1, no. 2 (2002): 22-31.
15. Clay Shirky, *Here Comes Everybody* (New York: Penguin, 2009).
16. 在組織的政治中，弱聯繫可能是一種隱性優勢。在矩陣式組織裡，比起透過指

附注

第 1 章　微妙的稟賦

1. 例如，位於脊椎上方的腦幹就擁有神經測量器，可以感知我們與環境的關係，同時根據我們需要警戒的程度，提高或降低我們的警覺與專注力。每種不同面向的專注力，都有其獨特的神經迴路。更多的詳細基本知識，請見 Michael Posner and Steven Petersen, "The Attention System of the Human Brain," *Annual Review of Neuroscience* 13 (1990): 25-42。
2. 舉例來說，這些系統包括生物學與生態學、經濟與社會、化學與物理——牛頓學說的與量子的。
3. M. I. Posner and M. K. Rothbart, "Research on Attention Networks as a Model for the Integration of Psychological Science," *Annual Review of Psychology* 58 (2007): 1-27, at 6.
4. Anne Treisman, "How the Deployment of Attention Determines What We See," *Visual Search and Attention* 14 (2006): 4-8.
5. Nielsen Wire, December 15, 2011, https://www.nielsen.com/insights/2011/new-mobile-obsession-u-s-teens-triple-data-usage/.
6. Mark Bauerlein, "Why Gen-Y Johnny Can't Read Nonverbal Cues," *Wall Street Journal*, August 28, 2009.
7. 「上癮」的標準並非具體規定要玩多少小時的遊戲（或喝了多少酒），而是專注於這種習慣會對生活的其他部分（學校、社會）或家庭帶來問題。過分沉溺遊戲所致的嚴重損害，並不亞於毒品或酗酒。Daphne Bavelier et al., "Brains on Video Games," *Nature Reviews Neuroscience* 12 (December 2011): 763-68.
8. Wade Roush, "Social Machines," *Technology Review*, August 2005.
9. Herbert Simon, "Designing Organizations for an Information-Rich World," in Donald M. Lamberton, ed., *The Economics of Communication and Information* (Cheltenham, UK: Edward Elgar, 1997), quoted in Thomas H. Davenport and John C. Back, *The Attention Economy* (Boston: Harvard Business School Press, 2001), p. 11.

第 2 章　基本知識

1. William James, *Principles of Psychology*, 1890, cited in Jonathan Schooler et al., "Meta-Awareness, Perceptual Decoupling and the Wandering Mind," *Trends in*

next 317

專注的力量：不再分心的自我鍛鍊，讓你掌握AI世代的卓越關鍵（全新修訂譯本）

作　者—丹尼爾・高曼（Daniel Goleman）
譯　者—周曉琪
副總編輯—陳家仁
編　輯—黃凱怡
編輯協力—張黛瑄、陳榆沁
封面設計—江孟達
內頁設計—李宜芝

總 編 輯—胡金倫
董 事 長—趙政岷
出 版 者—時報文化出版企業股份有限公司
108019 台北市和平西路三段 240 號 4 樓
發行專線—(02)2306-6842
讀者服務專線—0800-231-705・(02)2304-7103
讀者服務傳真—(02)2304-6858
郵撥—19344724 時報文化出版公司
信箱—10899 臺北華江橋郵局第 99 信箱
時報悅讀網—http://www.readingtimes.com.tw
法律顧問—理律法律事務所 陳長文律師、李念祖律師
印　刷—家佑印刷有限公司
初版一刷—二〇一四年四月三日
二版一刷—二〇二三年六月九日
定　價—新台幣四五〇元
（缺頁或破損的書，請寄回更換）

時報文化出版公司成立於一九七五年，
並於一九九九年股票上櫃公開發行，於二〇〇八年脫離中時集團非屬旺中，
以「尊重智慧與創意的文化事業」為信念。

專注的力量 : 不再分心的自我鍛鍊 , 讓你掌握 AI 世代的卓越關鍵 (全新修訂譯本) / 丹尼爾 . 高曼 (Daniel Goleman) 作 ; 周曉琪譯 . -- 二版 . -- 臺北市 : 時報文化出版企業股份有限公司 , 2023.06
384 面 ; 14.8 x 21 公分 . -- (next ; 317)

譯自 : Focus : the hidden driver of excellence

ISBN 978-626-353-763-7(平裝)

1. 注意力 2. 思考

176.32　　112005690

ISBN 978-626-353-763-7
Printed in Taiwan